한양 한국어2

HANYANG KOREAN 2

By the Hanyang University International Language Institute
Textbook Committee: Yumi Lee, Youngsook Lee, Jahyun Cho
Planner: Iksang Eom

Published by Hanyang University Press
Add: #17 Haengdang-dong Seongdong-gu, Seoul, 133-791 Korea
Tel: 82-2-2220-1432~4
Fax: 82-2-2220-1435
http://www.press.hanyang.ac.kr
Email:presshy@hanyang.ac.kr

ISBN 978-89-7218-340-2 04710
ISBN 978-89-7218-339-6 [set]

MP3 CD

한양대학교 국제어학원 편

한양 한국어 2

HANYANG KOREAN #2

한양 한국어는
외국인과 재외동포를 위한 한국어 통합 교재이다
이 책은 한국어 학습자들이 어휘와 문법 관용 표현을 배우고
듣기 말하기 읽기 쓰기 등의 통합 활동을 통해 의사소통 능력을 기르는 데 목표를 두었다

BY THE HANYANG UNIVERSITY INTERNATIONAL LANGUAGE INSTITUTE

한양대학교 출판부

머리말

세계에서 가장 많은 인구가 사용하는 언어는 중국어, 영어, 스페인 어이다. 한국어를 사용하는 인구는 전 세계에 약 7,500만 명 정도로 추산된다. 이는 일본어나 독일어보다는 적은 숫자지만, 프랑스 어보다는 약간 많은 수치로 세계에서 대략 11위권에 해당한다. 이는 GDP를 기준으로 한 한국의 경제력 순위와 비슷하다. 한국의 인구가 갑자기 늘어난 것은 아니지만, 세계에서 한국어를 배우는 인구는 빠른 속도로 늘고 있다. 이는 한국의 경제력과 문화 산업의 성장에 따른 결과이다. 이제 미국 대도시의 공항에서 한글 안내문을 보는 일은 신기한 일이 아니다. 한국어는 이제 미국의 대학입학시험인 SAT II 의 한 과목이기도 하다. 일본 도쿄 지하철에는 역 이름이 한글로도 쓰여 있고, 중국에는 현재 30개도 넘는 대학에서 한국어학과를 개설하고 있다. 1992년 한 · 중 수교 이전에는 불과 네 개의 대학에서만 한국어를 가르쳤다. 그것도 조선어 라는 이름으로! 지금 산똥 해안지역에는 매년 1000-3000명 정도의 학생들이 한국어를 배우고 있는 대학도 있다. 러시아, 몽골, 베트남 등지에서의 한국어 열기 또한 더 이상 새로운 소식이 아니다. 그러고 보면, 한국어는 이제 세계 10위권의 주요 언어가 되었다.

이러한 변화에 따라 세계 각국에서 한국어를 배우러 한국에 오는 학생수도 급속히 늘어났다. 그러나 기존에 사용해 오던 외국인을 위한 한국어 교재는 다양한 지역에서 다양한 목적으로 한국어를 배우는 외국 학생들의 수요에 적절히 부응하지 못하는 경우가 많았다. 예를 들어 기존 교재들은 요즘 한국어를 듣는 학생 가운데 중국 학생들이 가장 많음에도 불구하고 영어권 학생들 위주로 구성되었거나, 진부한 표현과 내용 및 장황한 문법 설명을 포함하는 경우도 있었다. 따라서 한양대학교 국제어학원은 오랫동안 외국인에게 한국어를 가르쳐온 전임 교수들을 필진으로 하여 시중에 나와 있는 기존 교재의 문제점에서 탈피하여 내용과 형식면에서 전혀 새로운 교재를 편찬하였다. 제2언어교육의 최신 이론에 입각하여 주요 등장인물과 생동감 있는 상황을 설정하여 각과의 내용을 구성하였다. 학습의 효과를 극대화하기 위하여 전문가에게 의뢰하여 천연색 삽화 및 사진을 다량 수록하였다. 또 영어권 학습자는 물론, 중국어권 과 일본어권 그리고 몽골어권 학습자를 위하여 문법 설명을 4개 국어로 구성하였다. 이제 현재 개발 중인 전체 총 6권 가운데, 첫권에 이어 두번째 권을 선보인다.

가장 좋은 외국인을 위한 한국어 교재를 집필하기 위하여 지난 몇 년 간 헌신적으로 노력해준 이유미, 이영숙, 조자현 교수와 한양대 국제어학원 출신 사진작가 까오밍(高明)군, 그리고 주말을 마다않고 제작을 도와준 최성환 과장 외 여러 직원들의 노고에 찬사를 보낸다. 내용과 형식에서 최고 품질의 한국어 교재를 편찬하려는 국제어학원의 의도를 전폭적으로 지지해 주신 김종량 총장님과 피종호 출판부장께도 감사드린다. 이제 한양대학교 국제어학원에서 편찬한 한국어 교재가 한국은 물론 해외에서 한국어를 배우고자 하는 학생들에게 가장 사랑받는 교재가 되기를 기대한다. 아울러 이 책으로 공부하는 모든 학생들이 가장 쉽고, 재미있고, 정확하고 유창하게 한국어를 배워서 앞으로 한국과 자신의 국가 간에 경제와 문화 교류의 훌륭한 메신저 역할을 할 수 있기를 기원한다.

2008년 5월 25일

한양대학교 국제어학원장

교수 엄 익 상

Introduction

The top 3 languages that most people speak in the world are Chinese, English and Spanish. Korean language speakers are estimated to be approximately 75,000,000 in the whole world. This is less than the number of Japanese or German speakers, but still a bit larger than the number of French speakers, ranking the number of Korean speakers in the world at 11th. This is quite similar to the rank of economic power based on each country's GDP. Although the population of Korean has not suddenly increased, the number of people who are learning Korean is increasing rapidly. This is the result of Korea' s growing economic power and expansion of its cultural heritage and tourism industry. It is not strange to find notices written in the Korean language in an American airport any more. The Korean language is also a subject available as part of the SAT (Scholastic Aptitude Test), a standardized test for college admissions in the United States. In Japan, you can also easily find many public signs for subways stations and such in Korean. In addition, more than 30 universities in China have opened departments of Korean language and literature. Before the current amity between Korean and China, there were only four universities which had Korean language departments, but the language departments used the term Chosun, not Korean. Some colleges in the Shantung area even have 1,000 to 3,000 students who are learning Korean every year. It is also no longer surprising news to hear about the enthusiasm for learning the Korean language in Russia, Mongolia, and Vietnam. As a result, Korean is becoming one of the top 10 important languages of the world?

With this change, the number of students who come to Korea to learn the Korean language is not only rapidly increasing, but also ranging in a variety of nationalities. However, in the past there have not been many Korean language textbooks and most of them were only focused on teaching English speaking students, even though the biggest group of Korean language learners is Chinese. Those books also had drawbacks, such as the frequent use of trite or clich'd phrases and lengthy and tedious grammar explanations. Hence, the International Language Institute (ILI) of Hanyang University decided to compile a textbook for Korean language learners breaking away from the problems of existing textbooks, and has written a textbook based on a whole new approach and content compiled by the faculty of ILI. In order to maximize the academic performance, it offers a lot of natural color illustrations and pictures which editorial supervised by specialists. In addition, the grammar explanations in this book are written in 4 languages; English, Chinese, Japanese, Mongolian. Now, the ILI is introducing the second volume out of six which are being developed.

I praise the effort and work accomplished by all the ILI staff members, including Prof. Yumi Lee, Prof. Youngsook Lee, Prof. Jahyun Cho (ILI Korean Language Department). Mr. Choi, Sung Whan (ILI Manager) and Mr. Kao Ming (photographer and previous ILI student), I also appreciate Prof. Kim, Chong Yang (President of Hanyang University) and Prof. Pih, Jong-Ho (General Manager of University Press at Hanyang) for their support in assisting the ILI to produce a high quality textbook. This ILI textbook aims to be the most popular Korean language textbook for those who want to learn Korean both in Korea and overseas. I hope the students who use this Korean textbook serve as messengers in the realm of international and intercultural communication, be in it economic trade or cultural exchange between Korea and their countries.

May 25th, 2008

Director, International Language Institute, Hanyang University
Prof. Eom, Ik-Sang

차 례

내용 구성

과	단원명	기능과 과제	문 법	어 휘
1	소개	수업 첫날 자기소개하기 방학 이야기하기	~ 전에/ -기 전에 ~ 동안/ -는 동안	자기소개, 학기, 방학, 하루/ 이틀/ 사흘……, 지내다, 시작하다, 끝나다
		부모님 소개하기 미래의 계획 이야기하기	~ 후에/ -(으)ㄴ 후에 -께서	연세, 생신, 성함, 열/ 스물/ 서른……, 돌아가시다, 생각이 나다
2	초대	초대 받아서 갈 때 인사하기 선물 의논하기	-께 -(으)ㄹ까요? -(이)나	잔치, 주인, 손님, 초대하다, 초대를 받다, 축하하다, 드리다
		사람을 비교하여 묘사하기 사람의 행동을 자세하게 표현하기	~ 같다 -처럼 -게	인형, 천사, 영화배우, 생기다, 같다, 비슷하다, 착하다, 무섭다, 이상하다
3	여행	여행 경험 이야기하기 여행 후의 변화 말하기	-(으)ㄴ 적이 있다/ 없다 -어/아지다	단풍구경, 해외여행, 식비, 차비, 경험, 떠나다, 돈이 들다
		여행 계획하기 예약하기와 예매하기	-거나 -어/아야 되다	__박 __일, 예매, 예약, 등산화, 수영복, 이용하다, 가지고 가다
4	취미	취미 소개하기 동아리 소개하기	(으)ㄹ 때 -마다 -(이)든지	독서, 등산, 음악 감상, 동아리, 모임, 회비, 모이다, 환영하다
		지금 하는 일 말하기 요리 만드는 방법 이야기하기	-고 있다 -(으)로 만들다	반지, 목걸이, 넥타이, 밀가루, 콩, 두부, 끼다, 차다, 끓이다, 볶다
5	학교 생활	학교 입학과 재등록에 필요한 서류 알기 비자 연장하기	-이/가 필요하다/ 필요없다 -고 싶어하다	서류, 입학허가서, 신분증, 비자 연장, 재등록, 내다, 졸업하다
		학교 생활의 어려움과 이유 말하기 친구에게 조언하기	~ 때문에 -기 때문에 -지 그래요?	유학생, 선배, 후배, 결석하다, 지각하다, 불편하다, 고장이 나다
6	시험	친구와 반말로 이야기하기 행동의 목적 말하기	-어/아 -다/니?/(어)라/자 -을/를 위해서/ -기 위해서	중간시험, 문법, 단어, 시험을 잘/ 못 보다, 외우다, 노력하다
		시험과 성적 이야기하기 다른 사람의 행동을 보고 추측하기	-에 가는 길이다 -(으)/는/(으)ㄹ모양이다	점수, 성적, 장학금, 수업을 듣다, __점을 맞다, 성적을 받다, 상을 받다
7	만남	만나고 헤어진 이야기하기 최고의 것을 말하기	~ 중에서 제일 -에서 제일 ~ 만에	만남, 헤어짐, 첫사랑, 만나다, 사귀다, 헤어지다, 기억이 나다, 잊다
		이유나 변명 말하기 사물이나 사람 비교하기	-어/아서 그렇다 -보다 더	사랑, 우정, 이별, 성격이 맞다, 중요하다, 싸우다, 후회하다

과	단원명	기능과 과제	문 법	어 휘
8	우체국	우체국 이용하기 약속한 것과 결정한 것 말하기	-기로 하다 -(으)로 -(으)ㄹ 필요가 있다/ 없다	소포, 주소, 우편번호, 등기우편, 특급우편, 연애편지, 부치다, 결심하다, 결정하다
		축하와 감사의 글 쓰기 다른 사람의 감정을 표현하기	-이/가 아니라 -어/아하다 -기를 바라다	편지봉투, 감사카드, 집배원, 답장, 올림/ 드림, 바라다, 축하/ 감사드리다
9	건강	병의 이름과 원인 말하기 건강에 좋은 것과 나쁜 것 이야기하기	-(으)로 -에 좋다/ 나쁘다 ㅅ 불규칙동사	두통, 기침, 습관, 병에 걸리다, 배탈이 나다, 심하다, 고생하다, 낫다
		피동사 배우기 다른 사람의 건강을 걱정하며 충고하기	피동사 (-이/히/리/기/ -어/아지다) -(으)면 -(으)ㄹ 텐데	피부, 마음, 스트레스, 글씨, 목소리, 창문, 보이다, 들리다, 닫히다
10	날씨	날씨 이야기하기 날씨와 관련된 사고 이야기하기	-(으)ㄹ 뻔했다 -다가	태풍, 구름, 번개, 맑다, 흐리다, 불다, 치다, 사고가 나다, 놀라다, 다치다
		일기예보를 듣고 전하기 사계절의 날씨 이야기하기	-(ㄴ/는)다고/(이)라고 하다 -냐고 묻다 -(으)라고/자고 하다	일기예보, 장마, 추위, 해가 뜨다/ 지다, 기온이 올라가다/ 내려가다
11	전화	전화 내용 다시 확인하기 전화 받고 내용 전달하기	-(이)라고 하다 -다/냐/라/자고요?	휴대폰, 전자사전, 문자/음성 메시지, 전하다, 취소되다, 바뀌다
		전화 메시지 전달하기 부정의 강조 표현	-어/아 달라고 하다 한 -도 (안/못/없다)	메모, 통, 메시지를 주고받다, 급하다, 부탁을 들어주다
12	한국 생활	할 수 있는 일 말하기 여러 가지 중에서 선택하기 자신있게 대답하기	-(으)ㄹ 줄 알다/ 모르다 -지요! -지요?	한글, 젓가락, 현금, 정하다, 사용하다, 계산하다, 입맛에 맞다, 물론이다
		생활에 대해 가볍게 질문하기 자기 생각을 부드럽게 말하기	-(이)나? -(으)ㄴ/는/(으)ㄹ 것 같다	생활비, 물건값, 방세, 값이 오르다/ 내리다, 느끼다
13	이사	이사한 경험 이야기하기 지금 사는 집 소개하기	-부터 -(으)면 안 될까요?	부동산 소개소, 이삿짐센터, 계약서, 전세/ 월세, 보증금, 싸다, 옮기다, 풀다
		이사한 집을 보고 이야기하기 집의 문제점 말하기	-네요 -(으)ㄴ지/는지/(으)ㄹ지 알다/ 모르다	거실, 보일러, 가구, 냉방/ 난방이 되다, 냄새가 나다, 고치다, 궁금하다
14	휴일	계절의 변화 이야기하기 휴일에 갈 수 있는 곳을 소개하기	-이/가 -이/가 되다 -었/았다가 하도 -어/아서	강아지, 송아지, 시내, 동물원, 공연, 할인되다, 꽃이 피다, 산책하다
		한국의 명절 이야기하기 한국의 기념일 배우기	-어/아 가지고 -(이)나 -밖에	공휴일, 연휴, 어린이날, 명절, 설날, 추석, 세배하다, 나이를 먹다
15	공항	공항에서 하는 일 말하기 부분적인 긍정과 부정 표현하기	-기는 하지만/-기는 -지만 -(으)ㄹ 뿐이다	국내선, 국제선, 출국수속, __발 __행, 왕복, 표를 끊다, 탑승하다
		헤어질 때 감사 표현하기 두 가지 좋은 점과 나쁜 점 말하기	-((으)ㄹ) 뿐만 아니라 -도 -((으)ㄴ) 덕분에	국제공항, 항공사, 승무원, 송별회, 안부, 추억, 제 2의 고향, 그립다

일러두기

〈한양 한국어2〉는 외국인과 재외동포를 위한 한국어 통합 교재이다. 이 책에서는 한국 생활을 처음 시작하는 이들이 어휘와 문법, 관용 표현을 통해 한국생활에 필요한 여러 가지 기능을 익히도록 하였다.

- **〈한양 한국어 2〉**는 주교재, 쓰기연습, 문법과 문형 풀이집 (별책 부록), 듣기용 CD로 이루어져 있다.
- 총 15과로 이루어져 있으며, 각 과는 2개 항으로 구성하여 총 30항으로 구성하였다.
- 단원명은 주제 중심으로 설정하였다.
- 이 교재는 수업 진행의 절차에 따라 준비, 어휘와 문법 연습, 대화문, 활동 (말하기, 듣기, 읽기와 쓰기)의 순으로 구성하였으며, 정리 및 확인 학습은 〈쓰기 연습〉에서 이루어지도록 하였다.
- **[준비]**에서는 사진을 통해 학습 목표와 단원에 대한 소개를 하도록 하였다.
- **[어휘와 문법]** 연습에서는 대화 형식을 통해 주제 안에서 어휘와 문법을 제시하고 연습하도록 하였다. 각 문법마다 영어, 중국어, 일본어와 몽골어로 문법이 설명되어 있는 별책의 쪽수를 표기해 놓아 쉽게 찾아볼 수 있도록 하였다.(☞ E 3 中 19 日 33 M 49)
- **[대화문]**에서는 어휘와 문법 연습에서 보인 대화를 재구성하여 실생활에서 바로 응용할 수 있는 대화를 소개하였다.
- **[말하기]** 활동에서는 주제와 관련된 과제를 제시하여 발표와 회화 등 의사소통 능력을 기를 수 있도록 도왔으며, 좀 더 유창하고 다양하게 말할 수 있도록 유도하였다.
- **[듣기]** 활동에서는 각 단원에서 배운 기본 내용과 심화된 내용의 듣기 지문을 통하여 한국어 이해 활동을 도왔다.
- **[읽기와 쓰기]** 활동에서는 단원의 주제와 관련된 산문을 제시하여 주제와 내용의 폭을 넓혔으며, 읽기 텍스트는 작문 과제의 보기 글이 될 수 있도록 하였다.
- **〈쓰기 연습〉**을 별책으로 구성하여 주교재에서 배운 것을 최종적으로 정리하고 확인할 수 있도록 하였다. 이 책은 수업 시간에 교사와 학생들이 함께 공부할 수도 있고, 숙제로 활용할 수도 있다.
- 별책에서는 문법과 문형에 대한 풀이를 곁들였으며, 영어, 중국어, 일본어와 몽골어의 4개 국어로 번역하여 학습자들의 문법과 문형 이해를 도왔다.

이 책에서는 두 명의 외국 학생들이 한국 생활을 해 나가는 동안에 일어나는 일을 상황 중심의 대화문으로 구성하였다. 특히 준비와 대화문에서는 실제 주인공들의 사진을 중심으로 구성하여 교재 내용의 리얼리티를 살리도록 하였다. 그 밖의 페이지에서는 다양한 삽화를 통해 교재의 시각화에 노력을 기울였다. 또한 듣기용 CD를 제작하는 데에 있어 대화문과 듣기 활동 지문을 담아 학습자들이 혼자서 공부할 때 용이하도록 하였다.

Introductory Remarks

Hanyang Korean 2 is an integrated textbook of the Korean language for foreigners and overseas Korean. With this book, people who have just arrived, or have been living, in Korea can learn vocabulary, grammar, idiomatic words, and other things needed to reside in Korea.

- *Hanyang Korean 2* consists of a main textbook, a writing practice book and a listening CD.
- It has 15 chapters and each chapter offers two subchapters. The whole book has 30 items in total.
- Each chapter is built with a focus on a specific topic.
- This book consists of an Introduction, Vocabulary and Grammar Practice, Dialog, and Skill Practice (Listening, Speaking, Reading and Writing) presented in the order of the classroom lesson's structure. The *Writing Practice* book offers opportunity to practice and confirm what has been learned in the main book.
- In the Introduction section of each chapter, you'll see a brief overview and the goal of each chapter presented by means of pictures.
- The Vocabulary and Grammar Practice section will present words and grammatical points in the form of a dialogue with opportunity for you practice them. Each tip of grammar shows the page numbers, where it is effectively explanined in English, Chinese Japanese and Mongolian languages.
- In the Dialogue section, there will be restructuring of the conversations from the Vocabulary and Grammar Practice section and present additional dialogues that you can actually use in the real life.
- The Speaking Practice section will help you improve conversation and presentation skills with specific topics and it also focuses on skills to speak more fluently with various topics.
- The Listening Practice section will help you understand Korean language better with basic contents from chapters and advanced listening paragraphs.
- The Reading and Writing section will present the topic of each chapter and related sentences in order to expand the range of topics and content areas. The Reading text will offer useful samples for writing assignments.
- The *Writing Practice* is a separate volume of this book for students to arrange and confirm what they've learned from the main book. Instructors and students can study this book together in class or it can also be used as an assignment book.
- The separate supplement book has the explanation of Korean grammar and patterns. It is translated in four languages which are English, Chinese, Japanese and Mongolian, so it will be helpful for students from all over the world to understand the Korean grammar better.

In this book, there will be dialogues between two foreign students who are living in Korea. Specially, in the Introduction section and the Dialogue section you'll see the actual picture of two students, and gives this book the reality of foreigner's life in Korea. Lots of illustrations on other pages will also make this book very visual. In addition, the Listening CD has useful dialogs and passages so that you can easily study this book by yourself.

등장인물

제니

캐나다에서 한국어를 배우러 온 여자 유학생

마이클

미국에서 한국어를 배우러 온 남자 유학생

한솔

20대 초반의 대학교 2학년 남학생

은영

20대 초반의 대학교 2학년 여학생

제1과 소개 〈1〉

준비 처음 만난 친구들에게 어떻게 소개를 하면 좋을까요?

학습 목표

- 수업 첫날 자기소개하기
- 방학 이야기하기

◆ ~ 전에 ◆ –기 전에 ◆ ~ 동안 ◆ –는 동안

연습 어휘와 문법

1. 다음 질문에 대답해 봅시다.

> 가: 1년 전에 어디에 있었어요?
> 나: 1년 전에 중국 북경에 있었어요.

~ 전에

(Time) ago
(☞ E3 中19 日33 M49)

1) 30분 전에 무엇을 했어요?
2) 몇 시간 전에 식사했어요?
3) 며칠 전에 이번 학기 수업을 시작했어요?
4) 언제 한국에 왔어요?
5) 10년 전에 어디에 살았어요?
6) 수업 전에 뭘 했어요?
7) 조금 전에 누구를 만났어요?
8) 사흘 전에 뭘 했어요?

며칠 전에?	
1일	하루
2일	이틀
3일	사흘
4일	나흘
5일	닷새
6일	엿새
7일	이레
8일	여드레
9일	아흐레
10일	열흘

2. '-기 전에'를 넣어서 여러분의 생활을 이야기해 봅시다.

> 한국에 오다 ⇒
> 한국에 오기 전에 대학교에 다녔어요.

-기 전에

before S V
(☞ E3 中19 日33 M49)

1	아침에 밥을 먹다
2	학교에 오다
3	공부를 시작하다
4	집에 가다
5	밤에 잠을 자다
6	고향에 돌아가다

㉮ -었/았어요
㉯ -어/아요
㉰ -(으)ㄹ거예요

3. '~ 동안' 을 넣어서 다음과 같이 질문하고 대답해 봅시다.

> 가: 한국어를 몇 달 동안 공부했어요?
> 나: 한국어를 두 달 동안 공부했어요.

~ 동안
during N
(☞ E3 中19 日33 M49)

1) 어제 밤에 몇 시간 동안 잤어요?
2) 아침에 몇 분 동안 지하철을 탔어요?
3) 학교에서 한국어를 몇 시간 동안 공부해요?
4) 수업이 끝나고 몇 분 동안 쉬어요?
5) 이번 학기에 며칠 동안 한국어 수업을 했어요?
6) 지금 사는 집에서 몇 달 동안 살았어요?
7) 앞으로 한양대학교에서 얼마 동안 공부할 거예요?

4. 다음과 같이 어떤 기간 동안 한 일을 묻고 대답해 봅시다.

> 가: 친구를 기다리는 동안 뭘 했어요?
> 나: 친구 기다리는 동안 책을 읽었어요.

-는 동안
during S V
(☞ E3 中19 日33 M49)

1) 한국에 오는 동안 비행기에서 뭘 했어요? 얼마 동안 비행기를 탔어요?
2) 지하철/버스를 타는 동안 심심해요? 그동안 무엇을 하면 좋아요?
3) 친구가 늦으면 기다리는 동안 뭘 해요? 몇 분 동안 기다릴 수 있어요?
4) 한국에서 얼마 동안 살았어요? 한국에서 사는 동안 무엇이 힘들었어요?
5) 한국에 사는 동안 어디에 가 보고 싶어요? 무엇을 해 보고 싶어요?
6) 무엇을 하는 동안 행복해요? 누구를 생각하는 동안 행복해요?
7) 오늘 공부하는 동안 재미있었어요? 아니면 피곤했어요?

대화문

선생님 : 공부를 시작하기 전에 친구들에게 자기소개를 해 보세요.
제　니 : 저는 초급 1반에서 온 제니입니다. 앞으로 잘 부탁합니다.
선생님 : 제니 씨는 방학 동안 뭘 했어요?
제　니 : 쉬는 동안 친구도 만나고 여행도 하고…… 재미있었어요.

다음 질문에 대답해 봅시다.

1) 공부를 시작하기 전에 무엇을 했어요?
2) 제니 씨는 어떻게 자기소개를 했어요?
3) 제니 씨는 방학 동안 뭘 했어요?

대화 내용을 바꿔서 옆 사람과 대화해 봅시다.

공부를 시작하기 전에	초급 1반에서 온 제니	친구도 만나고 여행도	재미있었어요

활동 말하기

1. 다음과 같이 자기소개를 해 봅시다.

	초급 1반에서 공부한 학생	오늘 처음 온 학생
첫인사	여러분, 안녕하세요?	여러분, 처음 뵙겠습니다.
이름	제 이름은 제니입니다.	저는 미키입니다.
고향/나라	저는 캐나다 토론토에서 왔습니다.	저는 일본 사람입니다. 오사카에서 왔습니다.
지금까지 한 일	지난 학기에 초급 1반에서 공부했습니다. 한국에 오기 전에 캐나다에서 대학생이었습니다.	한양대학교에 오기 전에 고향에서 한국말을 공부했습니다. 한국에 오기 전에 일본에서 간호사였습니다.
하고 싶은 일	이번 학기에 친구들하고 잘 지내고 싶습니다.	이번 학기에 말하기를 많이 연습하면 좋겠습니다.
끝인사	만나서 반갑습니다.	앞으로 잘 부탁합니다.

2. 여러분은 방학 동안 뭘 했어요? 방학 동안 한 일을 발표해 봅시다.

	~ 동안, -부터 -까지, -는 동안
1	저는 방학 동안 서울에 있었습니다.
2	방학 동안 여행도 하고 아르바이트도 하고 책도 읽고 또 많이 쉬어서 좋았습니다.
3	재미있는 일은 부산 여행이었습니다. 23일부터 25일까지 사흘 동안 여행했습니다. 여행하는 동안, 바다도 보고 바다에서 수영도 하고 맛있는 생선회도 먹었습니다.
4	이번 방학은 정말 재미있고 즐거운 방학이었습니다.

활동 듣기

1. 다음 대화를 듣고 맞는 것에 ☑ 하십시오.

1) 요코는 (☐ 한국에 3일 전에 왔어요. ☐ 3일 동안 하숙집에 있었어요.)

2) 조셉은 (☐ 20분 동안 집에서 기다렸어요. ☐ 20분 전에 집에서 나왔어요.)

3) 마이클은 (☐ 한국에 3년 전에 왔어요. ☐ 3년 동안 여행을 했어요.)

4) 올가는 (☐ 2년 동안 ☐ 2년 전에) 대학교에서 한국말을 배웠어요.

5) 왕정은 (☐ 한국에서 사는 동안 ☐ 한국에서 살기 전에) 친구가 없었어요.

6) 마이클은 (☐ 제니가 오기 전에 ☐ 기다리기 전에) 교과서를 샀어요.

2. 다음 대화를 듣고 맞게 연결하십시오.

1) 마이클 ·

2) 요코 ·

· ㉮ 한양대학교에 처음 왔어요.

· ㉯ 지난 학기에 한양대학교에서 공부했어요.

· ㉰ 한국에서 6개월 동안 한국말을 공부했어요.

· ㉱ 한국에 오기 전에 한국말을 공부했어요.

· ㉲ 듣기를 많이 연습하고 싶어요.

· ㉳ 말하기를 많이 연습하고 싶어요.

· ㉴ 두 시간 동안 숙제를 했어요.

· ㉵ 한 시간 동안 숙제를 했어요.

3. 다음을 듣고 질문에 대답을 쓰십시오.

1) 오늘 몇 시간 동안 공부했습니까? ______________________

2) 공부를 시작하기 전에 무엇을 했습니까? ______________________

3) 중국에서 온 친구는 어떤 친구입니까? ______________________

4) 일본에서 온 친구는 어떤 친구입니까? ______________________

5) 우리 반 선생님은 어떤 분입니까? ______________________

활동 읽기와 쓰기

방학 이야기

지난 학기가 끝나고 3주 동안의 방학이 있었습니다. 저는 그 방학에 고향에 갔다 왔습니다. 고향에 있는 언니가 결혼을 해서 꼭 가야 했습니다. 고향에 가기 전에 저는 남대문 시장에 가서 언니의 결혼 선물을 샀습니다. 언니가 좋아하는 화장품과 예쁜 가방을 골랐습니다. 언니는 그 결혼 선물을 받고 아주 좋아했습니다. 언니가 결혼을 방학에 하지 않았으면 저는 결혼식을 볼 수 없었을 겁니다.

고향에 있는 동안 정말 행복한 시간을 보냈습니다. 부모님과 이야기도 많이 하고 할아버지 댁에도 갔습니다. 한국에서는 먹을 수 없는 고향 음식도 많이 먹었습니다. 또 그동안 못 만난 친구들도 만나서 근처에 있는 바다에도 놀러 가고 등산도 같이 갔습니다. 그러는 동안 시간이 정말 빨리 갔습니다.

새 학기는 월요일부터 시작되었는데 저는 지난 주 수요일 밤에 한국에 돌아왔습니다. 고향에 더 있고 싶었지만 다음 학기를 준비하려고 일찍 돌아왔습니다. 나흘 동안 방 청소도 하고 한국어 공부도 했습니다. 고향에서 오랫동안 한국말을 하지 않아서 한국말을 많이 잊어버렸습니다. 그래서 초급 2반 수업이 시작되기 전에 지난 학기에 배운 것을 복습했습니다. 이번 학기 동안 한국어 공부도 열심히 하고 새로 만난 친구들과 잘 지내고 싶습니다. 이번 학기에도 재미있는 일이 많이 있으면 좋겠습니다.

1. 읽고 다음 질문에 대답해 봅시다.

1) 방학에 왜 고향에 갔어요? 얼마 동안 있었어요?
2) 방학에 고향에 있는 동안 무엇을 했어요?
3) 새 학기가 시작되기 전에 나흘 동안 무엇을 했어요?

2. 위의 글과 같이 여러분의 방학 이야기를 써 봅시다.

단어 방학, 학기, 갔다 오다, 화장품, 결혼식, 행복하다, 시간을 보내다, 시간이 빨리 가다, 시작되다, 준비하다, 일찍, 나흘, 잊어버리다, 복습하다, 새로, 지내다

제1과 소개 〈2〉

준비 여러분의 할아버지, 할머니, 부모님은 어떤 분이세요?

학습 목표

- 부모님 소개하기
- 미래의 계획 이야기하기

- ~ 후에
- -(으)ㄴ 후에
- -께서

연습

어휘와 문법

1. 다음과 같이 대화해 봅시다.

가: 언제 대학교에 가려고 해요?
나: 1년 후에 대학교에 가려고 해요.

~ 후에

(Time) later
(☞ E3 中19 日33 M49)

1) 언제 밥 먹으러 갈 거예요?
2) 언제 숙제를 하려고 해요?
3) 언제 고향에 가려고 해요?
4) 다섯 시간 후에 어디에 있을 거예요?
5) 며칠 후에 친구를 만날 거예요?
6) 세 달 후에 방학을 하면 뭘 할 거예요?
7) 1년 후에도 한국에 계속 있을 거예요?
8) 점심 식사 후에 무엇을 할 거예요?

시간	1,2,3___ [한, 두, 세…]
달	
분	1,2,3___ [일, 이, 삼…]
주	
개월	
년	

2. 오늘 할 일의 순서를 쓰고 '-(으)ㄴ 후에'를 넣어서 대화해 봅시다.

가: 수업이 끝난 후에 무엇을 할 거예요?
나: 수업이 끝난 후에 친구를 만날 거예요.

-(으)ㄴ 후에

after S V
(☞ E3 中19 日33 M49)

1 수업이 끝나다	2 친구를 만나다	☐ 점심을 먹다
☐ 집에 가다	☐ 숙제를 하다	☐ 운동을 하다
☐ 텔레비전을 보다	☐ 저녁을 먹다	☐ 일기를 쓰다
☐ 요리를 하다	☐ 컴퓨터를 하다	☐ 잠을 자다

3. 다음과 같이 '-께서'를 넣어서 대화해 봅시다.

> 가: 어머니께서 지금 뭘 하세요?
> 나: 어머니께서 지금 요리를 하세요.

-께서
high form of
'-이/가'
(☞ E3 中19 日33 M49)

1) 어머니-요리를 하다

2) 아버지-회사에 가다

3) 선생님-한국어를 가르치다

4) 할아버지-담배를 피우다

5) 할머니-책을 읽다

6) 사장님-전화를 하다

4. 다음 단어를 공부하고 할아버지, 할머니, 부모님 이야기를 해 봅시다.

> 가: 할아버지 연세가 어떻게 되세요?
> 나: 우리 할아버지께서는 연세가 일흔 둘이세요.

연세
high form of
'나이'

1	어머니 (나이→연세)가 어떻게 되세요?
2	아버지 (생일→생신)이 언제세요?
3	할아버지 (이름→성함)이 어떻게 되세요?
4	아버지께서 무슨 (말→말씀)을 많이 하세요?
5	부모님께서 어디에 계세요? (있다→계시다)
6	아버지께서 무슨 음식을 잘 드세요? (먹다→드시다)
7	할머니께서 돌아가셨어요? (죽다→돌아가시다)

10살	열 살
20살	스무 살
30살	서른 살
40살	마흔 (살)
50살	쉰 (살)
60살	예순 (살)
70살	일흔 (살)
80살	여든 (살)
90살	아흔 (살)
100살	백 살

대화문

한솔 : 제니 씨는 방학 동안 고향에 갔다 왔지요?

제니 : 네, 아버지 생신이어서 시험이 끝난 후에 바로 고향에 갔어요.

한솔 : 제니 씨 아버지께서는 연세가 어떻게 되세요?

제니 : 올해 쉰 일곱이세요.

다음 질문에 대답해 봅시다.

1) 제니 씨는 방학 동안 왜 고향에 갔다 왔어요?
2) 제니 씨는 언제 고향에 갔어요?
3) 제니 씨 아버지께서는 연세가 어떻게 되세요?

대화 내용을 바꿔서 옆 사람과 대화해 봅시다.

아버지 생신	시험이 끝난 후에	연세가 어떻게 되세요?	쉰 일곱이세요

활동 말하기

1. 친구와 가족 이야기를 한 후에 여러분의 가족을 소개해 봅시다.

☑ 할아버지 ☐ 할머니 ☐ 아버지 ☐ 어머니

① 누구를 소개하려고 해요?
② 지금 어디에 계세요?
③ 연세가 어떻게 되세요?
④ 생신이 언제세요?
⑤ 지금 무슨 일을 하세요?
전에 무슨 일을 하셨어요?
⑥ 건강은 좋으세요?
⑦ 무엇을 좋아하세요?

저는 ① 우리 할아버지를 소개하겠습니다.
우리 할아버지께서는 지금 ② 미국 로스앤젤레스에 사세요.
③ 연세는 예순 아홉이시고 ④ 생신은 6월 22일이세요.
우리 할아버지께서는 ⑤ 옛날에 회사의 사장님이셨는데,
지금은 연세가 많으셔서 집에서 쉬세요.
⑥ 술은 조금 드시지만, 건강이 아주 좋으세요.
⑦ 축구와 야구를 좋아하셔서 가끔 축구와 야구를 보러 가세요.

2. 다음을 넣어서 여러분의 계획을 말해 봅시다.

이번 학기 동안에
이번 학기가 끝난 후에
한국어 공부가 끝난 후에
고향에 돌아가기 전에

–에 가고 싶어요
–을/를 해 보고 싶어요
–(으)ㄹ 거예요
–(으)려고 해요
–(으)면 좋겠어요

활동 **듣기**

1. 다음 대화를 듣고 맞는 것에 ☑ 하십시오.

1) □ 한 시간 전에 밥을 먹었어요. □ 한 시간 후에 밥을 먹을 거예요.
2) □ 3일 전까지 병원에 계셨어요. □ 2일 후에 병원에 가실 거예요.
3) □ 4일 전에 오셨어요. □ 4일 후에 가실 거예요.
4) □ 3년 전까지 일하셨어요. □ 3년 후까지 일하실 거예요.
5) □ 한국에 오기 전에 만났어요. □ 한국에 온 후에 만났어요.
6) □ 돌아가기 전에 일을 찾을 거예요. □ 돌아간 후에 일을 찾을 거예요.

2. 다음을 듣고 맞으면 ○, 틀리면 ×표 하십시오.

1) 제니 씨의 부모님께서는 두 분 다 고향에 계십니다. (   )
2) 한솔 씨의 할머니께서는 연세가 많으셔서 건강이 안 좋으십니다. (   )
3) 은영 씨의 어머니께서는 이번 주 토요일에 생신이십니다. (   )
4) 마이클 씨가 한국에 온 후에 할아버지께서 돌아가셨습니다. (   )

3. 다음 대화를 듣고 빈칸에 맞게 쓰십시오.

		아버지	어머니
1	연세		
2	계시는 곳		
3	직업		
4	건강		
5	좋아하시는 것		
6	생신		

활동 읽기와 쓰기

행복한 우리 가족

우리 가족은 할머니, 아버지, 어머니, 누나, 그리고 저 모두 다섯 명입니다. 할머니와 부모님께서는 지금 중국 상해에 계시고, 누나는 북경에서 대학교에 다닙니다. 우리 할아버지께서는 옛날에 경찰관이셨는데 키도 크고 아주 멋있는 분이셨습니다. 할아버지께서는 작년 6월에 돌아가셨는데 연세가 일흔 둘이셨습니다. 술을 아주 좋아하셨는데 돌아가시기 전에 건강이 안 좋으셨습니다. 요즘도 할아버지 생각이 많이 납니다.

우리 할머니께서는 올해 연세가 예순 여덟이십니다. 스물 두 살에 우리 할아버지를 만나서 결혼을 하셨습니다. 할아버지와 결혼해서 사시는 동안 딸 둘과 아들 하나를 낳아서 모두 잘 기르셨습니다. 우리 할머니는 정말 아름다우시고 사랑이 많으신 분입니다

우리 아버지께서는 의사이신데, 지금 연세가 마흔 다섯이십니다. 병원에 일이 많아서 항상 바쁘십니다. 그렇지만 우리 이야기를 잘 들어 주시고 좋은 말씀을 해 주십니다. 우리 어머니께서는 지금 연세가 마흔이신데, 대학교에서 아버지를 만나서 3년 동안 사귄 후에 결혼하셨습니다. 우리 어머니께서는 음악을 좋아하십니다. 집에서 자주 피아노도 치시고 노래도 부르십니다. 어머니께서 집에 계시면 우리 가족은 항상 즐겁습니다.

가족이 많으면 힘든 일도 있지만 즐겁고 기쁜 일이 더 많습니다. 가족들이 있어서 저는 행복합니다. 할머니와 부모님께서 오래오래 사시면 좋겠습니다.

1. 읽고 다음 질문에 대답해 봅시다.

1) 가족이 모두 몇 명이에요? 누가 있어요?
2) 할머니, 아버지, 어머니의 연세를 말해 보세요.
3) 할아버지, 할머니, 아버지, 어머니는 어떤 분이세요?

2. 위의 글과 같이 여러분의 가족을 소개하는 글을 써 봅시다.

단어 다니다, 경찰관, 돌아가시다, 연세, 건강, 생각이 나다, 올해, 딸, 아들, 낳다, 기르다, 항상, 말씀, 사귀다, 피아노를 치다, 노래를 부르다, 즐겁다, 기쁘다, 오래오래

제2과 초대 〈1〉

준비 초대를 받았는데 무슨 준비를 해야 할까요?

학습 목표

- 초대 받아서 갈 때 인사하기
- 선물 의논하기

- –께
- –(으)ㄹ까요?
- –(이)나

어휘와 문법

1. 다음과 같이 '-께'를 넣어서 대답해 봅시다.

가: 아까 누구에게 전화했어요?
나: 부모님께 전화했어요.

-께

high form of '-에게 / 한테'
(☞ E3 中19 日33 M49)

-께	-에게
할아버지	친구
할머니	형/오빠
아버지	누나/언니
어머니	동생
선생님	아기

1) 지금 누구한테 전화하고 싶어요?
2) 아까 누구한테 이메일을 보냈어요?
3) 좋은 일이 있으면 누구에게 연락할 거예요?
4) 부모님 생신에 무슨 선물을 했어요?
5) 어려운 일이 있으면 누구한테 부탁할 거예요?
6) 힘든 일이 있으면 아버지께 전화해요? 어머니께 전화해요?
7) 지금 부모님께 하고 싶은 말이 있어요? 한 번 해 보세요.

2. 선물을 하려고 하는데 무엇이 좋아요? 묻고 대답해 봅시다.

가: 선생님께 무슨 선물을 사가면 좋을까요?
나: 선생님께서 꽃을 좋아하시니까 장미꽃을 사가면 좋을 거예요.

-(으)ㄹ까요?

(asking opinion)

1) 선생님 – 꽃을 좋아하시다 – 장미꽃
2) 어머니 – 음악을 좋아하시다 – 노래 CD
3) 아버지 – 운동을 좋아하시다 – 운동화
4) 할머니 – 단 것을 좋아하시다 – 케이크
5) 할아버지 – 과일을 좋아하시다 – 사과
6) 사장님 – 술을 좋아하시다 – 포도주

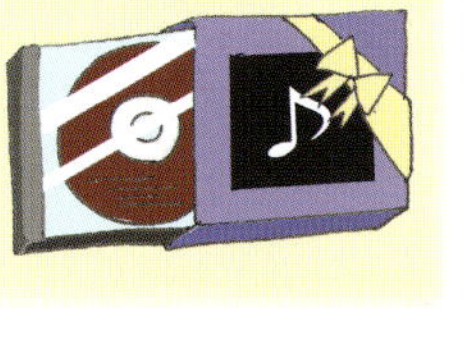

3. 다음과 같이 묻고 '-(이)나'를 넣어서 대답해 봅시다.

> 가: 학교에 어떻게 와요?
> 나: 버스나 지하철로 와요.

-(이)나
N1 or N2
(☞ E4 中20 日34 M50)

1) 과일을 먹고 싶으면 무슨 과일을 사요? (귤, 포도, 바나나, 수박……)
2) 시간이 있으면 무슨 운동을 해요? (농구, 축구, 배구, 야구……)
3) 어떤 영화를 보고 싶어요? (무서운 영화, 슬픈 영화, 코미디 영화……)
4) 어느 나라에 여행을 가고 싶어요? (중국, 일본, 미국, 영국, 독일……)
5) 친구 생일에 보통 무슨 선물을 사요? (인형, 음악 CD, 책, 옷……)
6) 친구를 만나면 보통 어디에 가요? (극장, 식당, 술집, 놀이공원……)
7) 친구를 보통 무슨 요일에 만나요? (수요일, 금요일, 토요일, 일요일……)
8) 점심에 보통 무슨 음식을 먹어요? (자장면, 비빔밥, 김치찌개……)

4. 고마운 분께 무슨 선물을 드리면 좋을까요? 말해 봅시다.

> 가: 할아버지께 무엇을 드리고 싶어요?
> 나: 과일이나 케이크를 드리고 싶어요.

드리다
high form of
'주다'

	-께	-(이)나	
1	할아버지	과일	케이크
2	할머니		
3	아버지		
4	어머니		
5	선생님		

대화문

제니 : 이 선생님께서 오늘 저녁 식사에 우리를 초대하셨어요.
한솔 : 그래요? 이번 학기에 한국말을 가르쳐 주시는 선생님이지요?
제니 : 네, 선생님께 선물을 드리고 싶은데 무엇을 사가면 좋을까요?
한솔 : 꽃이나 과일을 사가면 좋을 거예요.

다음 질문에 대답해 봅시다.

1) 누가 우리를 저녁 식사에 초대했어요?
2) 이 선생님은 어떤 분이세요?
3) 이 선생님께 어떤 선물을 드리면 좋을까요?

대화 내용을 바꿔서 옆 사람과 대화해 봅시다.

이 선생님	오늘 저녁 식사	이번 학기	한국말	꽃이나 과일

활동 말하기

1. 초대를 받아서 간 후에 주인과 손님이 되어 다음 대화를 해 봅시다.

첫인사	손님: 안녕하세요? 주인: 어서 오세요. 손님: 초대해 주셔서 감사합니다. 주인: 아니에요. 이렇게 와 주셔서 감사합니다. 손님: 저, 이거 받으세요. 주인: 뭘 이런 걸 다 사오셨어요? 정말 감사합니다.
이야기	손님: 그동안 잘 지내셨어요? 주인: 저는 잘 지냈어요. 그런데 ○○씨는 그동안 뭘 하셨어요? 손님: 네, 저도 여행도 다니고 일도 하고 잘 지냈어요. 주인: 여행은 어떠셨어요? 손님: 재미있었지만 아주 피곤했어요.
끝인사	손님: 저, 이제 그만 갈게요. 주인: 가시려고요? 손님: 오늘 정말 즐거웠습니다. 주인: 다음에 또 놀러 오세요. 손님: 안녕히 계세요. 주인: 안녕히 가세요.

2. 여러분 나라에서는 다음과 같은 날에 뭘 선물해요? 서로 이야기해 봅시다.

(□ 생일 파티 □ 생신 잔치 □ 결혼식 □ 졸업식)에 초대를 받으면	
선물	보통 ________(이)나 ________을/를 선물해요. 저는 _______에게/께 _______을/를 주었는데/드렸는데, _____이/가/께서 그 선물을 받고 좋아했어요/ 좋아하셨어요.
음식	그날에는 보통 _______(이)나 _______에 가서 _________(이)나 ________을/를 먹어요.

활동 듣기

1. 다음을 듣고 맞는 것에 ☑ 하십시오.

1	준비할 음식	□ 비빔밥	□ 불고기	□ 김밥	□ 갈비탕
2	만날 장소	□ 롯데월드	□ 잠실역	□ 학교	□ 한양대역
3	결혼 선물	□ 시계	□ 돈	□ 그림	□ 사진
4	도착 시간	□ 3시	□ 4시	□ 5시	□ 6시
5	탈 것	□ 비행기	□ 기차	□ 자동차	□ 버스
6	오늘 올 친구	□ 11명	□ 12명	□ 13명	□ 14명

2. 다음 대화를 듣고 맞으면 ○, 틀리면 ×표 하십시오.

1) 사장님께서 녹차를 좋아하시니까 사장님께 녹차를 드릴 거예요. (　　)
2) 고향에 계신 부모님께 김하고 인삼을 보내 드릴 거예요. (　　)
3) 저녁에 지난 학기 선생님께 스파게티를 사 드릴 거예요. (　　)
4) 할아버지 생신에 할아버지께 술이나 옷을 선물하려고 해요. (　　)

3. 다음 대화를 듣고 질문에 대답을 쓰십시오.

1) 제니 씨는 선생님께 무슨 선물을 드렸어요?

____

2) 마이클 씨는 선생님께 무슨 선물을 드렸어요?

____

3) 다른 친구들은 얼마 후에 도착할 거예요?

____

4) 마이클 씨는 처음에 무슨 음료수를 마시고 싶었어요?

____

활동 읽기와 쓰기

한국의 생일 이야기

한국에서는 축하할 일이 있으면 가까운 사람들을 초대해서 잔치를 합니다. 초대를 한 주인은 음식을 준비하고, 초대를 받은 손님들은 선물을 사가서 축하해 줍니다.

생일 잔치는 우리가 자주 볼 수 있는 잔치입니다. 사람들은 생일에 친한 친구나 같이 일하는 사람들을 초대합니다. 초대를 한 사람은 보통 점심 식사나 저녁 식사를 준비하고, 초대를 받은 사람들은 케이크나 선물을 준비합니다. 손님들은 식사를 하기 전에 생일 케이크에 촛불을 켜고 생일축하 노래를 불러 줍니다. 식사가 끝난 후에는 같이 노래방이나 술집에 가서 즐거운 시간을 보냅니다.

이런 생일은 매년 돌아오지만 한국에는 특별한 생일이 두 번 있습니다. 태어나서 첫 생일과 예순 한 살 생일에는 특별히 더 축하를 해 줍니다. 아기가 태어나고 1년 후 첫 생일이 '돌' 인데, 이날 아기의 가족들은 친척과 친구들을 초대해서 돌잔치를 합니다. 돌잔치에 초대를 받은 사람은 보통 아기에게 금반지를 선물합니다. 아기의 옷이나 신발, 장난감을 선물하는 사람들도 있습니다.

부모님의 예순 한 살 생신에는 부모님께 큰 생신 잔치를 해 드립니다. 음식을 많이 준비해서 가까운 친척들과 부모님의 친구분들을 초대합니다. 잔치를 하는 동안 사람들은 음식을 먹고 술을 마시고 노래를 부르고 춤도 춥니다. 요즘에는 잔치를 하지 않고 부모님께 돈이나 좋은 선물을 드리는 사람들도 있고 여행을 보내 드리는 사람들도 많습니다.

1. 읽고 다음 질문에 대답해 봅시다.

1) 한국 사람들은 보통 생일 잔치를 어떻게 해요?
2) 돌잔치에 초대를 받으면 무슨 선물을 해요?
3) 한국에서는 부모님의 예순 한 살 생신날 무엇을 해요?

2. 여러분 나라의 특별한 생일 이야기를 써 보십시오.

단어 축하하다, 초대하다, 잔치를 하다, 주인, 초대를 받다, 손님, 사가다, 친하다, 보통, 촛불, 켜다, 매년, 특별하다, 특별히, 돌, 친척, 돌잔치, 금반지, 장난감, 생신, 드리다

제2과 초대 〈2〉

준비 초대를 받아서 간 집의 음식과 사람들이 어땠어요?

학습 목표

■ 사람을 비교하여 묘사하기 ■ 사람의 행동을 자세하게 표현하기

◆ ~ 같다 ◆ -처럼 ◆ -게

연습 어휘와 문법

1. 다음과 같이 '~ 같다'를 넣어서 말해 봅시다.

가: 한솔 씨가 정말 똑똑하지요?
나: 네, 한솔 씨는 천재 같아요.

> **~ 같다**
> be like N
> (☞ E4 中20 日34 M50)

1)

한솔 ≃ 천재
똑똑하다

2)

은영 ≃ 아기
귀엽다

3)

마이클 ≃ 요리사
요리를 잘하다

4)

제니 ≃ 한국 사람
한국말을 잘하다

2. 여러분과 반 친구들은 어떤 사람이에요? '-처럼'을 넣어서 소개해 봅시다.

① 저는 토끼처럼 빨라요.
② 우리 반 ______씨는 천사처럼 착해요.

> **-처럼 V/Adj**
> V/Adj like N
> (☞ E4 中20 日34 M50)

1) 천사 – 착하다

2) 토끼 – 빠르다

3) 바다 – 마음이 넓다

4) 호랑이 – 무섭다

5) 인형 – 예쁘다

6) 돼지 – 많이 먹다

3. 다음과 같이 '-게'를 넣어서 묻고 대답해 봅시다.

가: 방학을 어떻게 지냈어요? 나: 방학을 아주 재미있게 지냈어요.

-게

Adj -ly

(☞ E4 中20 日34 M50)

1) 지난 방학을 어떻게 지냈어요? (바쁘다/ 심심하다/ 재미있다……)
2) 지난 학기에 친구들하고 어떻게 지냈어요? (친하다/ 가깝다/ 즐겁다……)
3) 지난 학기에 한국어 공부를 어떻게 했어요? (쉽다/ 어렵다/ 힘들다……)
4) 한국 음식을 어떻게 만들었어요? (맛있다/ 맛없다/ 맵다/ 짜다……)
5) 한국 사람들이 어떻게 말해요? (무섭다/ 친절하다/ 시끄럽다……)
6) 머리를 어떻게 자르고 싶어요? (짧다/ 예쁘다/ 귀엽다……)
7) 한국에서 어떻게 살면 좋겠어요? (재미있다/ 행복하다/ 신나다……)

4. 친구가 아래 문장을 말하는 것을 듣고 다음과 같이 이야기해 봅시다.

㉮ 크게	㉯ 작게
㉰ 빠르게	㉱ 느리게
㉲ 친절하게	㉳ 무섭게
㉴ 귀엽게	㉵ 이상하게

① _____게 말했어요.

② 더 _____게 말해 보세요.

1) 여러분, 안녕하세요? 만나서 반갑습니다. 앞으로 친하게 지내요.
2) 어서 오세요. 여기 앉으세요. 무엇을 도와 드릴까요?
3) 쉿, 여기에서 시끄럽게 이야기하면 안 돼요. 조용히 하세요.
4) 시간이 없으니까 빨리 빨리 여기에서 나가 주세요.
5) 저는... 잘.... 모르겠는데요...... 저는 한국 사람이 아니에요.
6) 수업시간에는 전화하지 마세요. 전화를 하려면 나가서 하세요.

대화문

선생님 : 어서 오세요. 집 찾기가 쉬웠어요?

제　니 : 네, 한양대역에서 가까워서 쉽게 찾았어요.

선생님 : 불고기하고 잡채를 만들었어요. 맛있게 드세요.

제　니 : 저도 선생님처럼 한국 요리를 잘하면 좋겠어요.

다음 질문에 대답해 봅시다.

1) 선생님 댁 찾기가 쉬웠어요?
2) 선생님께서 무슨 음식을 만드셨어요?
3) 제니 씨는 음식을 보고 어떤 생각을 했어요?

대화 내용을 바꿔서 옆 사람과 대화해 봅시다.

한양대역	불고기	잡채	선생님	한국 요리

활동 **말하기**

1. 여러분의 가족이나 친구들을 다음과 같이 소개해 봅시다.

영화배우처럼	아기처럼	
멋있어요. 예쁘게 생겼어요.	귀엽게 생겼어요. 귀엽게 말해요.	-처럼 -어/아요
운동선수처럼	공주처럼	
운동을 잘해요. 건강하게 생겼어요.	예쁘게 생겼어요. 예쁘게 옷을 입어요.	-처럼 -게 생겼어요
가수처럼	호랑이처럼	
노래를 잘해요. 신나게 노래해요.	무섭게 생겼어요. 무섭게 말해요.	-처럼 -게 -어/아요

우리 가족을 소개할게요.
우리 아버지는 농구선수처럼 키가 크시고,
코미디언처럼 재미있으세요.
우리 어머니는 영화배우처럼 예쁘시고,
요리사처럼 요리를 잘하세요.
제 여동생은 곰인형처럼 귀엽게 생겼고,
가수처럼 노래를 잘해요.
저는 우리 가족을 정말 사랑해요.

2. 반 친구와 같은 점, 다른 점을 찾아서 다음과 같이 말해 봅시다.

	-하고 똑같다/ 비슷하다/ 다르다
1	저는 키가 큰데, 마이클 씨도 저하고 똑같아요. 마이클 씨도 저처럼 키가 커요.
2	저는 운동을 잘하는데, 제니 씨도 저하고 비슷해요. 제니 씨도 저처럼 운동을 좋아해요.
3	저는 요리를 못하는데, 은영 씨는 저하고 달라요. 은영 씨는 요리사처럼 음식을 맛있게 만들어요.

활동 듣기

1. 다음 대화를 듣고 맞으면 ○, 틀리면 ×표 하십시오.

1) 어머니께서는 요리사처럼 요리도 잘하세요. (　　)
2) 아버지께서는 미국 사람처럼 영어를 잘하세요. (　　)
3) 선생님께서는 항상 호랑이처럼 무서워요. (　　)
4) 여동생은 영화배우처럼 예쁘게 생겼어요. (　　)
5) 남자친구는 농구선수처럼 농구를 잘해요. (　　)
6) 요코 씨는 아기처럼 귀엽게 웃어요. (　　)

2. 다음을 잘 듣고 그림을 그리십시오.

얼굴	크게/ 작게
눈/코/입/귀	동그랗게
목	길게/ 짧게
가슴/허리/배	날씬하게/ 뚱뚱하게
팔/다리	예쁘게
손/발	귀엽게/ 무섭게
그리세요!	

3. 다음을 듣고 질문에 대답을 쓰십시오.

1) 한솔 씨의 집 찾기가 어땠어요? ______________________
2) 한솔 씨의 아버지는 어떤 분이세요? ______________________
3) 한솔 씨의 어머니는 어떤 분이세요? ______________________
4) 한솔 씨의 형은 한솔 씨하고 어떻게 달라요? ______________________

활동 읽기와 쓰기

집들이

오늘은 은영 씨의 집들이 날입니다. 한국 사람들은 이사를 하면 친구들을 집에 초대해서 식사를 하는데 이것이 집들이입니다. 초대 받은 사람들은 새 집을 구경하고 이사한 것을 축하해 줍니다. 집들이에 초대를 받으면 보통 비누나 휴지처럼 많이 쓰는 물건을 사갑니다. 우리는 은영 씨 집 근처에 있는 슈퍼마켓에서 가루비누를 사서 은영 씨의 집에 갔습니다. 은영 씨의 집은 지하철역에서 가까워서 쉽게 찾을 수 있었습니다.

은영 씨의 집은 그림처럼 예쁜 집이었습니다. 나무도 많았고 조용했습니다. 은영 씨 방은 밝고 따뜻했습니다. 우리는 은영 씨가 만든 음식을 맛있게 먹었습니다. 은영 씨는 요리사처럼 요리를 잘합니다.

점심을 먹고 우리는 은영 씨의 아기 때 사진을 보았는데 사진 속의 은영 씨는 인형처럼 예쁜 아기였습니다. 은영 씨의 부모님도 영화배우처럼 예쁘고 멋있게 생긴 분이셨습니다. 은영 씨는 남동생과 여동생이 있는데 모두 은영 씨처럼 눈이 컸습니다. 은영 씨의 여동생은 얼굴이 은영 씨하고 똑같아서 우리는 많이 웃었습니다. 키도 은영 씨하고 비슷했는데 머리를 짧게 잘라서 조금 남자 같았습니다. 은영 씨 가족 사진을 보고 저도 제 가족들이 보고 싶었습니다.

은영 씨의 집은 우리 고향 집처럼 따뜻하고 기분이 좋았습니다. 은영 씨의 초대를 받아서 정말 즐거웠습니다. 나중에 은영 씨를 우리 고향집에 꼭 한 번 초대하고 싶습니다.

1. 읽고 다음 질문에 대답해 봅시다.

1) 제니 씨는 오늘 어디에 초대를 받았어요?
2) 은영 씨의 집은 어땠어요? 은영 씨 집에서 뭘 했어요?
3) 은영 씨의 가족들은 어떻게 생겼어요?

2. 위의 글처럼 한국에서 초대 받은 이야기를 써 봅시다.

단어 집들이, 구경하다, 비누, 휴지, 물건, 가루비누, 조용하다, 밝다, 따뜻하다, 속, 인형, 영화배우, 생기다, 얼굴, 똑같다, 비슷하다, 짧다, 머리를 자르다, 꼭

제3과 여행 〈1〉

준비 여러분은 어디에 여행을 가 봤어요? 어땠어요?

학습 목표

- 여행 경험 이야기하기
- 여행 후의 변화 말하기
- -(으)ㄴ 적이 있다/ 없다
- -어/아지다

연습 어휘와 문법

1. 다음과 같이 가 본 곳을 묻고 대답해 봅시다.

> 가: 한국에서 산에 가 본 적이 있어요?
> 나: ① 네, 산에 가 본 적이 있어요.
> ② 아니요, 산에 가 본 적이 없어요.

-(으)ㄴ 적이 있다/ 없다
have (not) been to
(☞ E4 中20 日34 M50)

1) 산

2) 바다

3) 놀이공원

4) 강

5) 섬

6) 고궁

2. 다음을 질문하고 친구의 대답에 ☑ 해 봅시다.

1	한국에서 여행을 한 적이 있습니까?
	☐ 여행을 한 적이 있다. ☐ 여행을 한 적이 없다.
2	한국 영화를 본 적이 있습니까?
	☐ 본 적이 있다. ☐ 본 적이 없다.
3	한국에서 유명한 사람을 만나 본 적이 있습니까?
	☐ 만나 본 적이 있다. ☐ 만나 본 적이 없다.
4	한국 친구를 사귀어 본 일이 있습니까?
	☐ 사귀어 본 일이 있다. ☐ 사귀어 본 일이 없다.
5	한국말을 배운 후에 한국말로 거짓말을 해 본 적이 있습니까?
	☐ 해 본 적이 있다. ☐ 해 본 적이 없다.

-(으)ㄴ적이 있다
=-(으)ㄴ일이 있다
(☞ E4 中20 日34 M50)

3. 그림을 보고 '-어/아지다'를 넣어서 대화해 봅시다.

(비싸다 → 싸다)

가: 요즘 국제전화 요금이 어때요?
나: 국제전화 요금이 싸졌어요.

-어/아지다
become (Adj)
(☞ E4 中20 日34 M51)

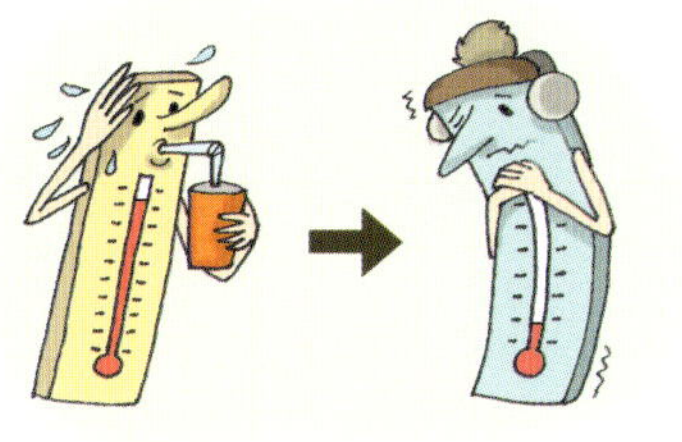

1) 날씨 (덥다 → 춥다)

2) 건강 (나쁘다 → 좋다)

3) 치마 (길다 → 짧다)

4) 친구 (없다 → 많다)

4. 다음과 같이 대화해 봅시다.

가: 봄인데 우리 꽃 구경을 하러 갈까요?
나: 좋아요. 더워지기 전에 빨리 갑시다.

1) 봄-꽃 구경
(더워지다)

2) 여름-바다 구경
(추워지다)

3) 가을-단풍 구경
(추워지다)

4) 겨울-눈 구경
(따뜻해지다)

대화문

은　영 : 마이클 씨는 단풍 구경을 가 본 적이 있어요?
마이클 : 아니요, 아직 가 본 적이 없어요.
은　영 : 날씨가 추워지기 전에 우리도 단풍 구경을 하러 갈까요?
마이클 : 좋아요. 여행사에 전화해서 알아봅시다.

다음 질문에 대답해 봅시다.

1) 마이클 씨는 단풍 구경을 가 봤어요?
2) 언제 단풍 구경을 가려고 해요?
3) 여행을 가기 전에 무엇을 할 거예요?

대화 내용을 바꿔서 옆 사람과 대화해 봅시다.

마이클 씨	단풍 구경	추워지기 전에	단풍 구경을 하러 갈까요?

활동 **말하기**

1. 친구들에게 여행 사진을 보여 주고 함께 여행 이야기를 해 봅시다.

여행간 곳 : ____________________

1	며칠 동안 갔다 왔어요?
2	누구하고 같이 갔어요?
3	몇 월 며칠에 떠났어요?
4	여행을 가기 전에 무엇을 준비했어요?
5	무엇을 타고 갔어요? 시간이 얼마쯤 걸렸어요?
6	여행을 하는 동안 어디에서 잤어요?
7	돈이 얼마쯤 들었어요? (식비, 차비, 숙박비)
8	어떤 일이 있었어요? (재미있는 일)

2. 여행한 후에 어떻게 달라졌어요? 달라진 것을 발표해 봅시다.

여행을 하기 전에	경험, 생각, 외국 친구, 건강, 돈 ……
여행을 하는 동안	
여행을 한 후에	

저는 여행을 갔다 온 후에 많이 달라졌어요.

① 여행을 하기 전에 다른 나라를 잘 몰랐는데,

② 여행을 하는 동안 넓은 세계와 많은 사람을 봤어요.

③ 여행이 끝난 후에 경험도 많아지고 세상을 보는 눈이 더 커지고 넓어졌어요.

활동 듣기

1. 다음을 듣고 어떻게 달라졌는지 맞는 것에 ☑ 하십시오.

1	한국말 공부	☐ 쉬워졌다	☐ 어려워졌다
2	매운 음식	☐ 좋아졌다	☐ 싫어졌다
3	몸	☐ 뚱뚱해졌다	☐ 날씬해졌다
4	돈	☐ 많아졌다	☐ 없어졌다
5	한국 생활	☐ 재미있어졌다	☐ 한가해졌다

2. 다음 대화를 듣고 맞으면 ○, 틀리면 ×표 하십시오.

1) 제니 씨는 한국말로 꿈을 꿔 본 적이 있습니다. (　　)
2) 요코 씨는 한국에서 유명한 영화배우를 만나 본 적이 있습니다. (　　)
3) 은영 씨는 학교에 안 가고 다른 곳에 놀러 간 일이 있습니다. (　　)
4) 마이클 씨는 여자들한테 거짓말을 한 적이 있습니다. (　　)

3. 다음 대화를 듣고 질문에 대답을 쓰십시오.

1) 제니 씨는 며칠 동안 여행을 갔다 왔습니까?

____

2) 제니 씨는 제주도에 혼자 여행을 갔습니까?

____

3) 제니 씨는 공항에서 무슨 일이 있었습니까?

____

4) 마이클 씨는 지갑을 잃어버린 적이 있었습니까?

____

5) 제니 씨는 친구들과 언제 다시 제주도에 가려고 합니까?

____

활동 읽기와 쓰기

배낭여행

저는 여행을 좋아하지만 고등학교 때까지 해외여행을 해 본 적이 없었습니다. 그래서 대학교에 들어간 후에 유럽으로 혼자 배낭여행을 가려고 계획을 했습니다. 해외여행을 하려면 돈이 많이 드니까 아르바이트를 해서 돈을 벌었습니다. 1년 반 동안 안 먹고 안 쓰고, 열심히 일해서 2학년 여름 방학 때 배낭여행을 떠날 수 있었습니다. 돈이 조금 부족했지만 부족한 돈은 부모님께서 도와주셨습니다.

저는 7월 10일에 서울을 출발했는데, 여행을 떠나기 전에 인터넷에서 호텔 방을 예약해서 싸고 편하게 여행을 할 수 있었습니다. 배낭여행은 자유가 많고 여행할 곳과 탈 것, 잘 곳을 모두 제가 선택할 수 있어서 참 좋았습니다. 마음에 들면 며칠 더 있어도 되고 마음에 안 들면 빨리 떠나도 됐습니다. 서울에는 7월 19일에 도착했는데 열흘 동안 정말 잊을 수 없는 여행을 했습니다.

유럽을 여행하는 동안 외국 친구들을 많이 만났고 여러 나라의 새로운 문화를 보고 배울 수 있었습니다. 프랑스 파리의 기차역에서 만난 친구하고는 많이 친해져서 지금도 이메일을 주고 받습니다. 처음에는 제가 혼자 여행을 해 본 적이 없어서 조금 걱정을 했는데 여행하는 동안 넓은 세계를 보고 경험도 많아지고 생각도 넓어졌습니다. 유럽 배낭여행을 하는 동안 1,500,000원쯤 돈이 들었지만 돈으로 살 수 없는 경험을 했습니다. 돈과 시간이 있으면 나중에 또 배낭여행을 하고 싶습니다.

1. 읽고 다음 질문에 대답해 봅시다.

1) 이 사람은 어디로 무슨 여행을 갔다 왔어요?
2) 배낭여행의 좋은 점을 말해 보세요.
3) 여행할 때 처음에 왜 무서웠어요? 나중에는 어땠어요?

2. 위의 글처럼 여러분의 여행 이야기를 써 봅시다.

단어 배낭여행, 고등학교, 해외여행, 유럽, 계획, 돈이 들다, 돈을 벌다, 떠나다, 부족하다, 편하다, 예약하다, 자유, 선택하다, 마음에 들다, 새롭다, 주고 받다, 세계, 경험

제3과 여행 〈2〉

준비 여러분은 호텔 예약을 어떻게 해요? 비행기표를 어떻게 사요?

학습 목표

- 여행 계획하기
- 예약하기와 예매하기
- -거나
- -어/아야 되다

어휘와 문법

1. 그림을 보고 주말에 무엇을 하는지 다음과 같이 말해 봅시다.

가: 제니 씨는 보통 주말에 뭘 해요?
나: 저는 주말에 요리를 하거나 책을 읽어요.

-거나
V1 or V2
(☞ E5 中21 日35 M51)

하는 일 / 이름					
제니	V			V	
은영	V		V		
마이클		V			V
____ 씨					

2. 다음과 같이 묻고 대답해 봅시다.

가: 언제 호텔을 예약할 거예요?
나: 일주일 전이나 이주일 전에 예약할 거예요.

-거나
vs.
-(이)나

1) 어디로 여행을 가고 싶어요? (미국, 중국, 태국, 호주, 독일, 프랑스……)
2) 며칠 동안 여행을 할 거예요? (이틀, 사흘, 나흘, 일주일……)
3) 언제 여행을 떠날 거예요? (토요일, 일요일, 월요일, 화요일……)
4) 무엇을 탈 거예요? (비행기를 타다, 기차를 타다, 버스를 타다, 걷다……)
5) 여행하는 동안 어디에서 잘 거예요? (호텔에서 자다, 민박을 하다……)
6) 비행기표를 어디에서 살 거예요? (인터넷에서 사다, 여행사에서 사다……)
7) 여행을 하려면 돈이 얼마쯤 들까요?

3. 다음과 같이 '-어/아야 되다'를 넣어서 묻고 대답해 봅시다.

가: 해외여행을 가려고 하는데 무엇을 준비해야 돼요?
나: 해외여행을 가려면 여권을 준비해야 돼요.

-어/아야 되다
have to V
(☞ E5 中21 日35 M51)

1	해외여행을 가다	여권, 카메라, 돈, 여행 가방, 지도……
2	수영장에 가다	수영복, 수영모자, 물안경, 수건……
3	등산을 하다	등산복, 등산화, 모자, 배낭, 물……
4	스키를 타다	스키복, 스키장화, 스키, 안경, 장갑……

4. 다음과 같이 '-어/아야 되다'를 넣어서 대화해 봅시다.

가: 지금 부산에 가는 기차표를 살 수 있을까요?
나: 죄송하지만 표가 없습니다. 주말에는 예매를 하셔야 돼요.

1) 가: 호텔 객실을 예약하고 싶은데 지금 예약할 수 있어요?
   나: 죄송하지만 지금 빈 객실이 없습니다. 일주일 전에는 ________________.
2) 가: 오늘 저녁에 같이 동대문시장에 갈까요?
   나: 저도 가고 싶지만 시간이 없어요. 저는 오늘 저녁에 ________________.
3) 가: 오늘 다른 약속이 없으면 서울타워에 같이 가시겠어요?
   나: 미안하지만 다른 약속이 있어요. 오늘 밤에 ________________.
4) 가: 시간이 있으면 이번 주말에 같이 여행을 갈까요?
   나: 죄송하지만 안 되는데요, 이번 주말에 ________________.
5) 가: 지금 안 바쁘시면 저하고 같이 커피 한잔하시겠어요?
   나: 말씀은 고맙지만 저는 지금 ________________.

대화문

제니 : 2박 3일 동안 여행을 가려고 하는데 어디가 좋을까요?
직원 : 설악산이나 제주도가 좋을 거예요.
제니 : 설악산에 가려면 어떻게 가요?
직원 : 여행사 버스를 이용하거나 기차를 탈 수 있어요.
하지만 주말에는 미리 예약을 하셔야 돼요.

다음 질문에 대답해 봅시다.

1) 제니 씨는 몇 박 며칠 동안 여행을 가려고 해요?
2) 여행사 직원은 제니 씨한테 어떤 곳을 이야기했어요?
3) 설악산에 가려면 어떻게 해야 돼요?

대화 내용을 바꿔서 옆 사람과 대화해 봅시다.

2박 3일	설악산이나 제주도	설악산	버스를 이용하거나 기차를 탈 수 있어요

활동 말하기

1. 신문의 여행 광고를 찾아 보고 다음과 같이 여행 계획을 해 봅시다.

① 태국 푸켓섬
② 4박 5일
③ 398,000원
④ 7월 21일
⑤ 02-6363-7873

① ____________
② ____________
③ ____________
④ ____________
⑤ ____________

-(이)나 -거나 -어/아야 되다

1) 어디로 가고 싶어요?
2) 몇 박 며칠 동안 여행할 거예요?
3) 돈이 얼마 쯤 들어요?
4) 친구들이 몇 명 같이 갈 거예요?
5) 무엇을 가지고 가야 돼요?
6) 여행을 떠나기 전에 무엇을 사야 돼요?
7) 몇 월 며칠에 출발할 거예요?
8) 언제까지 예약해야 돼요?

2. 다음을 미리 생각해 보고 손님과 직원이 되어 예약과 예매를 해 봅시다.

호텔 객실 예약

① 호텔 이름 ________	손님	· 방을 하나 예약하려고 하는데요. · 객실 요금이 얼마예요?
② 날짜 ________ ③ 객실 몇 개? ________ ④ 이름 ________ ⑤ 요금 ________	직원	· 몇 월 며칠에 이용하실 겁니까? · 몇 박 며칠 이용하실 겁니까? · 성함이 어떻게 되십니까? · 전화번호가 어떻게 되십니까?

기차표 예매

① 가는 곳 ________	손님	· 기차표를 예매하려고 하는데요. · 요금이 얼마입니까?
② 날짜 ________ ③ 시간 ________ ④ 몇 장? ________ ⑤ 요금 ________	직원	· 어디에 가실 겁니까? · 몇 월 며칠 표를 사실 겁니까? · 몇 시 표를 찾으십니까? · 몇 장 예매하실 겁니까?

활동

듣기

1. 다음 대화를 듣고 맞는 것에 ☑ 하십시오.

1) ☐ 산 ☐ 섬 ☐ 바닷가 ☐ 놀이공원
2) ☐ 1박 2일 ☐ 2박 3일 ☐ 3박 4일 ☐ 4박 5일
3) ☐ 호텔 ☐ 여관 ☐ 민박집 ☐ 친구집
4) ☐ 국내여행을 하다 ☐ 세계여행을 하다 ☐ 큰 집을 사다
5) ☐ 고속버스를 타다 ☐ 기차를 타다 ☐ 버스를 이용하다
6) ☐ 여행사에 가다 ☐ 신문을 보다 ☐ 인터넷을 하다

2. 다음 대화를 듣고 맞으면 ○, 틀리면 ×표 하십시오.

1) 이 손님은 해외여행을 가기 전에 여권을 만들어야 됩니다. ( )
2) 이번 방학에 4박 5일이나 5박 6일 동안 여행을 갈 겁니다. ( )
3) 태국 여행을 싸게 할 수 있는데 3박 4일에 29만 원입니다. ( )
4) 태국에 여행을 가고 싶으면 모레까지 꼭 전화해야 됩니다. ( )
5) 태국에 가는 비행기표는 이번 달 안에 예매를 해야 됩니다. ( )

3. 다음 대화를 듣고 빈칸에 들은 것을 쓰십시오.

	1	2	3
어디입니까?			
예약 vs. 예매?			
며칠/몇 시?			
몇 개 vs. 몇 장 vs. 몇 명?			
성함		* * *	
전화번호		* * *	

활동 읽기와 쓰기

예약과 예매

1	마노 : 서울호텔이죠? 방을 하나 예약하려고 하는데요. 직원 : 언제 객실을 쓰실 겁니까? 마노 : 8월 1일부터 이틀 동안 쓸 겁니다. 직원 : 성함이 어떻게 되십니까? 마노 : 마노 츠바사입니다. 직원 : 8월 1일과 2일에 객실 하나 예약되셨습니다. 연락 받으실 전화번호를 말씀해 주세요. 마노 : 제 전화번호는 010-3355-7788입니다. 직원 : 감사합니다.
2	라나 : 7월 24일 경주에 가는 기차표를 예매하러 왔는데요. 직원 : 몇 시 기차를 타실 겁니까? 라나 : 오전 9시쯤 출발하는 기차가 있어요? 직원 : 9시 5분에 KTX가 있고 9시 15분에 새마을호가 있습니다. 라나 : 9시 15분 새마을호 두 장 주세요.
3	제니 : 거기 한우방이죠? 식사 예약을 좀 하려고 하는데요. 직원 : 네, 며칠에 예약을 하실 거예요? 제니 : 이번 주 금요일 저녁 일곱 시예요. 직원 : 손님이 몇 분쯤 오실 거예요? 제니 : 열다섯 명요. 직원 : 네, 금요일 저녁 일곱 시에 열 다섯 분 예약되셨습니다.

1. 읽고 다음 질문에 대답해 봅시다.

1) 마노 씨는 어디에 전화했어요? 누구하고 이야기해요?
2) 라나 씨는 지금 어디에 있어요? 무엇을 예매했어요?
3) 제니 씨는 지금 어디에 식사 예약을 했어요? 몇 시에 예약됐어요?

2. 예약과 예매를 해 본 일이 있습니까? 그 이야기를 써 봅시다.

단어 예약, 예매, 객실, 이틀, 성함, 예약되다, 연락을 받다, 경주, 기차표, 출발하다, KTX, 새마을호, 손님

제4과 취미 〈1〉

준비 여러분의 취미는 뭐예요?

학습 목표

- 취미 소개하기
- 동아리 소개하기

- –(으)ㄹ 때
- –마다
- –(이)든지

연습 어휘와 문법

1. 다음과 같이 묻고 대답해 봅시다.

> 가: 언제 제일 행복하세요?
> 나: 맛있는 것을 먹을 때 제일 행복해요.

-(으)ㄹ 때
the time when S V
(☞ E5 中21 日35 M51)

1) 언제 제일 행복하세요?
   ☐ 돈이 많을 때　☐ 잠을 잘 때　☑ 맛있는 것을 먹을 때
2) 언제 가족이 보고 싶어요?
   ☐ 기쁠 때　☐ 슬플 때　☐ 아플 때
3) 언제 새 옷을 사고 싶어요?
   ☐ 예쁜 옷을 볼 때　☐ 데이트가 있을 때　☐ 옷이 없을 때
4) 한국에서 언제 제일 재미있었어요?
   ☐ 생일 때　☐ 방학 때　☐ 크리스마스 때
5) 언제 공부를 제일 열심히 했어요?
   ☐ 초등학교 때　☐ 중학교 때　☐ 고등학교 때
6) 한국에서 언제 제일 힘들었어요?
   ☐ 공부가 어려울 때　☐ 고향에 가고 싶을 때　☐ 돈이 없을 때

2. 다음과 같이 묻고 대답해 봅시다.

> 가: 날마다 뭘 해요?
> 나: 날마다 학교에 가서 한국어를 배워요.

-마다
every (time)
(☞ E5 中21 日35 M51)

1) 일요일마다 가는 곳이 있어요?
2) 해마다 하는 일은 뭐예요?
3) 방학 때마다 뭘 해요?
4) 심심할 때마다 만나는 사람이 있어요?
5) 기분이 나쁠 때마다 무슨 일을 해요?
6) 가족이 보고 싶을 때마다 어떻게 해요?
7) 시간이 있을 때마다 무엇을 해요?

3. '-었/았을 때'를 넣어서 다음과 같이 대화해 봅시다.

> 가: 한국에 처음 왔을 때 기분이 어땠어요?
> 나: 한국에 처음 왔을 때 고향 생각이 나서 슬펐어요.

-었/았을 때

when S V-[past]
(☞ E5 中21 日35 M51)

1) 오늘 아침에 학교에 왔을 때 교실에 누가 있었어요?
2) 교실에 들어왔을 때 시간이 몇 시 몇 분이었어요?
3) 쉬는 시간에 밖에 나갔을 때 누구를 만났어요?
4) 지난 학기 친구들을 만났을 때 기분이 어땠어요?
5) 어제 집에 들어갔을 때 시간이 몇 시였어요?
6) 어렸을 때 재미있게 본 영화는 무엇이었어요?

4. 다음과 같이 묻고 대답해 봅시다.

> 가: 질문 하나 해도 될까요?
> 나: 네, 무엇이든지 물어보세요.

-(이)든지

(what/who)ever
(☞ E5 中21 日35 M52)

1) 가: 주말에 어디로 놀러 가고 싶어요?
   나: 우리는 ______________ 다 괜찮아요.
2) 가: 언제부터 일을 시작할 수 있어요?
   나: ______________ 좋아요.
3) 가: 어떤 영화를 보고 싶어요?
   나: 저는 ______________ 다 좋아요.
4) 가: 한국어를 잘 하면 외국인도 일할 수 있어요?
   나: 네, ______________ 일할 수 있어요.
5) 가: 무슨 아르바이트를 하고 싶어요?
   나: ______________ 다 괜찮아요.
6) 가: 동전을 좀 빌려 주실 수 있어요?
   나: 네, ______________ 빌려 드릴게요.

무엇이든지
누구든지
어디든지
언제든지
얼마든지
무슨 일이든지
어떤 영화든지

대화문

제니 : 한솔 씨는 주말에 뭘 하세요?

한솔 : 저는 주말마다 등산을 하거나 낚시를 하러 가요.

제니 : 다음에 산에 갈 때 저도 데리고 가 주세요.

한솔 : 저는 언제든지 좋아요. 이번 주말에 갈까요?

다음 질문에 대답해 봅시다.

1) 한솔 씨는 주말마다 뭘 해요?
2) 제니 씨는 한솔 씨에게 무엇을 부탁했어요?
3) 한솔 씨는 언제 산에 갈 수 있어요?

대화 내용을 바꿔서 옆 사람과 대화해 봅시다.

주말마다	등산을 하거나	낚시를 하러 가요	산에 갈 때	이번 주말에

활동 말하기

1. 여러분의 취미는 무엇입니까? 다음과 같이 이야기해 봅시다.

☐ 등산	☐ 운동	☐ 영화 감상	☐ 음악 감상
☐ 우표 모으기	☐ 여행	☐ 요리	☐ 독서

제 옛날 취미는
우표 모으기였어요.
시간이 있을 때마다 우체국에 가서
새로 나온 우표를 샀어요.
우표를 살 때마다 행복했어요.
지금은 우표 모으기를 하지 않지만
그때는 참 재미있었어요.

제 취미는
영화 감상이에요.
저는 시간이 있을 때마다
영화나 비디오를 봐요.
저는 어떤 영화든지 다 좋아해요.
같이 영화를 보고 싶은 사람은
언제든지 저한테 연락하세요.

2. 어떤 일이 있었는지 같이 이야기해 봅시다.

지금까지 정말 기뻤을 때는 ______ (으)ㄹ 때였어요.	화가 날 때마다 ________________.	여자/남자친구하고 헤어졌을 때 ____(으)ㄴ 적이 있어요.
지금까지 정말 많이 울었을 때는 ______(으)ㄹ 때였어요.	애인하고 데이트하러 나갈 때마다 ________________.	한국에서 싸운 적이 있었는데 그때 ____________.

활동 듣기

1. 대화를 듣고 다음 사람의 취미를 찾아서 쓰십시오.

독서, 등산, 낚시, 운동, 여행
음악 감상, 영화 감상, 우표 모으기

1		2	
3		4	
5		6	

2. 다음 대화를 듣고 맞는 것에 ☑ 하십시오.

1) 선생님께 (☐ 언제든지 ☐ 얼마든지) 물어봐도 돼요.
2) 등산을 좋아하니까 (☐ 누구든지 ☐ 어디든지) 좋아요.
3) (☐ 어디든지 ☐ 언제든지) 옷을 사러 갈 수 있어요.
4) (☐ 언제든지 ☐ 무슨 일이든지) 할 수 있어요.
5) (☐ 무엇이든지 먹을 수 있어요. ☐ 얼마든지 먹을 수 있어요.)
6) (☐ 무슨 일이든지 ☐ 언제든지) 도와줄 수 있어요.

3. 다음을 듣고 질문에 대답을 쓰십시오.

1) 우리 동아리는 무슨 동아리예요?

____

2) 동아리에 언제 모여요?

____

3) 동아리에 모여서 무엇을 해요?

____

4) 잊어버릴 수 없는 재미있는 일은 무엇이었어요?

____

5) 동아리를 하면 무엇이 좋아요?

____

활동 읽기와 쓰기

동아리 소개

음악 사랑 	'음악 사랑'은 음악을 좋아하는 사람들의 음악 감상 동아리입니다. 우리가 힘들 때나 마음이 슬플 때, 음악은 좋은 친구입니다. 그럴 때마다 학생회관 4층에 있는 음악 감상실을 찾아 주세요. 언제든지 내 방처럼 편안하게 이용하실 수 있습니다. · 모임 장소: 학생회관 4층 동아리 방 · 모임 시간: 매주 수요일 오후 5시
나는 요리왕 	우리 동아리는 요리 만들기 동아리입니다. 요리사처럼 음식을 맛있게 만들고 싶으신 분! 언제든지 우리 동아리로 오세요. 세계 여러 나라의 요리를 배우고 싶은 사람은 누구든지 환영합니다. 맛있는 요리를 만든 후에 친구들과 즐겁게 파티를 할 겁니다. · 모임 장소: 학생회관 3층 동아리 방 · 모임 시간: 매달 첫째, 셋째 금요일 오후 3시
사진 이야기 	취미가 사진 찍기입니까? 사진을 더 잘 찍고 싶지 않으십니까? 사진을 사랑하는 사람들은 누구든지 오세요. 렌즈로 보는 이 세상은 정말 아름다워요. 산으로 바다로, 아름다운 곳이면 어디든지 찾아갑니다. 같이 떠납시다! 세상을 보는 눈이 달라집니다. · 모임 장소: 학생회관 지하 1층 동아리 방 · 모임 시간: 매달 둘째, 넷째 토요일 12시

1. 읽고 다음 질문에 대답해 봅시다.

1) 위의 동아리들은 어떤 취미를 가진 사람들의 모임이에요?

2) 위의 동아리에서 학생들이 모여서 무엇을 해요?

2. 여러분은 어떤 취미가 있어요? 위의 글처럼 소개해 봅시다.

단어 동아리, 음악 감상, 슬프다, 학생회관, 편안하다, 이용하다, 모임, 장소, 세계, 환영하다, 첫째, 셋째, 렌즈, 세상, 지하, 둘째, 넷째

제4과 취미 〈2〉

준비 지금 무슨 요리를 만들어요?

학습 목표

■ 지금 하는 일 말하기 ■ 요리 만드는 방법 이야기하기

◆ -고 있다 ◆ -(으)로 만들다

연습 어휘와 문법

1. 그림을 보고 다음과 같이 묻고 대답해 봅시다.

-고 있다
be V-ing
(progressive)
(☞ E 6 中 22 日 36 M 52)

> 가: 지금 뭘 하고 있어요?
> 나: 지금 피아노를 치고 있어요.

1) 피아노를 치다

2) 영화를 보다

3) 요리를 하다

4) 음악을 듣다

5) 사진을 찍다

6) 그림을 그리다

2. 지금 친구들이 입고 있는 옷을 보고 다음과 같이 대화해 봅시다.

-고 있다
be wearing N
(☞ E 6 中 22 日 36 M 52)

> 가: 제니 씨가 지금 무엇을 입고 있어요?
> 나: 청바지하고 티셔츠를 입고 있어요.

1	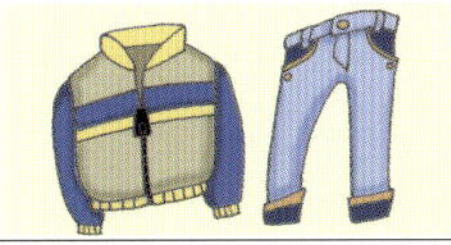	입다	2		신다
3		쓰다	4	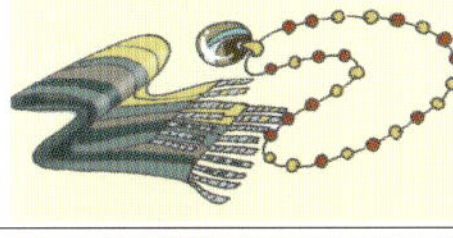	하다
5		차다	6	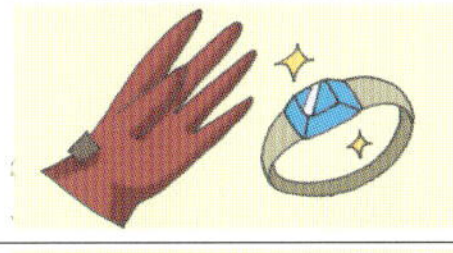	끼다
7		매다	8	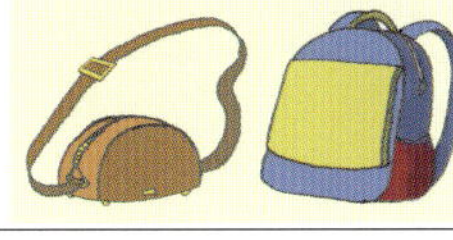	메다

3. 다음과 같이 질문하고 대답해 봅시다.

> 가: 어제 제가 전화했을 때 어디에 가고 있었어요?
> 나: 동아리 모임에 가고 있었어요.

-고 있었다
was/were V-ing
(past progressive)
(☞ E6 中22 日36 M52)

1) 어제 밤 11시에 무엇을 하고 있었어요?
2) 고향 집에 전화했을 때 가족들이 무엇을 하고 있었어요?
3) 아침에 교실에 들어왔을 때 친구들이 무엇을 하고 있었어요?
4) 아까 수업시간에 가방에서 무엇을 찾고 있었어요?
5) 아까 쉬는 시간에 교실에서 뭘 하고 있었어요?
6) 수업시간에 우리가 책을 읽고 있었을 때 무슨 생각을 하고 있었어요?
7) 지난 번에 우리가 만났을 때 무슨 옷을 입고 있었어요?
8) 한국에 처음 왔을 때 공항에서 누가 기다리고 있었어요?

4. 다음 음식은 무엇을 가지고 만들어요? 묻고 대답해 봅시다.

> 가: 빵은 무엇으로 만들어요?
> 나: 빵은 밀가루로 만들어요.

-(으)로 만들다
made of
(☞ E6 中22 日36 M52)

1) 김치
2) 떡
3) 포도주
4) 두부
5) 삼계탕
6) 매운탕

㉮ 쌀
㉯ 생선
㉰ 배추
㉱ 포도
㉲ 닭고기
㉳ 콩

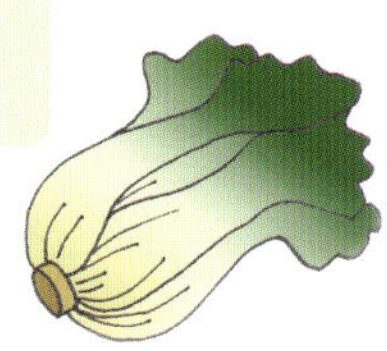
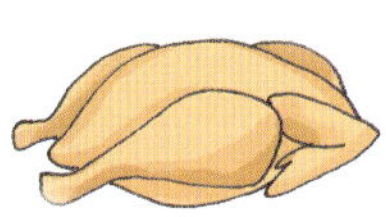

대화문

마이클 : 은영 씨, 지금 뭘 하고 있어요?
은　영 : 비빔밥을 만들고 있어요.
마이클 : 비빔밥은 어떻게 만들어요? 저도 좀 가르쳐 주세요.
은　영 : 밥하고 고추장하고 여러 가지 야채로 만들어요.

다음 질문에 대답해 봅시다.

1) 은영 씨는 지금 뭘 하고 있어요?
2) 마이클 씨는 무엇을 배우려고 해요?
3) 비빔밥은 무엇으로 만들어요?

대화 내용을 바꿔서 옆 사람과 대화해 봅시다.

지금 뭘 하고 있어요?	비빔밥	밥하고 고추장하고	야채로 만들어요
아까 뭘 하고 있었어요?			

활동 말하기

1. 친구들이 어떻게 옷을 입고 있어요? 다음과 같이 쓰고 말해 봅시다.

		친구 1	친구 2
1	입고 있다	티셔츠와 짧은 치마	
2	신고 있다	운동화	
3	쓰고 있다	털모자, 선글라스	
4	하고 있다	목걸이	
5	차고 있다	시계	
6	끼고 있다	반지	
7	들고 있다	가방	
8	매고 있다	×	
9	메고 있다	×	

2. 좋아하는 음식을 말하고 그 음식을 요리하는 방법을 말해 봅시다.

음식	삼계탕 김치찌개 불고기 햄버거 볶음밥……

재료	
	고기 (소고기, 돼지고기, 닭고기), 생선, 계란, 두부
	야채 (감자, 당근, 양파, 파, 마늘……) 
	소금 설탕 간장 된장 고추장 고춧가루

요리법	자르다 넣다 놓다 볶다 끓이다

활동 듣기

1. 친구들이 요즘 무엇을 하고 있습니까? 듣고 연결하십시오.

1) 한솔 ·	· ㉮ 학교에 다니고 있다.
	· ㉯ 학교에 안 다니고 있다.
2) 제니 ·	· ㉰ 회사에 다니고 있다.
	· ㉱ 결혼 준비를 하고 있다.
3) 은영 ·	· ㉲ 한국 요리를 배우고 있다.
	· ㉳ 운동을 못 하고 있다.
4) 마이클 ·	· ㉴ 아르바이트를 안 하고 있다.
	· ㉵ 영어를 가르치고 있다.

2. 다음을 듣고 그림에 맞는 사람의 이름을 오른쪽에 쓰십시오.

1)  ________

2)  ________

3)  ________

4)  ________

3. 다음을 듣고 음식 재료에 ✓ 를 하고 음식 이름을 아래에서 찾아서 쓰십시오.

	음식 재료	음식 이름
1	소고기, 닭고기, 간장, 된장, 소금, 설탕, 파, 마늘	
2	생선, 계란, 간장, 소금, 파, 마늘, 두부, 고추장, 고춧가루	
3	밥, 소고기, 생선, 야채, 우유, 계란, 고추장, 된장, 설탕	

갈비탕　　불고기　　된장찌개　　매운탕　　비빔밥　　볶음밥

볶음밥 만들기

1	♠ 재료 (2인분) ♠ 소고기 100g, 양파 1개, 감자 1개, 당근 1/2개, 밥 2공기, 소금, 후추, 기름 조금 ♠ 만드는 방법 ♠ ① 당근, 양파, 감자, 고기를 작게 자르세요. ② 프라이팬에 기름을 넣고 야채를 볶으세요. ③ 프라이팬에 고기를 넣고 볶으세요. ④ 고기와 야채를 볶을 때 소금과 후추를 뿌리세요. ⑤ 밥에 볶은 야채와 고기를 넣고 같이 볶으세요. 
2	유스케 : 아까 내가 전화했을 때 뭐 하고 있었어요? 미노리 : 아, 그때……. 볶음밥을 만들고 있었어요. 유스케 : 볶음밥은 무엇으로 만들어요? 미노리 : 볶음밥은 여러 가지 야채와 고기 그리고 밥으로 만들어요. 유스케 : 저도 한 번 해 보고 싶어요. 만드는 방법을 가르쳐 주세요. 미노리 : 야채와 소고기를 작게 자른 후에 프라이팬에 기름을 넣고 볶아요. 볶을 때 소금과 후추를 뿌려야 돼요. 유스케 : 그 다음에 어떻게 해요? 미노리 : 밥을 볶은 후에 처음에 볶은 야채와 고기를 넣고 같이 볶아서 먹으면 돼요. 김치를 좋아하면 김치를 넣어서 볶아도 돼요. 유스케 : 아, 맛있겠어요! 고마워요. 저도 집에서 한 번 만들어 볼게요.

1. 읽고 다음 질문에 대답해 봅시다.

1) 볶음밥 만들 때 필요한 재료는 무엇 무엇이에요?
2) 볶음밥 만드는 방법을 말해 보세요.
3) 여러분이 좋아하는 음식 만드는 방법을 반 친구들에게 가르쳐 주세요.

2. 여러분 나라의 음식 중 하나를 골라서 요리 방법을 소개해 봅시다.

단어 볶음밥, 재료, 2인분, 소고기, 양파, 감자, 당근, 공기, 소금, 후추, 기름, 방법, 자르다, 프라이팬, 넣다, 야채, 볶다, 뿌리다, 아까, 여러 가지

제5과 학교 생활 〈1〉

준비 우리 학교에 오려면 어떤 서류가 있어야 해요?

학습 목표

- 학교 입학과 재등록에 필요한 서류 알기
- 비자 연장하기
- -이/가 필요하다/ 필요없다
- -고 싶어하다

연습 어휘와 문법

1. 다음과 같이 묻고 필요한 것을 찾아 봅시다.

가: 한국에서 공부하려면 무엇이 필요해요?
나: 학생 비자가 필요해요. 비자가 없으면 공부할 수 없어요.

-이/가 필요하다
be necessary
(☞ E6 中22 日36 M52)

1) 학생 비자

2) 돈

3) 텔레비전

4) 친구

5) 휴대폰

6) 카메라

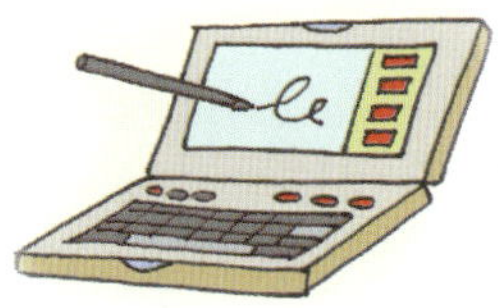

7) 전자사전

8) 컴퓨터

2. 다음과 같이 묻고 대답해 봅시다.

가: 컴퓨터실을 이용하려고 하는데 학생증이 필요해요?
나: ① 네, 학생증이 필요해요.
② 아니요, 학생증은 필요없어요.

-이/가 필요없다
be not necessary
(☞ E6 中22 日36 M52)

1	학생증을 만들다	☒ 돈	☑ 사진
2	지하철을 타다	☒ 학생증	☑ 지하철표
3	학생식당을 이용하다	☒ 여권	☑ 식권
4	도서관을 이용하다	☑ 학생증	☒ 여권
5	대학교에 입학하다	☑ 입학허가서	☒ 여행허가서

3. 다음 질문의 대답을 듣고 친구에 대해서 말해 봅시다.

친구 이름	
1	지금 무엇을 하고 싶어요?
2	이번 학기에 무슨 공부를 많이 하고 싶어요?
3	한국에서 무엇을 해 보고 싶어요? 어디에 가 보고 싶어요?
4	몇 살에 결혼하고 싶어요? 어떤 여자/남자와 결혼하고 싶어요?
5	한국어 공부가 끝난 후에 무엇을 하고 싶어요?

-고 싶어하다

(other's desire)

(☞ E6 中22 日36 M52)

4. 다음과 같이 나와 친구의 다른 점을 말해 봅시다.

> ① 저는 이번 방학에 컴퓨터를 배우고 싶은데,
> ② 친구는 이번 방학에 태권도를 배우고 싶어해요.

	나	친구
1	숙제하고 싶다	나가서 놀고 싶다
2	전자사전을 사고 싶다	휴대폰을 사고 싶다
3	도서관에서 공부하고 싶다	집에서 공부하고 싶다
4	대학교에 입학하고 싶다	대학교에 안 다니고 싶다
5	앞으로 한국에서 살고 싶다	고향에 돌아가고 싶다
6	회사에 취직하고 싶다	빨리 결혼을 하고 싶다

대화문

제니 : 제 친구가 우리 학교에 오고 싶어하는데 어떻게 해야 돼요?
직원 : 어학원에 입학하려면 먼저 입학허가서를 받아야 돼요.
제니 : 입학허가서를 받으려면 어떤 서류가 필요해요?
직원 : 여기 이 서류들이 필요해요. 다 준비해서 사무실에 내세요.

다음 질문에 대답해 봅시다.

1) 제니 씨의 친구가 무엇을 하고 싶어해요?
2) 어학원에 입학하려면 무슨 서류를 받아야 돼요?
3) 입학허가서를 받으려면 필요한 서류를 준비해서 어떻게 해야 돼요?

대화 내용을 바꿔서 옆 사람과 대화해 봅시다.

오고 싶어하는데	입학하려면	입학허가서를 받아야 돼요	이 서류들이

활동 말하기

1. 다음을 하려고 할 때 무슨 서류가 필요합니까? 필요한 서류를 알아 봅시다.

여권, 비자
학생증, 외국인 등록증, 운전 면허증, 신분증
입학허가서, 재등록 신청서
재학 증명서, 졸업 증명서, 성적 증명서

		필요한 서류
1	외국인 등록증을 만들려고 하는데	
2	다음 학기에도 계속 공부하려고 하는데	
3	비자를 연장하려고 하는데	
4	친구가 한국에서 공부하고 싶어하는데	

2. 학교 생활을 잘 하고 싶을 때 필요한 것을 이야기해 봅시다.

1	반 친구들과 친하게 지내고 싶다	
2	한국 생활을 더 편하게 하고 싶다	-이/가 필요하다
3	한국말을 더 잘하고 싶다	-어/아야 되다
4	여행을 재미있게 하고 싶다	

가: 반 친구들하고 더 친하게 지내고 싶은데 어떻게 해야 돼요?
나: 대화가 필요해요. 한국말로 이야기를 많이 해야 돼요.
가: 또 뭐가 필요해요?
나: 친구하고 같이 보내는 시간이 많이 필요해요.
　　같이 점심도 먹고 공부도 같이 하는 것이 좋아요.

활동 듣기

1. 다음 대화를 듣고 맞으면 ○, 틀리면 ×표 하십시오.

1) 한국어 공부를 할 때 전자사전이 꼭 필요하다. (　　)
2) 제주도는 해외여행이 아니니까 여행 비자가 필요없다. (　　)
3) 컴퓨터는 학교 생활과 공부를 도와주니까 꼭 필요하다. (　　)
4) 휴대폰을 살 때 외국인 등록증과 여권이 다 필요하다. (　　)

2. 다음을 듣고 문구점에서 산 것에 ☑ 하십시오.

1	한국어 공부	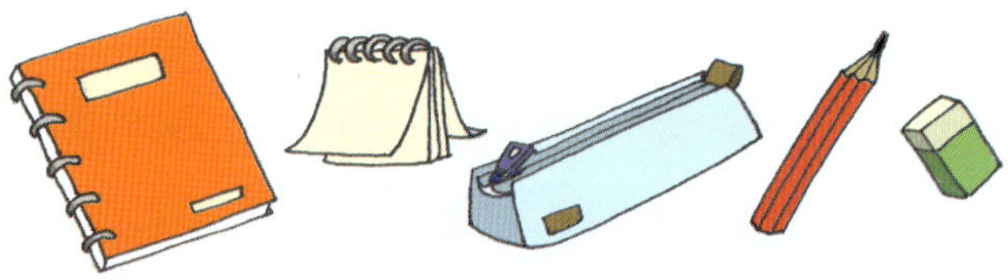 □ 공책 □ 수첩 □ 필통 □ 연필 □ 지우개
2	 부채 만들기	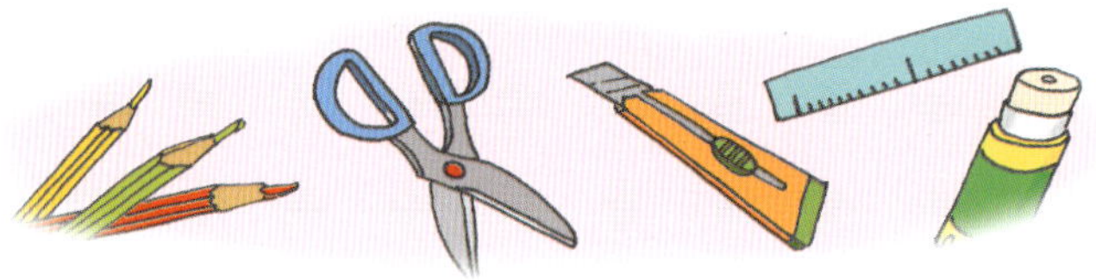 □ 색연필 □ 가위 □ 칼 □ 자 □ 풀

3. 다음 대화를 듣고 필요한 것의 번호를 골라 쓰십시오.

① 여권	② 비자	③ 등록금	④ 외국인 등록증
⑤ 재학 증명서	⑥ 졸업 증명서	⑦ 성적 증명서	⑧ 신청서

1) 입학허가서를 받으려면 무슨 서류가 필요해요? ______________
2) 외국인 등록증을 만들려면 무엇이 필요해요? ______________
3) 다음 학기 재등록을 하려면 무엇이 필요해요? ______________
4) 비자 연장을 하려면 무슨 서류가 필요해요? ______________

활동 읽기와 쓰기

비자 연장하는 날

오늘은 다음 학기 재등록을 하는 날이었습니다. 재등록을 하려면 여러 가지 서류가 필요한데, 저는 잘 몰라서 친구한테 물어 보았습니다. 친구는 좀 바빴지만 저하고 같이 사무실에 가 주었습니다.

수업을 시작하기 전에 사무실에 가서 재등록 신청서를 내고 등록금 고지서를 받았습니다. 그리고 우체국에 가서 등록금을 내고 영수증을 받은 후에 다시 사무실로 왔습니다. 비자 유효기간이 모레까지여서 오늘 꼭 출입국관리사무소에 가서 비자를 연장해야 했습니다. 그래서 한국어 담당 직원한테 영수증을 보여 주고 비자 연장에 필요한 재학증명서를 신청했습니다.

한 시간쯤 기다린 후에 서류를 받아서 목동에 있는 출입국관리사무소에 갔습니다. 출입국관리사무소에 가려면 지하철 5호선을 타고 오목교역에서 내려야 합니다. 오목교역에서 내린 후에 7번 출구로 나가서 10분쯤 걸어가면 출입국관리사무소가 있습니다. 저는 오후 두 시 반쯤 도착했는데 사람이 많아서 오래 기다려야 했습니다. 그렇지만 나는 날마다 결석도 하지 않고 학교에 잘 다녀서 비자 연장이 금방 끝났습니다. 무섭게 생긴 직원도 나에게 친절하게 해 주었습니다. 외국인 등록증에 비자 유효기간을 3개월 연장할 수 있었습니다.

비자를 연장한 후에 집에 와서 씻고 쉬었습니다. 오늘 할 일을 다 끝내서 기분이 좋았습니다. 다음 학기에도 한국어를 열심히 공부하고 학교 생활도 잘할 겁니다.

1. 읽고 다음 질문에 대답해 봅시다.

1) 오늘 어디에 갔습니까? 오늘 간 곳을 말해 보세요.
2) 학교에 재등록을 하려면 어떻게 해야 합니까?
3) 비자를 연장하려면 어떻게 해야 합니까?

2. 여러분은 오늘 어떤 일이 있었습니까? 그 이야기를 써 봅시다.

단어 비자, 연장하다, 재등록, 서류, 신청서, 내다, 등록금, 고지서, 영수증, 비자 유효기간, 출입국관리사무소, 담당, 보여 주다, 재학 증명서, 신청하다, 결석하다, 금방, 외국인 등록증, 씻다

제5과 학교 생활 〈2〉

준비 여러분의 학교 생활은 어때요? 불편한 것은 없어요?

학습 목표

■ 학교 생활의 어려움과 이유 말하기 ■ 친구에게 조언하기

◆ ~ 때문에 ◆ -기 때문에 ◆ -지 그래요?

연습 어휘와 문법

1. 왜 학교에 늦게 왔는지 이유를 말해 봅시다.

가: 왜 학교에 늦게 왔어요?
나: 비 때문에 늦었어요.

~ 때문에

because of N

(☞ E 7 中 22 日 36 M 53)

1) 비	2) 눈	3) 교통사고	4) 지하철 공사
5) 어머니	6) 열쇠	7) 친구	8) 어떤 사람

2. 학교 생활의 어려움을 이야기하고 이유를 말해 봅시다.

가: 왜 심심하게 지내요?
나: 친구가 없기 때문에 심심하게 지내요.

-기 때문에

because S V

(☞ E 7 中 22 日 36 M 53)

1) 심심하게 지내요. ·	· ㉮ 연습을 많이 안 하다.
2) 한국말을 못해요. ·	· ㉯ 친구가 없다.
3) 학교 다니기가 힘들어요. ·	· ㉰ 집이 멀다.
4) 지각했어요. ·	· ㉱ 감기에 걸려서 아팠다.
5) 결석했어요. ·	· ㉲ 지하철이 늦게 왔다.
6) 학교에 학생들이 없어요. ·	· ㉳ 이상한 사람이다.
7) 그 사람을 싫어해요. ·	· ㉴ 지금 방학이다.

3. 다음과 같이 대화를 만들어 봅시다.

> 가: 한국의 옛날 문화를 알고 싶어요.
> 나: 박물관에 가 보지 그래요?

-지 그래요?
Why don't you?
(☞ E 7 中 23 日 37 M 53)

1) 한국의 옛날 문화를 알고 싶어요.
2) 한국 친구를 사귀고 싶어요.
3) 한국어 말하기 연습을 하고 싶어요.
4) 오후에 학교에서 공부하고 싶어요.
5) 컴퓨터가 없어서 불편해요.
6) 혼자 숙제할 때 너무 어려워요.
7) 수업이 끝나면 심심해 죽겠어요.

㉮ 박물관에 가 보다	㉯ 도서관에서 공부하다
㉰ 컴퓨터실을 이용하다	㉱ 한국 친구한테 물어 보다
㉲ 문화수업에 가다	㉳ 언어교환을 하다
㉴ 동아리에 들어가다	㉵ 아르바이트를 하다

4. 다음과 같이 '-지 그랬어요?'를 써서 말해 봅시다.

> 가: 이번 시험을 너무 못 봤어요.
> 나: 좀 더 열심히 공부하지 그랬어요?

-지 그랬어요?
Why didn't you?
(☞ E 7 中 23 日 37 M 53)

1) 지난 주말에 집에 혼자 있어서 심심했어요. (나한테 전화하다)
2) 공포 영화를 보는데 너무 무서웠어요. (남자친구하고 같이 보다)
3) 책을 잃어버려서 시험공부를 하지 못했어요. (책을 빌리다)
4) 어제 술을 많이 마셔서 결석을 했어요. (술을 조금만 마시다)
5) 오늘도 아침에 늦게 일어나서 학교에 지각을 했어요. (어제 일찍 자다)
6) 서류가 부족해서 비자 연장을 못 했어요. (서류를 잘 준비하다)
7) 결석이 많아서 재등록을 할 수 없어요. (날마다 출석하다)

대화문

선생님 : 요즘 학교에 잘 다니고 있어요? 불편한 것은 없어요?
제　니 : 다 좋은데 집이 멀기 때문에 좀 불편해요.
선생님 : 학교에서 가까운 곳으로 이사하지 그래요?
제　니 : 네. 이번 학기가 끝나면 학교 근처로 이사할 생각이에요.

다음 질문에 대답해 봅시다.

1) 제니 씨가 학교에 다닐 때 불편한 것은 뭐예요?
2) 선생님께서 제니 씨에게 무슨 말을 했어요?
3) 제니 씨는 이번 학기가 끝나면 어떻게 할 거예요?

대화 내용을 바꿔서 옆 사람과 대화해 봅시다.

집이 멀기 때문에	이사하지 그래요?	학기가 끝나면	이사할 생각이에요

활동 말하기

1. 다음에서 하나를 골라서 그 이유를 발표해 봅시다.

☐ 학교 생활이 즐거운 이유　　☐ 한국을 좋아하는 이유

☑ 학교 생활이 힘든 이유　　☐ 한국을 싫어하는 이유

① ~ 때문에

② 왜냐하면

–(었/았)기 때문이에요

③ –(었/았)기 때문에

저는 학교 생활이 힘들어요.
왜냐하면 한국말을 잘 못하기 때문이에요.
집에서 연습을 많이 못 하기 때문에
한국말을 잘 못해요.
한국 친구를 사귀어서 말하기 연습을
많이 할 수 있으면 좋겠어요.

2. 문제가 있는 친구를 어떻게 도와줄 수 있을까요? 대화를 만들어 봅시다.

가: 무슨 걱정이 있어요? 무슨 일이에요?
나: 네, 돈 문제 때문에 걱정이에요.
가: 저한테 한 번 이야기해 보세요.
나: 사실은 등록금을 내야 되는데
돈을 많이 써서 등록금이 부족해요.
가: ① 부모님한테 말해 보지 그래요?
② 아이고, 돈을 조금만 쓰지 그랬어요?

① 돈 문제	② 학교 문제	③ 방 문제
④ 결혼 문제	⑤ 취직 문제	⑥ 친구 문제

활동 듣기

1. 어떤 대답을 했습니까? 다음을 듣고 맞는 것에 ☑ 하십시오.

1) ☐ 열심히 공부하지 그래요? ☐ 열심히 공부하지 그랬어요?
2) ☐ 동아리에 들어가지 그래요? ☐ 아르바이트를 하지 그래요?
3) ☐ 나한테 전화하지 그래요? ☐ 나한테 전화하지 그랬어요?
4) ☐ 도서관을 이용하지 그래요? ☐ 박물관을 이용하지 그래요?
5) ☐ 문화수업에 가지 그래요? ☐ 문화수업에 가지 그랬어요?
6) ☐ 더 친하게 지내지 그래요? ☐ 더 친하게 지내지 그랬어요?

2. 다음 대화를 듣고 맞으면 ○, 틀리면 ×표 하십시오.

1) 마이클 씨는 결석을 많이 하기 때문에 친구들을 잘 몰라요. (   )
2) 마이클 씨는 시계가 고장 났기 때문에 오늘 지각했어요. (   )
3) 야마다 씨는 날마다 바쁜 일이 있기 때문에 일찍 가야 돼요. (   )
4) 요코 씨는 날마다 숙제를 하기 때문에 공부를 잘해요. (   )
5) 제니 씨는 밤에 게임을 하기 때문에 일찍 일어날 수 없어요. (   )

3. 다음을 듣고 질문에 대답을 쓰십시오.

1) 처음에 왜 하숙집을 찾기가 힘들었어요?

____

2) 사무실에서 어떤 하숙집을 소개해 주었어요?

____

3) 왜 아르바이트를 해야 돼요?

____

4) 어떤 아르바이트를 하고 있어요?

____

5) 왜 컴퓨터실에 자주 가요?

____

활동 읽기와 쓰기

즐거운 어학원 생활

저는 4개월 전에 한국에 왔습니다. 중학교 때부터 한국 노래와 드라마를 좋아해서 한국어를 배우고 싶었기 때문입니다. 한국에서 꼭 한 번 생활을 해 보고 싶었고 한국 문화도 배우고 싶었습니다.

지난 봄학기부터 한양대학교 어학원에서 한국어를 공부했는데, 이제는 한국말도 조금 할 수 있고, 한국 노래나 드라마도 더 잘 들을 수 있어서 기쁩니다. 지난 학기에는 친구가 없었기 때문에 한국 생활이 조금 심심했습니다. 하지만 이번 학기에는 친구도 사귀고 어학원의 선배와 후배도 많이 사귀어서 재미있게 지내고 있습니다. 선배들이 한국 생활을 많이 도와줬기 때문에 생활도 편해졌습니다.

그런데 2주일 전에 우리 반 친구 마이클 씨가 저를 어떤 모임에 데리고 갔습니다. 한양대학교 재학생과 여러 나라에서 온 유학생들이 모인 국제 학생 동아리였습니다. 저는 그 동아리에서 한국 친구들을 많이 만날 수 있었습니다.

요즘은 수업이 끝난 후에 그 친구들하고 점심도 같이 먹고 숙제도 같이 하고 이야기도 많이 합니다. 한국 친구들을 만나면 한국말을 많이 연습할 수 있기 때문에 정말 좋습니다. 어제는 한국 친구가 동아리를 소개해 줘서 태권도 동아리에 들어갔습니다. 태권도 동아리에서도 친구를 한 명 사귀었는데 다음 주부터는 같이 태권도를 연습할 겁니다.

저는 처음에 한국 노래와 드라마 때문에 한국에 왔지만 지금은 한국 친구들 때문에 한국에 더 오래 있고 싶어졌습니다. 앞으로 한국에 있는 동안 더 많은 곳에 가 보고 더 많은 경험을 해 보고 싶습니다.

1. 읽고 다음 질문에 대답해 봅시다.

1) 왜 한국에 왔어요? 지금은 무엇 때문에 한국에 더 있고 싶어요?
2) 한국친구를 사귀기 위해서 어떤 일들을 했어요?

2. 위의 글과 같이 여러분의 어학원 생활을 써 봅시다.

단어 중학교, 드라마, 생활, 문화, 기쁘다, 선배, 후배, 모임, 데리고 가다, 재학생, 유학생, 모이다, 국제, 연습하다, 태권도, 동아리에 들어가다

제6과 시험 〈1〉

준비 여러분은 시험 준비를 어떻게 하고 있어요?

학습 목표

- 친구와 반말로 이야기하기
- 행동의 목적 말하기

◆ -어/아 ◆ -다/니?/(어)라/자 ◆ -을/를 위해서 ◆ -기 위해서

연습 어휘와 문법

1. 다음 대화를 반말로 해 봅시다.

1) 가: 어디 가요?
   나: 시험을 보러 가요.
2) 가: 시험 공부 많이 했어요?
   나: 아니요, 많이 못 했어요.
3) 가: 옆 자리에 앉아도 괜찮아요?
   나: 네, 앉으세요.
4) 가: 시험이 끝나면 뭐 할 거예요?
   나: 같이 영화 보러 갑시다.
5) 가: 좋아요. 시험 잘 보세요.
   나: 네, 고마워요.

반말 ①
-어/아.
low form of speech ①
(☞ E7 中23 日37 M53)

-어/아요	-어/아
가요 (갑니다) ⇒	가
가요? (갑니까?) ⇒	가?
가세요 (가십시오) ⇒	가!
가요 (갑시다) ⇒	가
-이에요/예요 ⇒	-(이)야
네/아니요 ⇒	응/아니

2. 이 대화는 지금 누가 합니까? 다음과 같이 반말로 대화해 봅시다.

1) 가: 반갑다, 잘 지냈냐?
   나: 오랜만이다. 잘 지낸다.

반말 ②
-다/니?/(어)라/자
low form of speech ②
(☞ E7 中23 日37 M53)

2) 가: 어디 가니? 점심 먹었니?
   나: 아니, 지금 먹으러 가.

3) 가: 빨리 숙제해라.
   나: 네, 엄마, 지금 할게요.

4) 가: 자기야, 우리 언제 만날까?
   나: 세 시에 만나자.

높임말	반말
갑니다	간다
갑니까?	가니? 가냐?
가세요	가라
갑시다	가자

3. **여러분은 무엇을 위해서 한국어를 공부하고 있습니까? 말해 봅시다.**

> 저는 한국어를 공부하러 한국에 왔습니다.
> 행복한 미래를 위해서 열심히 공부할 겁니다.

-을/를 위해서

for N

(☞ E8 中23 日37 M54)

4. **아래와 같이 질문하고 대답해 봅시다.**

> 가: 너는 왜 한국에 왔어?
> 나: 나는 한국어를 공부하기 위해서 한국에 왔어.

-기 위해서

in order to V

(☞ E8 中23 日37 M54)

	-기 위해서
1	너는 왜 한국에 왔어?
2	대학교에 입학하기 위해서 어떻게 해야 돼?
3	공부를 잘하기 위해서 어떻게 해야 돼?
4	시험을 잘 보기 위해서 어떻게 해야 돼?
5	지각을 안 하기 위해서 어떻게 해야 돼?
6	일찍 일어나기 위해서 어떻게 해야 돼?

대화문

제　니 : 곧 중간시험을 보는데, 시험 공부 많이 했어?
마이클 : 아니, 아직 많이 하지 못했어. 너는 어때?
제　니 : 나는 시험을 잘 보기 위해서 매일 도서관에서 공부하고 있어.
마이클 : 나도 내일부터 도서관에 갈 건데, 만나서 같이 공부하자.

다음 질문에 대답해 봅시다.

1) 제니 씨와 마이클 씨는 곧 무슨 시험을 봐요?
2) 마이클 씨는 시험 공부를 많이 했어요?
3) 제니 씨는 시험을 잘 보기 위해서 어떻게 하고 있어요?
4) 마이클 씨는 무슨 약속을 하고 싶어해요?

대화 내용을 바꿔서 옆 사람과 대화해 봅시다.

중간시험	많이 하지 못했어	도서관에서 공부하고 있어	도서관에 갈 건데
기말시험	많이 했어		

활동 말하기

1. 다음 상황에서 친구하고 여러 가지 반말로 인사해 봅시다.

_____씨! ⇒ _____야!/아!	–(는)군요 ⇒ –(는)구나
제니 씨! ⇒ 제니야! 은영 씨! ⇒ 은영아!	어렵군요 ⇒ 어렵구나 보는군요 ⇒ 보는구나

1. 만났을 때	2. 헤어질 때
가: _____ 씨, 안녕하세요? 그동안 잘 지냈어요? 나: 네, 잘 지냈어요.	가: 안녕히 가세요. 또 오세요. 나: 안녕히 계세요. 또 만납시다.
3. 잘 때	**4. 감사 인사할 때**
가: _____ 씨, 안녕히 주무세요. 나: 네, 좋은 꿈 꾸세요.	가: 이거 제 선물이에요. 나: 정말 고마워요.
5. 미안할 때	**6. 칭찬할 때**
가: 많이 기다렸어요? 미안해요. 나: 아니에요. 괜찮아요.	가: 제니 씨가 시험을 제일 잘 봤어요. 나: 그랬군요. 정말 공부를 열심히 하는군요.

2. 친구하고 반말로 다음 대화를 만들어 봅시다.

1	시험 후 약속하기	학교에 갈 때 만난 친구하고 약속을 한다. 시험 끝난 후에 영화를 같이 볼 것이다.
2	시험 걱정하기	시험 보기 전날 밤에 전화한다. 둘 다 시험 준비를 안 해서 걱정이다.
3	사랑의 전화하기	애인이 밤에 전화해서 오늘 한 일을 묻는다. 애인한테 오늘 한 일을 작은 일까지 다 이야기한다.

활동 듣기

1. 무슨 말을 했습니까? 듣고 맞는 것에 ☑ 하십시오.

1) ☐ 기다린다 ☐ 기다리니? ☐ 기다려라 ☐ 기다리자
2) ☐ 열심히 했다 ☐ 열심히 했니? ☐ 열심히 해라 ☐ 열심히 하자
3) ☐ 어렵다 ☐ 어렵니? ☐ 어려웠다 ☐ 어려웠니?
4) ☐ 잔다 ☐ 자냐? ☐ 자라 ☐ 자자

2. 다음 노래를 듣고 빈칸에 맞게 반말을 완성하십시오.

<table>
<tr><td>노래: 여우야 여우야</td><td>① –다 ② –니? ③ –(어)라 ④ –자</td></tr>
<tr><td>1) 아이들: 여우(　　) 여우(　　) 뭐 하(　　)?
여 우: 잠 잔(　　).
아이들: 잠꾸러기!
2) 아이들: 여우(　　) 여우(　　) 뭐 하(　　)?
여 우: 세수(　　).
아이들: 멋쟁이!
3) 아이들: 여우(　　) 여우(　　) 뭐 하(　　)?
여 우: 밥 먹(　　).
아이들: 무슨 반찬?
여 우: 개구리 반찬!
아이들: 살았(　　)? 죽었(　　)?
여 우: 살았(　　).
아이들: 꺄~~ (아이들 뛰어서 도망간다)</td><td>
여우

개구리</td></tr>
</table>

3. 다음을 듣고 질문에 대답을 쓰십시오.

1) 이 사람은 무슨 시험 때문에 걱정하고 있어요? ______________________
2) 왜 대화문을 날마다 세 번씩 듣고 있어요? ______________________
3) 왜 새로 배운 단어를 열심히 외우고 있어요? ______________________
4) 단어 공부는 어떻게 하면 좋아요? ______________________
5) 오늘은 왜 도서관에 가려고 했어요? ______________________
6) 왜 사무실에 사진을 한 장 냈어요? ______________________

활동 읽기와 쓰기

보고 싶은 친구에게

에밀리에게

안녕? 잘 지냈니? 한국은 벌써 날씨가 더워졌는데, 거기는 어때? 그동안 자주 연락하지 못해서 미안하다. 대학생활은 어떠니? 친구도 많이 사귀고 재미있게 지내고 있지?

나는 지금 한양대학교에서 한국어를 배우고 있는데, 우리 반은 초급 2반이야. 여러 나라에서 온 친구들과 즐겁게 한국말을 배우고 있어. 선생님도 정말 친절하고 재미있는 분이셔. 다음 주에 시험을 보니까 열심히 공부해야 돼.

한국에 와서 그동안 무척 힘들었어. 몸도 아프고 공부도 너무 어려워서 그냥 고향에 돌아가고 싶었어. 하지만 지금은 아니야. 이제는 한국말을 좀 배웠기 때문에 생활이 편해졌어. 텔레비전이나 한국 영화를 보면 수업시간에 배운 말들을 들을 수 있어서 정말 기분이 좋아.

요즘 나는 한국에 있는 대학교에서 공부하고 싶어졌어. 처음에는 생각이 없었지만 요즘 생각이 달라졌어. 대학교에 입학하기 위해서 한국말을 열심히 공부할 거야. 대학교를 졸업한 후에 한국에서 취직하면 좋겠어. 아름다운 미래를 위해서 지금부터 열심히 노력해야 돼.

내가 힘들 때마다 너는 항상 내 곁에 있었어. 친구야, 정말 보고 싶다. 그리고 너도 시간이 있을 때 연락 좀 해라. 우리 이번 여름 방학 때 꼭 만나자.
그럼 다음에 만날 때까지 건강하게 잘 지내.

2008년 6월 30일
서울에서 제니가

1. 읽고 다음 질문에 대답해 봅시다.

1) 누가 누구에게 보낸 편지입니까?
2) 제니는 어디에서 무엇을 공부해요? 요즘 생활은 어때요?
3) 제니는 앞으로 무엇을 위해서 한국말을 공부할 거예요?

2. 여러분도 친구에게 반말로 편지를 써 봅시다.

단어 벌써, 무척, 그냥, 이제, 생각, 입학하다, 졸업하다, 취직하다, 미래, 노력하다, 항상, 곁, 여름 방학, 건강하다

제6과 시험 〈2〉

준비 여러분은 지난 학기 때 시험을 잘 봤어요? 점수가 어땠어요?

학습 목표

- 시험과 성적 이야기하기
- 다른 사람의 행동을 보고 추측하기
- -에 가는 길이다
- -(으)ㄴ/는/(으)ㄹ 모양이다

연습 어휘와 문법

1. 그림을 보고 다음과 같이 대화를 해 봅시다.

가: 어디에 가는 길이야?
나: 약을 사러 약국에 가는 길이야.

> **-에 가는 길이다**
> be on one's way to
> (☞ E8 中24 日38 M54)

1) 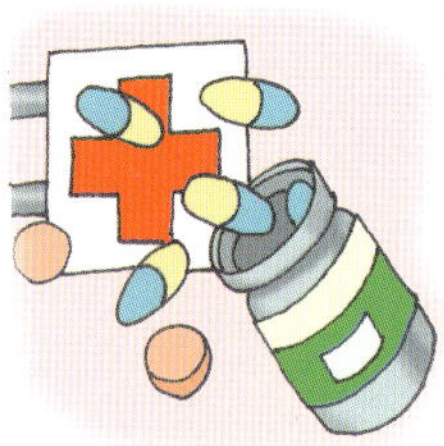
2) 
3) 
4) 

약국	운동장	학원	사무실	도서관	빵집	문구점	옷가게

2. '-에 가는 길에'를 넣어서 다음과 같이 대화해 봅시다.

학교

→ 
가게

→ 
집

가: 집에 가는 길에 무엇을 할 거야?
나: 집에 가는 길에 가게에 들러서 라면을 살 거야.

> **-에 가는 길에**
> on one's way to
> (☞ E8 中24 日38 M54)

	-에 가는 길에	-에 들러서	-(으)ㄹ 거야
1	집	도서관	책을 빌리다
2	교실	편의점	우유를 사다
3	대사관	은행	돈을 찾다
4	컴퓨터실	사무실	서류를 내다
5	출입국관리사무소	사진관	사진을 찍다

3. 그림을 보고 다음을 넣어서 여러분의 생각을 써 봅시다.

가: 제니 씨가 왜 그래?
나: 피곤한 모양이야.

> **-(으)ㄴ 모양이다**
> it seems to be Adj
> (☞ E8 中24 日38 M54)

1) 시험이 쉽다/
기분이 좋다

〈제니〉

〈마이클〉

2) 시험이 어렵다/
머리가 아프다

3) 점수가 높다/머리가 똑똑하다

4) 점수가 낮다/공부하기가 싫다

4. 다음 문장을 연결하고 다음과 같이 대화를 해 봅시다.

가: 제니가 말을 안 해.
나: 화가 (☑ 난 ☐ 나는 ☐ 날) 모양이야.

> **-(으)ㄴ/는/(으)ㄹ 모양이다**
> it seems S V
> (☞ E8 中24 日38 M54)

1) 제니가 말을 안 해.	·———·	㉮ 화가 났다
2) 제니가 기분이 좋아.	· ·	㉯ 공부를 잘하다
3) 제니가 장학금을 받았어.	· ·	㉰ 시험을 잘 봤다
4) 마이클이 방에서 나오지 않아.	· ·	㉱ 고향에 갈 거다
5) 제니가 비행기표를 사고 있어.	· ·	㉲ 방에서 잠을 자다
6) 마이클이 도서관에 가고 있어.	· ·	㉳ 시험공부를 할 거다

대화문

마이클 : 제니야, 어디 가? 집에 가는 길이야?
제　니 : 응, 오늘은 시험을 봐서 일찍 끝났어.
마이클 : 얼굴이 왜 그래? 너 시험을 못 본 모양이구나.
제　니 : 응, 이번 시험은 문법 문제가 너무 어려웠어.

다음 질문에 대답해 봅시다.

1) 제니 씨는 지금 어디에 가는 길이에요?
2) 왜 오늘 일찍 끝났어요?
3) 제니 씨는 시험을 잘 봤어요? 어떻게 알았어요?
4) 오늘 시험은 무엇이 어려웠어요?

대화 내용을 바꿔서 옆 사람과 대화해 봅시다.

제니	얼굴이 왜 그래?	시험을 못 본 모양	문법 문제가 어려웠어
	왜 이렇게 웃고 있어?	시험을 잘 본 모양	

1. 우리 반 친구들을 보고 여러 가지를 추측해 봅시다.

1	수업이 끝난 후에 빨리 가요.	2	아르바이트를 하고 싶어해요.
3	날마다 숙제를 안 해요.	4	옷을 예쁘게 입고 왔어요.
5	쉬는 시간마다 자고 있어요.	6	들은 후에 바로 잊어버려요.

2. 친구들의 얼굴을 보고 생각한 것을 이야기해 봅시다.

1	수업	수업을 듣다, 수업이 쉽다/ 어렵다
2	시험	시험을 보다, 시험이 쉽다/ 어렵다, 시험을 잘 보다/ 못 보다
3	점수	시험 점수가 높다/ 낮다, 100점/ 0점을 맞았다
4	성적	성적이 좋다/ 나쁘다, 성적을 받다, 성적표를 받다
5	장학금	장학금을 받다, 상을 받다

제니 씨는 기분이 좋은 모양이에요.
시험 문제가 쉬운 모양이에요.
시험을 잘 본 모양이에요.
점수가 좋은 모양이에요.
100점을 맞은 모양이에요.
장학금을 받을 모양이에요.

활동 듣기

1. 다음을 듣고 맞는 것에 ☑ 하십시오.

1) 수업을 듣는데 수업이 (□ 쉬운 □ 어려운) 모양이다.
2) 시험을 봤는데 시험을 (□ 잘 본 □ 못 본) 모양이다.
3) 시험지를 받았는데 시험 점수가 (□ 높은 □ 낮은) 모양이다.
4) 성적표를 받았는데 성적이 (□ 좋은 □ 나쁜) 모양이다.
5) 1등을 했는데 (□ 장학금을 받을 □ 상을 받을) 모양이다.

2. 다음 대화를 듣고 맞으면 ○, 틀리면 ×표 하십시오.

1) 제니 씨는 시험이 끝나고 놀이공원에 놀러 가는 길이다. (　　)
2) 은영 씨는 지금 머리를 자르기 위해 미용실에 가는 길이다. (　　)
3) 마이클 씨는 집에 오는 길에 빵집에 들러서 빵을 사올 거다. (　　)
4) 한솔 씨는 집에 오는 길에 친구 집에 들러서 술을 마셨다. (　　)

3. 다음 대화를 듣고 질문에 대답을 쓰십시오.

1) 제니는 오늘 시험이 어땠어요?

____

2) 마이클은 오늘 시험이 어땠어요?

____

3) 마이클은 어떤 학생이에요?

____

4) 마이클은 이번 시험을 위해서 어떻게 공부했어요?

____

5) 두 사람은 오늘 어떤 약속을 했어요?

____

시험을 잘 보는 방법

마이클은 지난 학기까지 공부를 열심히 하는 학생이었다. 하지만 이번 학기에는 공부를 열심히 하지 않았다. 학교에 안 오는 날이 많았고 학교에 오는 날도 늦게 오는 날이 많았다. 아마 날마다 친구들하고 밤늦게까지 노는 모양이었다.

중간시험 때는 선생님께서 전화하셔서 시험을 보러 온 모양이었다. 시험은 마이클에게 정말 어려웠을 것이다. 단어도 문법도 전혀 배우지 않았으니까 모르는 문제가 많이 나왔을 것이다. 시험을 본 마이클의 얼굴은 어두웠다. 마이클은 50점을 맞았다! 이렇게 성적이 나쁘면 아마 중급 1반에 올라갈 수 없을 거다.

하지만 마이클은 중간시험 후부터 달라지기 시작했다. 낮은 점수 때문에 생각을 많이 한 모양이었다. 날마다 결석도 지각도 하지 않았다. 수업시간에 선생님의 말씀을 정말 열심히 들었고, 모르는 문법은 알 때까지 물어 봤다. 쓰기 숙제도 다 하고 모르는 단어도 다 찾아 왔다. 아마 수업 후에도 도서관에서 공부하는 모양이었다. 날마다 대화문도 다 외우는 모양이었다. 하루하루 책을 읽는 것도 빨라지고 말하기도 좋아졌다.

기말시험 때 마이클은 잠도 안 자고 시험공부를 한 모양이었다. 기말시험 점수는 지금까지 마이클이 받아 본 적이 없는 높은 점수, 95점이었다. 선생님께서는 마이클을 무척 칭찬하셨다. 성적표를 받은 마이클은 밝게 웃었다. "축하한다. 마이클! 이렇게 열심히 공부하면 다음 학기에는 아마 장학금을 받을 수 있을 거야."

1. 읽고 다음 질문에 대답해 봅시다.

1) 마이클은 중간시험을 몇 점 맞았어요?
2) 마이클은 왜 이렇게 중간시험 성적이 나빴어요?
3) 마이클은 어떻게 해서 기말시험을 잘 봤어요?

2. 공부를 잘할 수 있는 여러 가지 공부 방법에 대해 써 봅시다.

단어 중간시험, 단어, 문법, 전혀, 문제가 나오다, 어둡다, 맞다, 성적, 중급, 점수, 결석, 지각, 대화문, 외우다, 하루하루, 기말시험, 칭찬하다, 성적표, 밝다, 장학금

제7과 만남 〈1〉

준비 오랜만에 반가운 친구를 만났을 때 기분이 어땠어요?

학습 목표

■ 만나고 헤어진 이야기하기 ■ 최고의 것을 말하기

◆ ~ 중에서 제일 ◆ -에서 제일 ◆ ~ 만에

연습 어휘와 문법

1. 다음과 같이 '~ 중에서 제일'을 써서 묻고 대답해 봅시다.

가: 과일 중에서 뭐가 제일 맛있어?
나: 과일 중에서 사과가 제일 맛있어.

~ 중에서 제일
the most Adj/V among N
(☞ E8 中24 日38 M54)

1) 동물-빠르다 (말, 토끼, 치타)	2) 꽃-예쁘다 (장미, 백합, 해바라기)

3) 고기-비싸다 (돼지고기, 닭고기, 소고기)	4) 계절-좋다 (봄, 여름, 가을, 겨울)

2. 다음을 묻고 대답해 봅시다.

~ 중에서	-에서

-에서 제일
the most Adj/V in the N
(☞ E8 中24 日38 M54)

1) 가수 중에서 제일 좋아하는 가수는 누구야?
2) 운동 중에서 제일 자주 하는 운동은 뭐야?
3) 한국 음식 중에서 제일 맛있는 음식은 뭐야?
4) 우리 반 학생 중에서 누가 제일 키가 커?
5) 우리 반에서 누가 제일 한국말을 잘해?
6) 세계에서 제일 큰 나라가 어느 나라야?
7) 이 세상에서 누가 제일 좋아?

3. 다음 일이 얼마 만이에요? 문장을 읽고 다음과 같이 대화해 봅시다.

가: 친구를 얼마 만에 만났어요?
나: 딱 일 년 만에 만났어요.
(= 일 년 동안 못 만났어요.)

~ 만에
it has been (time)
(☞ E9 中24 日38 M55)

1) 중학교 친구를 7년 전에 졸업식에서 보고 못 만났는데 오늘 만났어요.
2) 대학교 후배를 2년 전에 보고 그동안 못 보았는데 어제 봤어요.
3) 한 달 동안 고향 뉴스를 못 들었는데 어제 고향 신문을 읽었어요.
4) 어학원 선배하고 다섯 달 동안 연락을 못 했는데 어제 이메일을 받았어요.
5) 감기에 걸려서 나흘 동안 학교에 못 왔는데 오늘 학교에 왔어요.
6) 여행을 가서 일주일 동안 청소를 못 했는데 오늘 청소했어요.
7) 여자친구하고 싸워서 하루 안 만났는데 보고 싶어서 다시 만났어요.

4. 다음의 일을 얼마 만에 할 수 있어요? 누가 제일 빨리 할 수 있어요?

~ 만에	① -이/가 끝나다
	② -을/를 끝내다
	③ -을/를 다 하다

~ 만에
in (time)
(☞ E9 中24 日38 M55)

1) ○○씨 나라에서는 중학교 공부가 몇 년 만에 끝나요?
2) 초등학교부터 대학교까지 모든 공부가 얼마 만에 다 끝나요?
3) 우리 학교는 한 학기가 몇 주 만에 끝나요?
4) 남자와 여자가 처음 만난 후 보통 얼마 만에 결혼해요?
5) 학교 갈 준비를 몇 분 만에 다 할 수 있어요?
6) 식사를 몇 분 만에 끝낼 수 있어요?
7) 어제 숙제를 얼마 만에 다 했어요?
8) 청소를 빨리 하면 몇 분 만에 끝낼 수 있어요?

대화문

은영 : 야, 이게 누구야? 너 정식이 아니니?
정식 : 반갑다. 졸업하고 딱 10년 만에 보는구나.
은영 : 네가 우리 반 애들 중에서 제일 작았는데, 지금은 많이 컸구나.
정식 : 너도 너무 예뻐져서 몰라보겠다.

다음 질문에 대답해 봅시다.

1) 은영 씨는 오늘 누구를 만났어요?
2) 두 사람은 얼마 만에 만났어요?
3) 은영 씨와 정식 씨는 어떻게 달라졌어요?

대화 내용을 바꿔서 옆 사람과 대화해 봅시다.

정식이	딱 10년 만에	제일 작았는데	많이 컸구나	예뻐져서

활동 **말하기**

1. 다음에 대해서 친구하고 이야기해 봅시다.

1. 지금까지 언제 제일 기뻤어요?	2. 지금까지 누구를 제일 좋아했어요?
3. 지금까지 언제 제일 부모님한테 많이 혼났어요?	4. 지금까지 언제 제일 칭찬을 많이 들었어요?

2. 만나고 싶은 옛날 친구나 선생님을 기억해 보고 이야기를 해 봅시다.

1	만나고 싶은 사람은 누구예요? 그 사람의 이름은 뭐예요?
2	그 사람하고 어떻게 친해졌어요?
3	얼마 동안 친하게 지냈어요?
4	기억나는 이야기가 있어요? 특별한 일이 있었어요?
5	그 사람하고 어떻게 헤어졌어요?
6	지금 만나면 무엇을 물어보고 싶어요?
7	지금 만나면 무엇을 같이 하고 싶어요?

활동 듣기

1. 다음 대화를 듣고 맞는 것에 ☑ 하십시오.

1	운동 중에서 제일 좋아하는 운동	□ 농구	□ 축구	□ 배구
2	요리 중에서 제일 잘하는 요리	□ 한식	□ 양식	□ 일식
3	가족들 중에서 제일 뚱뚱한 사람	□ 아버지	□ 형	□ 남동생
4	서울에서 제일 가고 싶은 곳	□ 남산	□ 한강	□ 경복궁
5	우리 집에서 제일 예쁜 사람	□ 어머니	□ 언니	□ 여동생
6	세계에서 제일 큰 나라	□ 러시아	□ 중국	□ 캐나다

2. 다음 대화를 듣고 맞으면 ○, 틀리면 ×표 하십시오.

1) 고향에서 비행기를 탔는데 인천공항에 아홉 시간 만에 도착했다. ( )
2) 은영 씨는 영화를 여섯 달 동안 못 봤는데 오늘 여섯 달 만에 봤다. ( )
3) 한솔은 여자친구하고 헤어졌는데 오늘 3년 만에 만났다. ( )
4) 마이클 씨는 그 많은 책들을 하루 만에 다 읽었다. ( )
5) 제니 씨는 한 달 만에 청소했는데 청소를 십분 만에 끝냈다. ( )

3. 다음을 듣고 질문에 대답을 쓰십시오.

1) 중학교 때 선배나 후배, 친구들에게 왜 인기가 많았습니까?

____

2) 중학교 때 여자친구는 어떤 사람이었습니까? 몇 년 동안 사귀었습니까?

____

3) 고등학교를 몇 년 만에 졸업했습니까? 왜 그랬습니까?

____

4) 여자친구하고 왜 헤어졌습니까? 몇 년 만에 어디에서 다시 만났습니까?

____

5) 여자친구를 다시 만나기 위해서 어떻게 했습니까?

____

활동 읽기와 쓰기

잊을 수 없는 만남

<table>
<tr><td colspan="2">잊을 수 없는 사람을 찾아 주는 텔레비전 프로그램이 있습니다. 거기에서 보면 친구를, 첫사랑을, 선생님을 십 년이나 이십 년 만에 다시 반갑게 만납니다. 저도 찾고 싶은 사람이 있습니다.</td></tr>
<tr><td>1</td><td>그 사람은 제 첫사랑입니다. 이름은 박순영인데 8년 전에 대전에서 초등학교에 같이 다녔습니다. 우리는 같이 공부도 하고 같이 놀러 다녔습니다. 그 아이는 우리 반에서 눈이 제일 큰 아이였습니다. 그 아이의 예쁜 눈과 분홍색 치마가 기억납니다. 제가 서울로 이사를 오는 날, 그 아이는 저에게 편지와 작은 인형을 주었습니다. 그날 그 눈물을 잊을 수 없습니다. 꼭 다시 한 번 만나 보고 싶습니다.</td></tr>
<tr><td>2</td><td>그 분은 제 고등학교 때 선생님이십니다. 성함은 유재현 선생님이십니다. 저는 유 선생님께 부산 고등학교 1학년 때 음악을 배웠습니다. 선생님께서는 하얀 얼굴에 안경을 끼셨고, 선생님들 중에서 제일 옷을 멋있게 입으시는 분이었습니다. 피아노를 잘 치는 저를 특별히 사랑해 주셨습니다. 그 때문에 저는 음악대학에 갈 수 있었습니다. 제가 서울에서 대학교에 다녔기 때문에 졸업한 후에 선생님을 만난 적이 없습니다. 하지만 제 인생에서 선생님과의 만남은 잊을 수 없습니다. 선생님, 보고 싶습니다. 선생님을 다시 만나면 꼭 이 말을 하고 싶습니다. "선생님, 감사합니다. 그리고 사랑합니다."</td></tr>
</table>

1. 읽고 다음 질문에 대답해 봅시다.

1) 1번 사람은 누구를 만나고 싶어해요? 어떤 사람이에요?

2) 2번 사람은 누구를 만나고 싶어해요? 어떤 사람이에요?

3) 여러분도 잊을 수 없는 사람이 있어요? 누구예요?

2. 위의 글과 같이 찾고 싶은 첫사랑이나 친구, 선생님의 이야기를 써 봅시다.

단어 잊다, 만남, 프로그램, 첫사랑, 초등학교, 제일, 분홍색, 기억나다, 이사를 오다, 눈물, 꼭, 고등학교, 하얗다, 얼굴, 안경을 끼다, 특별히, 인생

제7과 만남 〈2〉

준비 여자친구, 남자친구와 헤어져 본 적이 있어요?

학습 목표

- 이유나 변명 말하기
- 사물이나 사람 비교하기
- -어/아서 그렇다
- -보다 더

연습 어휘와 문법

1. 왜 그래요? 다음과 같이 이유를 말해 봅시다.

> 가: 왜 점심을 안 먹어요?
> 나: 배가 불러서 그래요.

-어/아서 그렇다
It is because
(☞ E9 中24 日39 M55)

점심을 안 먹는 이유	☑ 배가 부르다
	☐ 돈이 없다
	☐ 밥맛이 없다

1) 왜 숙제를 안 해요? (☐ 어렵다 ☐ 시간이 없다 ☐ 잘 모르다)

2) 왜 집에 늦게 들어가요? (☐ 일이 많다 ☐ 집에 있으면 심심하다)

3) 왜 술을 마셔요? (☐ 기분이 좋다 ☐ 기분이 나쁘다 ☐ 잠이 안 오다)

4) 왜 노래 안 해요? (☐ 목이 아프다 ☐ 노래를 싫어하다 ☐ 노래를 못하다)

5) 왜 친구들을 안 만나요? (☐ 숙제가 많다 ☐ 바쁘다 ☐ 돈이 없다)

2. 왜 그랬어요? 다음과 같이 이유를 말해 봅시다.

> 가: 왜 친구하고 싸웠어?
> 나: 친구가 약속을 안 지켜서 그랬어.

-어/아서 그랬다
It was because
(☞ E9 中24 日39 M55)

1) 왜 학교에 늦게 왔어? (길이 막혔다/ 시계가 고장이 났다……)

2) 왜 숙제를 안 했어? (바빴다/ 몸이 아팠다/ 약속이 있었다……)

3) 왜 이번에 시험을 못 봤어? (공부를 안 했다/ 시험이 어려웠다……)

4) 왜 잠을 못 잤어? (친구가 놀러 왔다/ 술을 마셨다/ 일이 많았다……)

5) 물어봤는데 왜 대답을 안 했어? (못 들었다/ 한국말을 못하다……)

6) 왜 애인하고 헤어졌어? (생각이 너무 달랐다/ 성격이 안 맞았다……)

7) 전화를 기다렸는데 왜 어제 전화 안 했어?

8) 왜 어제 약속을 안 지켰어? 왜 그랬어?

3. 다음 그림을 보고 '-보다 더'를 넣어서 다음과 같이 대화해 봅시다.

> 가: 한국어하고 러시아 어 중에서 뭐가 더 어려워요?
> 나: 러시아 어가 한국어보다 더 어려워요.

-보다 더
more Adj/V than
(☞ E9 中25 日39 M55)

1) (사과, 오이, 맛있다)

2) (거북이, 토끼, 느리다)

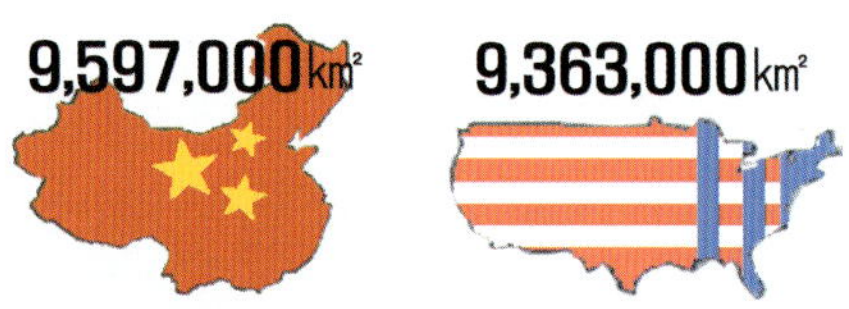

3) (중국, 미국, 넓다)

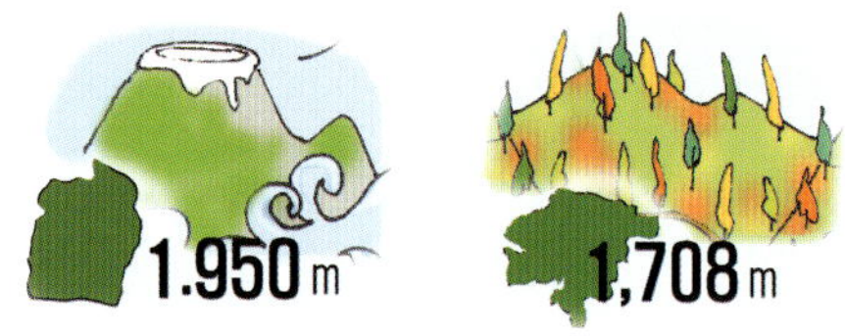

4) (한라산, 설악산, 높다)

5) (일, 공부, 힘들다)

6) (사랑, 우정, 중요하다)

4. 다음과 같이 문장을 완성해서 아래와 같이 바꿔 말해 봅시다.

> 가: 이 세상에서 컴퓨터 게임이 제일 재미있어요.
> 나: 맞아요, 컴퓨터 게임보다 더 재미있는 것은 없어요.

-보다 더 -(으)ㄴ/는 것은 없다
(☞ E9 中25 日39 M55)

	-보다 더	-(으)ㄴ/는 (사람, 것, 곳, 일, 시간)은 없다
1	둘만의 데이트	더 재미있는 일은 없어요.
2		더 아름다운 곳은 없을 거예요.
3		더 예쁜 사람은 진짜 없어요.
4		더 행복한 시간은 없어요.
5		더 중요한 것은 없어요.

대화문

제니 : 나 그 사람하고 헤어지려고 해.
은영 : 왜? 무슨 일 있었어? 남자친구하고 싸웠어?
제니 : 아니, 성격이 너무 안 맞아서 그래. 그동안 너무 힘들었어.
은영 : 그렇게 힘들면 헤어져. 그 사람보다 더 좋은 사람이 있을 거야.

다음 질문에 대답해 봅시다.

1) 제니 씨는 요즘 어떤 생각을 하고 있어요?
2) 제니 씨는 왜 남자친구하고 헤어지려고 해요?
3) 은영 씨는 제니 씨에게 어떤 말을 했어요?

대화 내용을 바꿔서 옆 사람과 대화해 봅시다.

헤어지려고 해	싸웠어?	성격이 안 맞아서	그 사람보다 더 좋은 사람이

활동 말하기

1. 다음 표현을 넣어서 제일 중요한 것에 대해 이야기해 봅시다.

~ 중에서 제일	무엇보다/누구보다
-보다 더	-보다 더 -(으)ㄴ/는 것은 없다

1) 인생에서 제일 중요한 것은?
☐ 사랑 ☐ 돈 ☐ 건강 ☐ 친구

2) 만남에서 제일 중요한 것은?
☐ 얼굴 ☐ 머리 ☐ 성격 ☐ 돈

가: 건강과 돈과 사랑 중에서 무엇이 제일 중요할까?
나: 내 생각에는 돈이 제일 중요해.
돈이 있으면 무엇이든지 다 가질 수 있으니까.
가: 아니야. 사랑이 돈보다 더 중요해.
사랑은 돈으로 살 수 없어. 그러니까 사랑이 더 중요해.
다: 아니야. 건강이 사랑보다 더 중요해.
건강을 잃어버리면 돈도 사랑도 다 필요없어.
이 세상에서 건강보다 중요한 것은 없어.
가,나: 그래, 네 말이 맞다. 무엇보다 건강이 중요해.

2. 혼자 사는 것과 결혼하는 것을 비교하고 이야기해 봅시다.

	좋은 점	
 혼자 사는 것	자유가 많다 생활비가 조금 든다 걱정이 많지 않다	혼자 사는 것이 결혼하는 것보다 자유가 많아서 좋아요. 결혼하면 자유가 없어서 옛날 친구 만나기가 힘들어요.
 결혼하는 것	외롭지 않다 사랑이 있어서 행복하다 걱정을 같이 할 수 있다	

활동 듣기

1. 다음 그림을 보고 들은 것에 ☑ 하십시오.

1) 더 재미있다 (☐ 공부 ☐ 일)

2) 더 편하다 (☐ 후배 ☐ 선배)

3) 더 위험하다 (☐ 비행기 ☐ 기차)

4) 더 기르기 힘들다 (☐ 아들 ☐ 딸)

2. 다음 대화를 듣고 맞는 이유를 연결하십시오.

1) 왜 두 사람이 같이 다니지 않아? ·   · ㉮ 얼마 전에 헤어졌다

2) 왜 두 사람이 요즘 공부를 안 해? ·   · ㉯ 취미가 같았다

3) 왜 두 사람이 헤어졌을까? ·   · ㉰ 성격이 비슷했다

4) 두 사람은 어떻게 친해졌을까? ·   · ㉱ 생각이 달랐다

5) 두 사람은 왜 그렇게 오래 사귀었을까? ·   · ㉲ 마음이 아프다

3. 다음 대화를 듣고 빈칸을 완성하십시오.

	-이/가 -보다	더 ~	왜 그래요? 왜 그랬어요?
1	건강 [>] 돈		
2	취미 ☐ 성격		
3	사랑 ☐ 자유		
4	집 문제 ☐ 친구 문제		

활동 읽기와 쓰기

인생에서 가장 중요한 것, 사랑

사람들은 무엇을 위해서 살고 있을까? 사람은 누구든지 자신의 행복을 위해서 산다. 이 말에 반대할 사람은 별로 없을 것이다. 그러면 행복해지기 위해서 제일 필요한 것은 무엇일까? 사람마다 행복의 열쇠는 다 다르겠지만, 많은 사람들은 성공을 했을 때 행복을 느낀다. 좋은 대학에 들어갔을 때, 좋은 직업을 찾았을 때, 큰 돈을 벌었을 때, 좋은 집과 큰 차를 샀을 때……. 이렇게 성공했을 때 사람들은 모두 기쁨과 행복을 느낀다.

그러면 행복해지기 위해서 성공이 제일 중요할까? 아니다. 성공보다 더 중요한 것은 사랑이다. 왜냐하면 사람은 성공을 했을 때보다 사랑을 하고 있을 때 더 큰 행복을 느끼기 때문이다. 사랑을 할 때 우리는 더 예뻐지고 아름다워진다. 사랑을 할 때 우리의 마음은 그 어느 때보다 깨끗하고 따뜻하고 아름답다. 인생에서 성공하는 것도 기쁜 일이지만 사랑보다 더 사람에게 행복을 주는 것은 없다.

그렇지만 가끔 사랑이 행복을 주지 못할 때도 있다. 사람들은 사랑하는 사람과 헤어졌을 때 슬픔과 아픔을 느낀다. 가슴 아픈 이별 후에 사랑한 것을 후회하기도 한다. 사랑하는 사람과 헤어지는 것은 슬픈 일이다. 하지만 사랑을 해 본 적이 없는 사람보다 가슴 아프지만 아름다운 사랑을 해 본 사람이 더 행복하지 않을까?

전에 이런 글을 읽은 적이 있다. "사랑의 슬픔보다 더 큰 즐거움은 없고, 사랑의 아픔보다 더 큰 기쁨은 없다." 슬픔과 아픔을 즐거움과 기쁨과 행복으로 바꿀 수 있는 힘, 이것이 사랑이다.

1. 읽고 다음 질문에 대답해 봅시다.

1) 성공과 사랑 중에서 인생에서 더 중요한 것은 뭐예요?
2) 사랑할 때와 헤어졌을 때 우리의 마음은 어때요?
3) 사랑은 어떤 힘을 가지고 있어요?

2. 인생에서 가장 중요한 것은 무엇일까요? 여러분의 생각을 써 봅시다.

단어 가장, 자신, 반대하다, 별로, 열쇠, 성공, 기쁨, 느끼다, 헤어지다, 슬픔, 아픔, 가슴(이) 아프다, 이별, 후회하다, 글, 즐거움, 힘

문화 한국의 여행지

설악산의 단풍

경주의 첨성대

경주의 다보탑

문화

한국의 학교 생활

초등학교 운동회

대학교 졸업식

제8과 우체국 〈1〉

준비 우체국에 가면 무슨 일을 할 수 있어요?

학습 목표

- 우체국 이용하기
- 약속한 것과 결정한 것 말하기
- –기로 하다
- –(으)로
- –(으)ㄹ 필요가 있다/없다

연습 어휘와 문법

1. 여러분도 약속을 하고 다음과 같이 대화해 봅시다.

가: 친구하고 어디에서 만나기로 했어요?
나: 우체국에서 만나기로 했어요.

> **-기로 (약속)하다**
> promise to V
> (☞ E9 中25 日39 M55)

	질문	약속 1	약속 2
1	어디에서 만나기로 했어요?	우체국	
2	언제 만나기로 했어요?	금요일 1시	
3	만나서 뭘 하기로 했어요?	1) ~ 4)	
4	다 끝나면 뭘 하기로 했어요?	식당에 가다	

1) 우표를 사다

2) 편지를 보내다

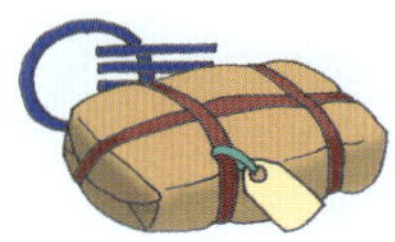
3) 소포를 부치다

4) 엽서를 보내다

2. 다음과 같이 대화해 봅시다.

가: 공부가 끝난 후에 뭘 하기로 결정했어요?
나: 저는 고향에 돌아가기로 결정했어요.

> **-기로 (결정/결심)하다**
> decide to V
> (☞ E9 中25 日39 M55)

1) 공부가 끝난 후에 무엇을 하기로 결정했어요?	 결정하다	☐ 대학교에 입학하다 ☐ 고향에 돌아가다 ☐ 한국에서 취직하다 ☐ 결혼하다
2) 새해에 어떻게 살기로 결심했어요?	 결심하다	☐ 열심히 공부하다 ☐ 술을 안 마시다 ☐ 담배를 안 피우다 ☐ 돈을 많이 안 쓰다

3. 다음과 같이 선택하고 대화해 봅시다.

가: 이 서류를 어떻게 보내 드릴까요?
나: 등기우편으로 보내 주세요.

-(으)로
(select A) as B
(☞ E9 中25 日39 M56)

1	서류	☐ 팩스	☐ 등기우편	☐ 국내특급우편
2	편지	☐ 보통우편	☐ 항공우편	☐ 국제특급우편
3	책	☐ 등기우편	☐ 국내특급우편	☐ 국제특급우편
4	선물	☐ 소포	☐ 택배	☐ 국제소포

4. 질문을 하고 대답에 ☑ 한 후에 그 이유를 말해 봅시다.

가: 한국어를 꼭 학교에서 배울 필요가 있을까요?
나: ① 네, 배울 필요가 있어요.
② 아니요, 배울 필요가 없어요.

-(으)ㄹ 필요가 있다/없다
It needs (not) to V
(☞ E10 中25 日39 M56)

친구 이름			
1	대학교에 꼭 다닐 필요가 있을까요?	☐ 네	☐ 아니요
2	공부를 꼭 잘할 필요가 있을까요?	☐ 네	☐ 아니요
3	돈을 많이 벌 필요가 있을까요?	☐ 네	☐ 아니요
4	결혼을 꼭 할 필요가 있을까요?	☐ 네	☐ 아니요
5	아기를 꼭 낳을 필요가 있을까요?	☐ 네	☐ 아니요
6	돈이 많으면 꼭 일을 할 필요가 있을까요?	☐ 네	☐ 아니요
7	집을 꼭 살 필요가 있을까요?	☐ 네	☐ 아니요

① 학교에 다니면 많이 배울 수 있으니까 학교에 다닐 필요가 있어요.
② 학교에 안 다녀도 한국어를 잘할 수 있으니까 학교에 다닐 필요가 없어요.

대화문

제니 : 이 편지를 내일까지 보내 주기로 했는데 어떻게 하면 돼요?

직원 : 국내특급우편으로 보내면 내일까지 도착할 거예요.

제니 : 등기우편으로 부치지 않아도 괜찮을까요?

직원 : 중요한 서류가 아니면 등기 우편으로 부칠 필요는 없어요.

다음 질문에 대답해 봅시다.

1) 제니 씨는 무슨 약속을 했습니까?
2) 편지를 내일까지 보내려면 어떻게 해야 합니까?
3) 편지를 등기우편으로 보내야 합니까?

대화 내용을 바꿔서 옆 사람과 대화해 봅시다.

편지	내일까지	국내특급우편	등기우편	중요한 서류가 아니면

활동 말하기

1. 우체국 직원과 손님이 되어 대화해 봅시다.

손님 : 외국으로 (편지/소포)를 (보내려고/부치려고) 하는데
어떻게 하면 빨리 보낼 수 있을까요?
직원 : 국제특급우편이 제일 빨라요. 어디로 보내실 거예요?
손님 : (일본/중국…)에 보낼 거예요. 언제쯤 도착할까요?
직원 : (사흘/나흘/일주일/열흘……)쯤 걸릴 거예요.
손님 : 요금은 얼마예요?
직원 : 기본 요금이 (9,500/23,000…)원입니다.

2. 필요한 것과 필요없는 것의 이유를 생각하고 다음과 같이 말해 봅시다.

가: 우편번호를 잘 모르는데 편지봉투에 우편번호를 쓸 필요가 있을까요?
나: ① 네, 우편번호가 없으면 배달사고가 나니까 꼭 써야 돼요. (○)
② 아니요, 우편번호가 없어도 받을 수 있으니까 쓸 필요가 없어요. (×)

1. 편지를 부쳐 주기로 했는데 우체국이 너무 멀어요. 꼭 우체국까지 갈 필요가 있을까요?	2. 보내는 사람과 받는 사람의 주소를 잘 몰라요. 보내는 사람의 주소를 꼭 쓸 필요가 있을까요?
3. 많은 책을 외국으로 부쳐야 하는데 무거워서 요금이 비싸요. 꼭 항공우편으로 부칠 필요가 있을까요?	4. 국제특급우편을 보내려고 하는데 받는 사람의 전화번호를 잘 몰라요. 전화번호를 꼭 쓸 필요가 있을까요?

활동 듣기

1. 다음 대화를 듣고 빈칸에 들은 것을 쓰십시오.

	지금 무엇을 보내려고 해요?	어떤 우편으로 보낼 거예요?
1		☐ 보통우편 ☐ 특급우편
2		☐ 등기우편 ☐ 특급우편
3		☐ 국내특급우편 ☐ 국제특급우편
4		☐ 항공우편 ☐ 국제특급우편

2. 다음 대화를 듣고 맞으면 ○, 틀리면 ×표 하십시오.

1) 우편번호가 없으면 편지가 늦게 도착하니까 쓸 필요가 있다. ( )

2) 우편요금이 비싸니까 옷과 책들을 소포로 부칠 필요가 없다. ( )

3) 사전은 공부에 필요하지만 꼭 비싼 전자사전을 살 필요는 없다. ( )

4) 대학교에 안 가기로 했으니까 한국어를 공부할 필요가 없다. ( )

5) 모임에 한국인 친구들이 많이 올 거니까 걱정할 필요가 없다. ( )

6) 결혼한 후에 외국에서 살 거니까 큰 집을 살 필요가 없다. ( )

3. 앞으로 어떻게 하기로 했습니까? 잘 듣고 세 가지 내용을 짧게 쓰십시오.

1) 약속한 것 : ______________________

____

2) 결심한 것 : ______________________

____

3) 결정한 것 : ______________________

____

활동 읽기와 쓰기

앗! 나의 실수

한솔은 학교 우체국을 자주 이용한다. 우체국은 지하철역에서 어학원 건물로 가는 길에 있기 때문에 들르기가 쉽다. 한솔은 학교에 가는 길에 가끔 친구의 편지를 부쳐 주기도 한다.

오늘 아침에도 옆 방 친구의 부탁을 받았다. "이거 아주 중요한 편지인데, 오늘 꼭 부쳐 줘." 편지봉투가 분홍색이고, 받는 사람 이름이 여자이름이니까 아마 '연애편지' 인 모양이다. 한솔은 오늘 그 편지를 꼭 부쳐 주기로 약속했다.

점심시간에 우체국에는 사람이 많았다. 편지를 부치려면 줄을 길게 서야 했다. "손님, 무슨 우편으로 보내실 거예요?" 맞다! 이 편지는 두 사람에게 중요한 편지다. 한솔은 등기우편으로 보내기로 했다. "이거 등기우편으로 보내 주세요. 저……, 수업을 들으러 가야 되는데 빨리 좀 해 주세요." 한솔은 편지와 등기우편 요금을 직원에게 주었다.

"여기요! 보내는 사람의 주소와 이름을 안 쓰셨어요." "보내는 사람의 주소를 꼭 쓸 필요가 있어요? 지금 바쁜데……." "등기우편은 받는 사람이 없을 때 편지가 다시 돌아오니까, 보내는 사람의 주소와 이름이 필요해요. 정확하게 써 주세요." 한솔은 빨리 주소와 이름을 쓰고 우체국에서 나왔다. 수업에 늦었기 때문에 뛰어야 했다.

저녁에 집에 돌아오는 길에 길가에 있는 우체통을 보았다. 한솔은 오늘 부친 편지가 생각났다. 그때 갑자기 생각나는 것이 있었다. '앗! 오늘 친구의 편지에 쓴 것은 바로 내 이름과 주소였구나!'

1. 읽고 다음 질문에 대답해 봅시다.

1) 나는 오늘 친구를 위해서 어디에 갔습니까? 무슨 일을 했습니까?
2) 우체국에서 내가 한 실수는 무엇이었습니까?
3) 위 이야기의 다음에는 어떤 일이 있었을까요?

2. 여러분은 우체국에서 어떤 일이 있었는지 써 보세요.

단어 앗, 실수, 이용하다, 들르다, 부치다, 부탁을 받다, 편지봉투, 연애편지, 줄을 서다, 우편, 등기우편, 수업을 듣다, 정확하다, 뛰다, 길가, 우체통, 갑자기, 바로

제8과 우체국 〈2〉

준비 감사 카드나 축하 카드를 쓸 때 어떤 말을 써야 돼요?

학습 목표

- ■ 축하와 감사의 글 쓰기 ■ 다른 사람의 감정을 표현하기
- ◆ -이/가 아니라 ◆ -어/아하다 ◆ -기를 바라다

연습 어휘와 문법

1. 그림을 보고 다음과 같이 묻고 대답해 봅시다.

가: 이거 편지지예요?
나: 아니요, 이건 편지지가 아니라 편지봉투예요.

-이/가 아니라
not N1 but N2
(☞ E 10 中 25 日 40 M 56)

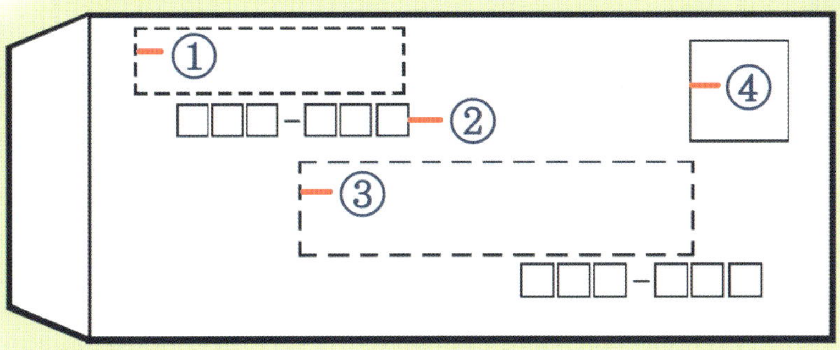

1) ①번에 받는 사람의 주소와 이름을 써야 돼요? (보내는 사람의 주소와 이름)

2) ②번에 휴대폰 번호를 써야 돼요? (우편번호)

3) ③번에 보내는 사람의 주소와 이름을 써야 돼요? (받는 사람)

4) ④번에 사진을 붙여야 돼요? (우표)

2. 다음과 같이 '-이/가 아니라'를 넣어서 질문하고 대답해 봅시다.

가: 고향에 편지를 보내려고 해요? [편지(×) 소포(○)]
나: 편지가 아니라 소포를 보내려고 해요.

1	고향 친구에게 카드를 보내려고 해요?	카드 (×) 엽서 (○)
2	친구한테 등기우편으로 부칠 거예요?	등기우편 (×) 보통우편 (○)
3	한국의 우체통은 파란색이에요?	파란색 (×) 빨간색 (○)
4	이 편지를 경찰관 아저씨가 주셨어요?	경찰관 (×) 집배원 (○)
5	외국에 편지를 보낼 때 국내특급우편으로 보내야 돼요?	국내특급우편 (×) 국제특급우편 (○)

3. 다음과 같이 다른 사람의 감정에 대해서 묻고 대답해 봅시다.

가: 제니 씨 부모님께서는 언제 기뻐하세요?
나: 제 편지를 받을 때 제일 기뻐하세요.

-어/아하다
He/She is Adj.
(☞ E 10 中 26 日 40 M 56)

	-이/가/께서	언제	-어/아해요 / -어/아하세요
1	부모님	-(으)ㄹ 때	기뻐하다 / 슬퍼하다
2	친구	-(으)면	고마워하다 / 미안해하다
3	선배, 후배	-어/아 주면	즐거워하다 / 기분 나빠하다
4	선생님	-어/아 드리면	반가워하다 / 힘들어하다

4. 축하할 일이 있을 때 '-기를 바라다'를 넣어서 카드를 써 봅시다.

친구 생일인데
카드에 어떤 말을
써야 돼요?

"생일을 축하합니다. 오늘
재미있게 지내기를 바랍니다."
이렇게 쓰면 돼요.

-기를 바라다
I hope that S V
(☞ E 10 中 26 日 40 M 56)

1)

졸업	졸업을 축하합니다. 더 좋은 일이 있기를 바랍니다.

2)

결혼	결혼을 축하합니다. 영원히 행복하시기를 바랍니다.

3)

새해	새해 복 많이 받으시고 항상 건강하시기를 바랍니다.

대화문

제니 : 선배 언니가 이번 주 일요일에 결혼하는데 저도 초대장을 받았어요.
한솔 : 어디 봐요. 이번 주 일요일이 아니라 다음 주 일요일인데요?
제니 : 아, 그렇군요. 그런데 축하 카드에 어떤 말을 써야 돼요?
한솔 : "결혼 축하해요. 행복하기를 바랍니다." 이렇게 쓰면 돼요.
한국말로 쓰면 선배가 더 기뻐할 거예요.

다음 질문에 대답해 봅시다.

1) 선배 언니의 결혼식은 이번 주 일요일이에요?
2) 결혼 축하 카드에 어떤 말을 쓰면 좋아요?
3) 이 카드를 받으면 선배 언니가 왜 더 기뻐할까요?

대화 내용을 바꿔서 옆 사람과 대화해 봅시다.

이번주 일요일	결혼하는데	다음 주 일요일	결혼 축하해요	행복하기를 바랍니다

활동 말하기

1. 우체국에서 어떤 서비스를 이용할 수 있는지 이야기해 봅시다.

1	예금을 하거나 다른 은행으로 돈을 보낸다.
2	등록금이나 전화, 수도, 전기요금을 낸다.
3	기차표나 비행기표를 예매한다.
4	축하할 일이 있을 때 카드를 배달해 준다.
5	축하할 일이 있을 때 꽃을 배달해 준다.
6	선물을 골라서 주문하면 배달해 준다.
7	물건을 보내고 싶은 시간과 장소에 배달해 준다.

2. 다음의 말을 넣어서 축하 카드와 감사 카드를 만들어 봅시다.

축하 카드	1	받는 사람	_____(씨)에게/ _____께
	2	축하의 말	-을/를 축하합니다/축하드립니다.
	3	바라는 말	앞으로 -(으)세요/-기를 바랍니다.
	4	보내는 사람	_____이/가/_____ 드림/올림

감사 카드	1	받는 사람	_____(씨)에게/ _____께
	2	감사의 말	-어/아 주셔서 감사합니다/진심으로 감사드립니다.
	3	부탁의 말	앞으로도 -어/아 주세요/-어/아 주시면 감사하겠습니다.
	4	보내는 사람	_____이/가/_____ 드림/올림

활동 듣기

1. 다음 대화를 듣고 빈칸에 맞게 쓰십시오.

		×	○
1	소포를 받을 사람		
2	친구에게 준 카드		
3	친구가 공항에서 보낸 것		
4	백화점에서 만난 사람		
5	지금 마시고 있는 것		
6	열심히 공부한 곳		

2. 다음을 듣고 맞으면 ○, 틀리면 ×표 하십시오.

1	외국으로 소포나 편지를 보낼 손님은 3번 창구로 가시기 바랍니다.	
2	기계가 고장이 나서 예금을 할 수 없으니까 다음에 이용해 주시기 바랍니다.	
3	우체국에서도 은행처럼 전화, 수도, 전기요금을 낼 수 있으니까 많이 이용하시기 바랍니다.	
4	우체국에서는 설날과 추석 선물 배달 서비스를 하고 있습니다. 필요하신 분은 일주일 전까지 주문하시기 바랍니다.	

3. 다음 편지 내용을 듣고 질문에 대답을 쓰십시오.

1) 제니 씨가 누구에게 보내는 편지예요? ____________________

2) 제니 씨의 고향에는 누가 있어요? 다 쓰세요. ____________________

3) 제니 씨는 지금 무엇을 고마워해요? ____________________

4) 제니 씨는 지금 무엇을 걱정하고 있어요? ____________________

5) 제니 씨는 무엇을 부탁했어요? 왜 미안해해요? ____________________

활동 읽기와 쓰기

선생님께 보내는 편지

받는 사람	선생님께
첫인사	그동안 안녕하셨어요? 따뜻한 봄날씨에 잘 지내고 계시지요?
내 이야기	저는 요즘 대학교에 잘 다니고 있습니다. 저는 학교 수업이 끝나면 학교 근처의 편의점에서 아르바이트를 해요. 낮이 아니라 밤에 일하기 때문에 항상 잠이 모자라요. 하지만 돈을 모아서 등록금을 내야 하니까 열심히 해야 돼요. 제가 공부도 일도 다 열심히 하니까 부모님께서도 기뻐하세요.
다른 이야기	참, 선생님, 중급 1반의 유키오 씨를 기억하세요? 며칠 전에 학교 도서관에 가는 길에 만났어요. 어학원 다닐 때는 서로 얼굴하고 이름만 알았는데 일본에서 보니까 아주 반가웠어요. 유키오 씨를 만나니까 친구들과 선생님들 생각이 더 났어요. 유키오 씨도 반가워하고 선생님들을 보고 싶어했어요.
선생님 이야기	선생님, 이번 봄 방학에 우리 고향에 한 번 오세요. 우리 고향은 봄이 제일 아름다운데 꼭 한 번 오시기 바랍니다. 그리고 오시기 전에 도착 날짜와 시간을 미리 연락해 주세요. 그러면 제가 유키오 씨와 공항에 나가서 선생님을 기다리고 있겠습니다. 답장 보내 주세요.
끝인사	그럼 선생님, 건강 조심하시고 안녕히 계세요.
날짜	2008년 4월 15일
보내는 사람	아키코 올림

1. 읽고 다음 질문에 대답해 봅시다.

1) 아키코 씨가 누구에게 보내는 편지예요? 요즘 어떻게 지내요?
2) 아키코 씨는 누구를 만났어요? 무슨 이야기를 했어요?
3) 아키코 씨는 왜 이번 봄에 선생님을 초대했어요?

2. 여러분도 위의 글처럼 선생님이나 친구에게 편지를 써 봅시다.

단어 첫인사, 편의점, 아르바이트, 낮, 항상, 모자라다, 모으다, 참, 기억하다, 서로, 바라다, 답장, 끝인사, 조심하다, 올림

제9과 건강 〈1〉

준비 여러분은 건강하세요? 건강하려면 어떻게 해야 돼요?

학습 목표

- ■ 병의 이름과 원인 말하기 ■ 건강에 좋은 것과 나쁜 것 이야기하기
- ◆ –(으)로 ◆ –에 좋다/나쁘다 ◆ ㅅ 불규칙동사

연습 어휘와 문법

1. '-(으)로' 를 넣어서 다음과 같이 이유를 말해 봅시다.

> 가: 한국에서 아픈 적이 있었어요?
> 나: 네, 두통으로 고생한 적이 있어요.

-(으)로
(cause)
(☞ E10 中26 日40 M57)

1) 두통

2) 치통

3) 눈병

4) 귓병

5) 위장병

6) 피부병

2. 건강에 좋은 것과 나쁜 것을 찾아 봅시다.

> 가: 콜라가 건강에 좋아요?
> 나: 아니요, 콜라는 건강에 나빠요.

-에 좋다/나쁘다
good/bad for
(☞ E11 中26 日40 M57)

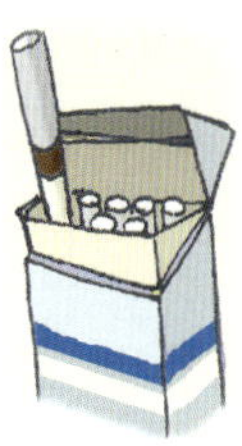

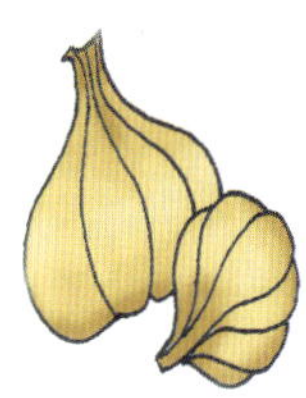

1) 콜라가 건강에 좋아요? 나빠요?
2) 커피가 건강에 좋아요? 나빠요?
3) 초콜릿이 건강에 좋아요? 나빠요?
4) 담배가 건강에 좋아요? 나빠요?
5) 마늘이 건강에 좋아요? 나빠요?
6) 버섯이 건강에 좋아요? 나빠요?
7) 어떤 야채가 건강에 좋아요?
8) 어떤 음식이 건강에 나빠요?

3. 그림을 보고 건강에 좋은 일과 나쁜 일을 말해 봅시다.

> 가: 어떻게 하는 것이 건강에 좋아요?
> 나: 많이 웃는 것이 건강에 좋아요.

-는 것이
-에 좋다/나쁘다

It is good/bad
for ~ to V
(☞ E11 中26 日40 M57)

1) 많이 웃다

2) 야채를 먹다

3) 운동을 하다

4) 많이 먹다

5) 술을 마시다

6) 담배를 피우다

4. 친구가 많이 아플 때 어떻게 말합니까?

> 가: 나 ① 감기에 걸렸어. ② 열이 많이 나고 몸이 아파.
> 나: ③ 병원에 가서 주사를 맞아 봐. 주사 맞으면 나을 거야.

ㅅ 불규칙동사
낫다 → 나아요

ㅅ-irregular V
(☞ E11 中26 日41 M57)

1) 

2) 

3) 

4) 

	1)	2)	3)	4)
①	위장병에 걸렸다	눈병에 걸렸다	배탈이 났다	머리가 아프다
②	위가 아프다	눈이 빨개졌다	계속 화장실에 갔다	두통이 심하다
③	위장약을 먹다	안약을 넣다	주사를 맞다	두통약을 먹다

대화문

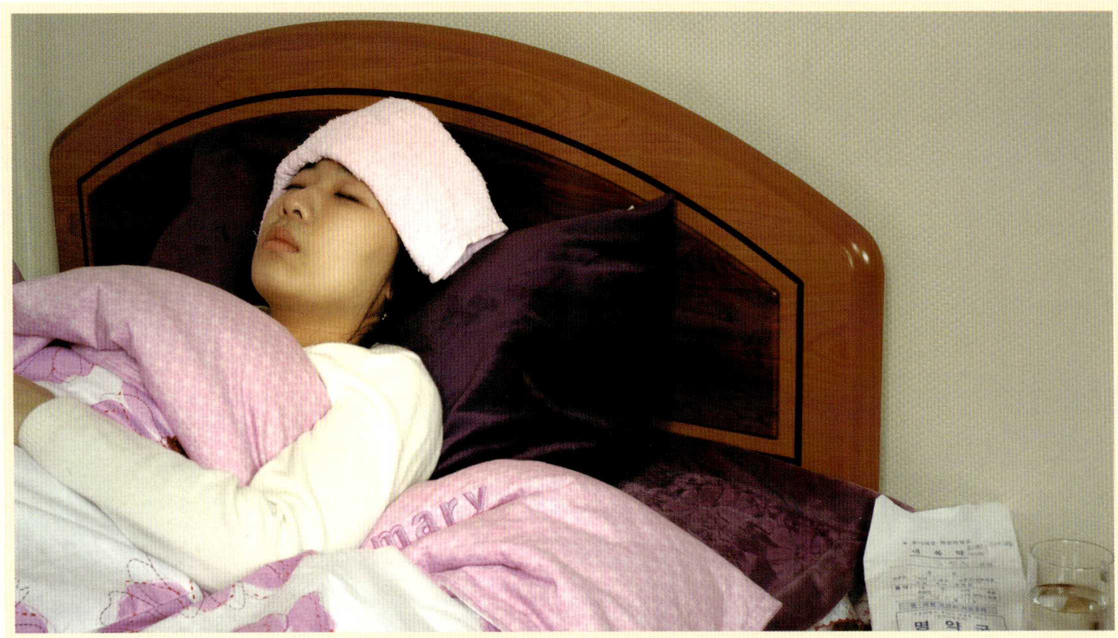

은영 : 어젯밤에 기침이 심해서 잠을 못 잤어.

제니 : 건강 조심해. 요즘 감기로 고생하는 사람이 아주 많아.

은영 : 너무 걱정하지 마. 약 먹으면 나을 거야.

제니 : 감기에는 약 먹고 푹 쉬는 것이 좋아.

다음 질문에 대답해 봅시다.

1) 은영 씨는 왜 어제 잠을 못 잤어요?
2) 요즘 사람들이 무엇 때문에 고생하고 있어요?
3) 감기에 걸리면 어떻게 하면 좋아요?

대화 내용을 바꿔서 옆 사람과 대화해 봅시다.

기침이 심해서	감기로	약 먹으면 나을 거야	감기에는 푹 쉬는 것이 좋아

활동 말하기

1. 아파서 병원에 다닌 적이 있어요? 지금 건강은 어때요? 말해 봅시다.

옛날에 __________ 병원에 다닌 적이 있어요.
1) 언제? 2) 어디에서? 3) 얼마 동안? 4) 무슨 병으로?

내과

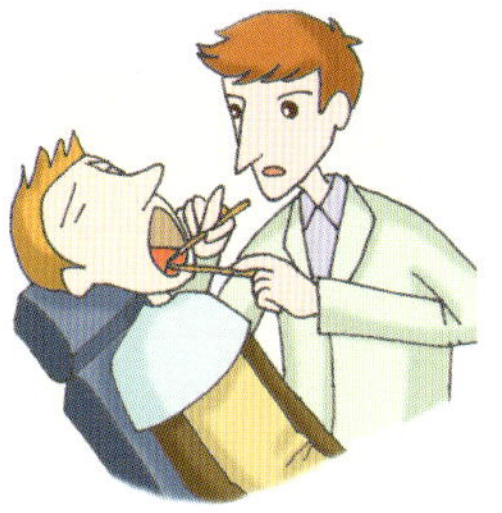

치과

안과

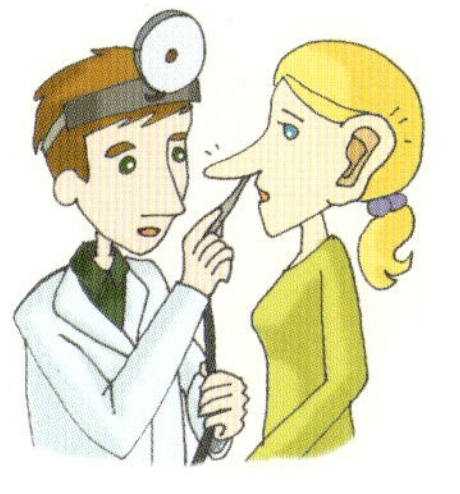

이비인후과

2. 다음 건강 문제를 이야기하고 제일 좋은 방법을 알아봅시다.

	-(으)ㄹ 때에는	-이/가 좋아요 -는 것이 좋아요	-이/가 나빠요 -는 것이 나빠요
1	감기에 걸렸다		
2	잠이 안 오다		
3	피부가 나빠졌다		
4	위장병이 심하다		
5	스트레스가 많다		

활동 듣기

1. 다음 대화를 듣고 맞으면 ○, 틀리면 ×표 하십시오.

1) 한솔 씨는 어제 두통으로 학교에 지각했어요. (　　)
2) 마이클 씨 할아버지께서는 암으로 돌아가셨어요. (　　)
3) 제니 씨는 지금 돈 문제로 걱정을 하고 있어요. (　　)
4) 은영 씨는 남자 문제로 성수 씨와 헤어졌어요. (　　)
5) 지금 지하철 공사로 길이 막히고 있어요. (　　)
6) 제니 씨는 기계 고장으로 돈을 못 찾았어요 (　　)

2. 다음을 듣고 맞는 그림을 찾아서 번호를 쓰십시오.

1) 목이 아프면 (　　)
2) 여름에 기운이 없으면 (　　)
3) 피부가 좋아지려면 (　　)
4) 밤에 잠이 오지 않으면 (　　)
5) 감기에 걸리지 않으려면 (　　)
6) 변비가 심하면 (　　)

①

②

③

④

⑤

⑥

3. 친구가 아파서 병문안을 간 이야기입니다. 듣고 대답을 쓰십시오.

1) 마노 씨는 왜 이틀 동안 학교에 결석했어요?

____

2) 감기에 걸렸을 때 왜 주스를 마시는 것이 좋아요?

____

3) 마노 씨는 작년 겨울에 왜 한 달 동안 병원에 다녔어요?

____

4) 왕정 씨는 아픈 친구에게 무슨 말을 했어요?

____

건강에 좋은 습관, 나쁜 습관

나는 한국에 유학을 온 후에 나쁜 습관이 많이 생겼다.

첫째, 밤에 늦게 자고 아침에 늦게 일어난다. 밤마다 컴퓨터 게임을 하거나 영화를 보거나 친구들하고 놀기 때문이다. 잠을 푹 자지 못해서 눈도 아프고 머리도 무겁다.

둘째, 운동을 전혀 안 하고 있다. 학교에서 집까지 오고 갈 때만 조금 걷고 다른 운동은 하지 않는다.

셋째, 친구들하고 피씨방에 가서 담배를 많이 피운다. 그래서 피씨방에 오래 있으면 목도 아프고 기침도 계속 난다.

넷째, 아침에 늦게 일어나기 때문에 아침을 못 먹고 학교에 가고, 점심 때는 배가 고프기 때문에 밥을 너무 많이 먹는다. 밤 늦게 라면이나 자장면을 먹고 바로 자는 날도 많다. 이런 생활 때문에 위장병도 생겼다.

건강에 나쁜 습관들 때문에 나는 한국에 오기 전보다 몸이 많이 약해졌다. 건강해지기 위해서 어떻게 해야 할까? 나는 내 건강을 지키기로 결심을 하고 다음과 같이 써서 책상 위에 붙였다.

1. 일찍 자고 일찍 일어나는 습관을 가지겠다.
2. 건강을 위해서 아침마다 한 시간씩 달리기를 하겠다.
3. 술과 담배를 끊겠다.
4. 밤 늦게 간식을 먹지 않겠다.

아침에 일찍 일어나서 집 근처에 있는 공원에서 날마다 아침 운동을 하면 기분 좋게 하루를 시작할 수 있을 것이다. 내일부터 새로운 하루, 건강한 하루를 시작해야겠다.

1. 읽고 다음 질문에 대답해 봅시다.

1) 한국에 유학을 온 후에 어떤 습관이 생겼어요?
2) 건강을 지키기 위해서 어떻게 하기로 했어요?

2. 여러분이 가진 건강에 좋은 습관과 나쁜 습관에 대해 써 봅시다.

단어 습관, 유학을 오다, 생기다, 잠을 푹 자다, 머리가 무겁다, 전혀, 피씨방, 기침이 나다, 바로, 위장병, 몸이 약하다, 지키다, 붙이다, 습관을 가지다, 달리기, 끊다, 간식

제9과 건강 〈2〉

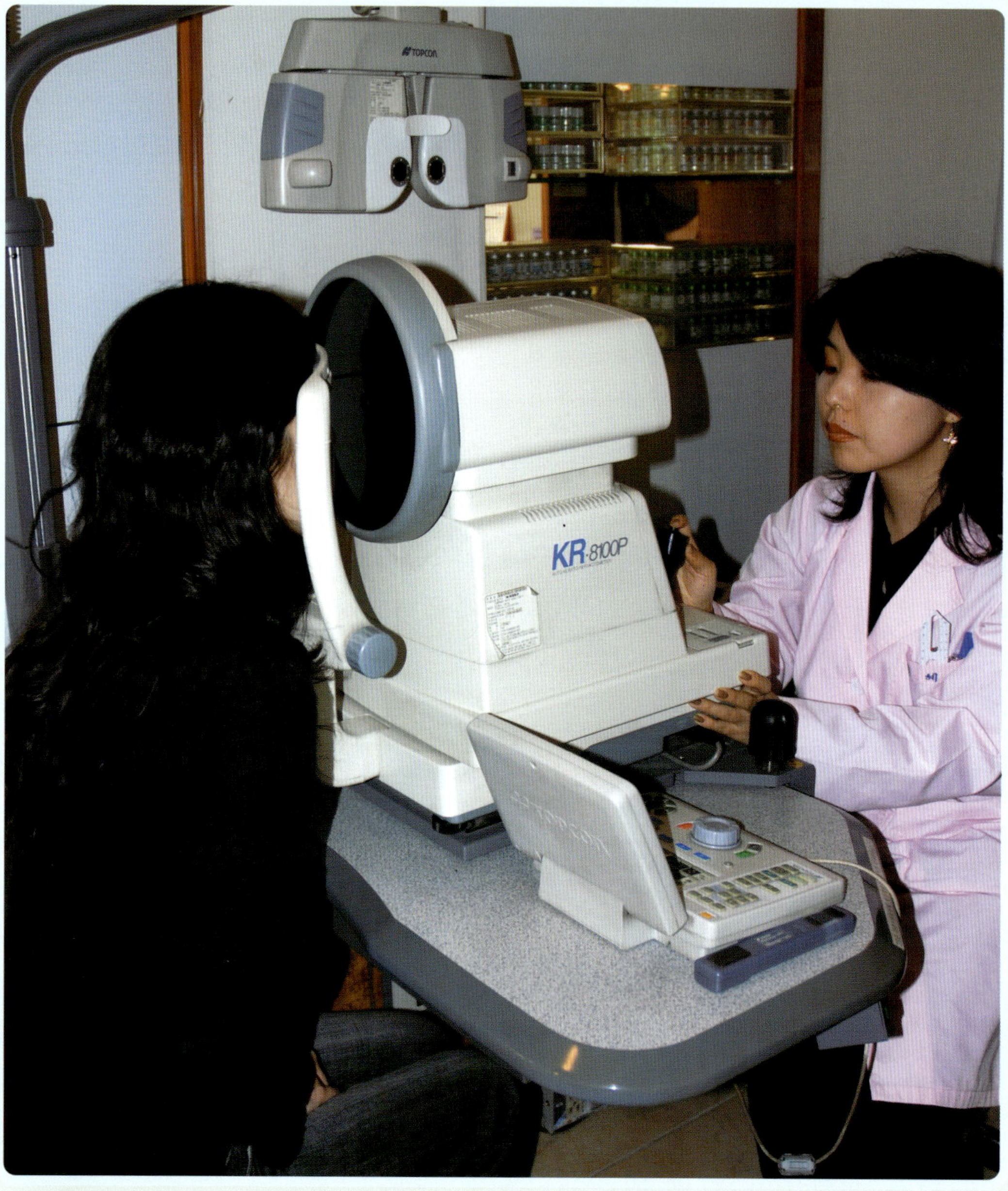

준비 요즘 건강이 어때요? 아픈 곳이 있어요?

학습 목표

- 피동사 배우기
- 다른 사람의 건강을 걱정하며 충고하기
- -이/히/리/기-/ -어/아지다
- -(으)면 -(으)ㄹ 텐데

연습 어휘와 문법

1. 다음 그림을 보고 맞는 단어를 찾아서 다음과 같이 대화해 봅시다.

가: 무엇을 봐요? 나: 산을 봐요.	⇨	가: 무엇이 보여요? 나: 산이 보여요.

-이/히/리/기-
-어/아지다
피동사
passive verb
(☞ E11 中26 日41 M57)

1) 산이 _____

2) 노래가 _____

3) 창문이 _____

4) 문이 _____

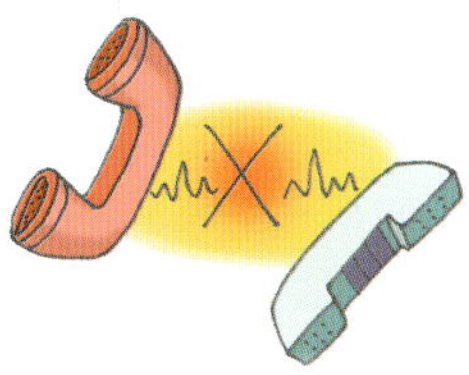
5) 전화가 _____

6) 불이 _____

7) 불이 _____

8) 꽃병이 _____

① 보다-보이다	④ 열다-열리다	⑦ 닫다-닫히다	⑩ 켜다-켜지다
② 놓다-놓이다	⑤ 듣다-들리다	⑧ 막다-막히다	⑪ 끄다-꺼지다
③ 쌓다-쌓이다	⑥ 걸다-걸리다	⑨ 끊다-끊기다	⑫ 깨다-깨지다

2. 다음 질문에 대답해 봅시다.

1) 칠판 글씨가 잘 보여요? 창문 밖에 무엇이 보여요?
2) 선생님 말소리가 잘 들려요? 지금 무슨 소리가 들려요?
3) 오늘 학교에 올 때 길이 많이 막혔어요? 안 막혔어요?
4) 엘리베이터에서 휴대폰으로 전화를 걸면 잘 걸려요? 잘 끊겨요?
5) 약국과 은행 문이 몇 시에 열려요? 몇 시에 닫혀요?
6) 요즘 스트레스가 많아요? 스트레스가 쌓이면 어떻게 해요?

3. 지금 무슨 문제가 있어요? 어떻게 되면 좋겠어요? 이야기해 봅시다.

가: 친구가 없어서 심심해요.
나: ① 친구가 있으면 좋을 텐데…….
② 친구가 있으면 재미있게 지낼 수 있을 텐데…….

-(으)면 -(으)ㄹ 텐데
if S V, it would V
현재의 반대 가정
(☞ E 11 中 27 日 41 M 58)

1) 친구가 없다

2) 한국말을 못한다

3) 돈이 없다

4) 운동을 안 한다

4. 친구들의 건강 문제의 원인을 알아보고 다음과 같이 말해 봅시다.

가: 마이클이 비를 맞아서 감기에 걸렸어.
나: 그랬구나. 비를 안 맞았으면 감기에 안 걸렸을 텐데….

-었/았으면
-었/았을 텐데
(opposite assumption to the past)
과거의 반대 가정
(☞ E 11 中 27 日 41 M 58)

 마이클	1	비를 맞았다 →	감기에 걸렸다
	2	약을 안 먹었다 →	기침이 안 나았다
 제니	3	단 것을 많이 먹었다 →	이가 나빠졌다
	4	아이스크림을 많이 먹었다 →	배탈이 났다
 한솔	5	담배를 많이 피웠다 →	목소리가 나빠졌다
	6	밤 늦게 많이 먹었다 →	뚱뚱해졌다
 은영	7	병원에 안 갔다 →	피부병이 안 나았다
	8	매운 음식을 많이 먹었다 →	위장병에 걸렸다

대화문

제　니 : 너 머리가 많이 아픈 모양이구나.
마이클 : 응, 일 때문에 스트레스가 쌓여서 그래.
제　니 : 건강이 일보다 더 중요하니까 좀 쉬지 그래?
　　　　일이 빨리 끝나면 좋을 텐데…….
마이클 : 나도 쉬고 싶은데 그럴 시간이 없어.

다음 질문에 대답해 봅시다.

1) 마이클 씨는 왜 머리가 아파요?
2) 제니 씨는 마이클 씨한테 어떤 말을 했어요?
3) 요즘 마이클 씨의 생활과 건강은 어때요?

대화 내용을 바꿔서 옆 사람과 대화해 봅시다.

머리가 아픈 모양이구나	일 때문에	좀 쉬지 그래?	일이 빨리 끝나면

1. 요즘 여러분의 건강은 어떻습니까? 건강 이야기를 해 봅시다.

눈	☐ 잘 안 보인다	☐ 이상한 것이 보인다
귀	☐ 말소리가 안 들린다	☐ 이상한 소리가 들린다
코	☐ 코가 막혔다	☐ 콧물이 나온다
이	☐ 이가 아프다	☐ 이가 흔들린다
피부	☐ 피부가 나빠졌다	☐ 피부병에 걸렸다
몸	☐ 감기에 잘 걸렸다	☐ 항상 기운이 없다
머리	☐ 스트레스가 쌓인다	☐ 잘 잊어버린다
마음	☐ 마음을 쉽게 열지 못한다	☐ 살고 싶은 마음이 없다

2. 여기는 귀신의 집입니다. 다음을 넣어서 무서운 이야기를 만들어 봅시다.

문, 창문, 거울, 귀신, 소리, 물, 촛불, 전화기, 벽에 걸린 그림, 피

보이다, 들리다, 열리다, 닫히다, 흔들리다,

꺼지다, 켜지다, 떨어지다, 깨지다, 걸리다, 끊기다

활동 듣기

1. 다음을 듣고 맞는 것에 ☑ 하십시오.

1) 엘리베이터 문이 (☐ 안 열려요. ☐ 안 닫혀요.)
2) 버스를 탔는데 길이 (☐ 막혔어요. ☐ 안 막혔어요.)
3) 휴대폰을 새로 샀는데 전화가 (☐ 잘 걸려요. ☐ 잘 끊겨요.)
4) 안경을 썼는데 (☐ 잘 보여요. ☐ 잘 안 보여요.)
5) 텔레비전이 (☐ 꺼졌어요. ☐ 깨졌어요. ☐ 켜졌어요.)
6) 바람이 불어서 그림이 떨어졌는데 (☐ 깨졌어요. ☐ 안 깨졌어요.)
7) 요즘 한국말이 조금씩 (☐ 들려요. ☐ 안 들려요.)
8) 사과를 사러 갔는데 사과가 (☐ 많이 팔리고 있어요. ☐ 다 팔렸어요.)

2. 다음 대화를 듣고 빈칸에 맞게 쓰십시오.

	건강에 무슨 문제가 있습니까?		어떤 생각을 하고 있습니까? -(었/았)으면 -(었/았)을 텐데
1	할머니		
2	한솔		
3	마이클		
4	제니		

3. 다음을 듣고 맞으면 ○, 틀리면 ×표 하십시오.

1) 마이클이 수영장 근처에 안 살았으면 눈병에 안 걸렸을 텐데……. (　　)
2) 마이클의 눈병이 다 나으려면 일주일쯤 걸릴 텐데……. (　　)
3) 제니가 그날 그 음식을 안 먹었으면 배탈이 안 났을 텐데……. (　　)
4) 마이클과 제니가 학교에 왔으면 한국어 수업이 재미있었을 텐데…….(　　)

스트레스

여러분은 스트레스가 쌓이면 어떻게 하십니까? 술을 마시는 사람, 음악을 듣는 사람, 여행을 떠나는 사람, 하루 종일 집에서 자는 사람, 사람을 만나서 이야기하는 사람, 산에 혼자 올라가는 사람, 다리가 아플 때까지 쇼핑하는 사람, 맛있는 것을 먹는 사람, 울기 위해서 슬픈 영화를 보는 사람 등……, 여러 사람들이 있습니다.

요즘 저는 사장님 때문에 스트레스가 많이 쌓입니다. 지난번에 제가 전화를 받을 때 실수를 한 적이 있었습니다. 그때 사장님이 많이 화가 나신 모양입니다. 나만 보면 여러 사람 앞에서 혼을 내십니다. 그때부터 저는 가끔 눈도 잘 보이지 않고 소리도 잘 들리지 않았습니다. 저는 너무 놀라서 병원에 갔습니다. 의사 선생님께서 말씀하셨습니다. "무엇보다 마음을 편안하게 가져야 해요. 밥을 잘 먹고 잘 자는 것이 약보다 더 좋아요."

친구한테 그 이야기를 해 주었습니다. 친구는 저에게 이렇게 말했습니다. "정말 걱정이다. 계속 스트레스가 쌓이면 건강이 더 나빠질 텐데……. 저녁에 맛있는 삼계탕을 먹고 기운을 내자." 그래서 그날 저녁에 그 친구와 함께 삼계탕을 먹으러 갔습니다. 삼계탕은 닭에 마늘, 쌀, 인삼을 넣어서 만드는데, 보통 여름에 건강을 위해서 먹는 음식입니다. 국물이 뜨거워서 먹기가 힘들었지만 맛있었습니다. 이제부터 기운을 내서 실수를 하지 않고 열심히 일을 하겠습니다.

1. 읽고 다음 질문에 대답해 봅시다.

1) 스트레스가 쌓이면 사람들은 보통 어떻게 해요?
2) 이 사람은 왜 스트레스가 쌓였어요? 그때 어땠어요?
3) 의사가 무슨 말을 했어요? 그래서 이 사람은 어떻게 했어요?

2. 여러분은 스트레스가 쌓이면 어떻게 해요? 이야기를 써 봅시다.

단어 스트레스, 쌓이다, 풀다, 하루 종일, 등, 실수하다, 화가 나다, 혼을 내다, 보이다, 들리다, 놀라다, 편안하다, 삼계탕, 기운을 내다, 마늘, 인삼, 국물, 뜨겁다

제10과 날씨 〈1〉

준비 오늘 날씨가 어때요?

학습 목표

- 날씨 이야기하기
- 날씨와 관련된 사고 이야기하기
- –(으)ㄹ 뻔했다
- –다가

연습 어휘와 문법

1. 다음의 날씨 단어들을 공부해 보고 문장을 만들어 봅시다.

1) 비

2) 눈

3) 천둥

4) 번개

5) 바람

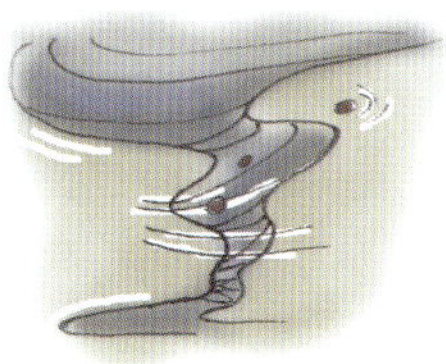
6) 태풍

7) 구름

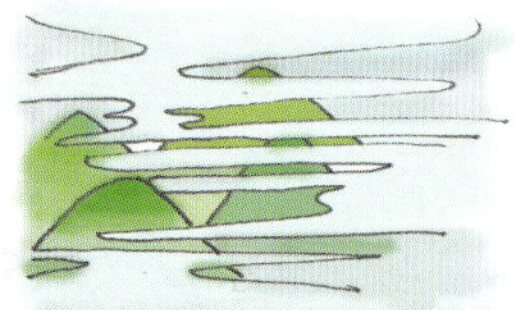
8) 안개

㉮ 내리다	㉯ 오다	㉰ 불다	㉱ 끼다	㉲ 치다

2. '-(으)ㄹ 뻔했다'를 넣어서 다음과 같이 문장을 만들어 봅시다.

> 눈 때문에 길이 막혀서 지각할 뻔했어요.

-(으)ㄹ 뻔했다
almost V
(☞ E12 中27 日41 M58)

1) 눈 때문에 길이 막혔다 ———— ㉮ 지각하다
2) 운전하는데 비가 많이 내렸다　　㉯ 감기에 걸리다
3) 비를 많이 맞았다　　㉰ 교통사고가 나다
4) 안개가 많이 끼었다　　㉱ 비행기가 출발 못 하다
5) 태풍이 강하게 불었다　　㉲ 창문이 깨지다
6) 밤에 천둥, 번개가 쳤다　　㉳ 무서워서 울다

3. 다음과 같이 묻고 대답해 봅시다.

가: 학교에 가다가 왜 다시 집에 왔어요? 나: 지갑을 놓고 가서 다시 왔어요.

-다가
(interruption and shift of action)
(☞ E12 中27 日42 M58)

1) 수업을 듣다가 왜 갑자기 밖으로 나갔어요?
2) 쇼핑을 하다가 돈이 부족하면 어떻게 할 거예요?
3) 친구하고 이야기하다가 화가 나면 어떻게 할 거예요?
4) 숙제를 하다가 모르는 것이 있을 때 어떻게 해요?
5) 술을 마시다가 친구하고 싸워 본 적이 있어요?
6) 한국에서 살다가 너무 힘들어서 울어 본 적이 있어요?
7) 집에 가다가 마음에 드는 여자/남자가 있으면 어떻게 할 거예요?

4. 다음과 같이 두 문장을 연결해서 한 문장을 완성해 봅시다.

가: 어제 수영하다가 물에 빠져서 죽을 뻔했어요. 나: 정말 다행이에요. 큰일날 뻔했군요.

-다가
-(으)ㄹ 뻔했다
(☞ E12 中27 日42 M58)

	-다가	-(으)ㄹ 뻔했다
1	어제 수영을 하다	물에 빠지다
2	안개가 낀 날 운전을 하다	교통사고가 나다
3	축구를 하다	머리를 다치다
4	등산을 하다	산 위에서 떨어지다
5	눈길에서 놀다	미끄러져서 허리를 다치다
6	밖에서 친구를 기다리다	추워서 죽다

대화문

제 니 : 아까 은행에 가다가 비를 많이 맞았어.
마이클 : 그랬구나. 나도 학교에 오다가 비 맞을 뻔했는데…….
제 니 : 아침에 일기예보를 들었으면 우산을 가지고 왔을 텐데…….
마이클 : 맞아. 내일부터는 우리도 일기예보를 꼭 듣자.

다음 질문에 대답해 봅시다.

1) 제니 씨와 마이클 씨 중에서 비를 맞은 사람은 누구예요?
2) 제니 씨는 무엇을 하다가 비를 맞았어요?
3) 제니 씨는 어떤 후회를 했어요?
4) 제니 씨와 마이클 씨는 내일부터 어떻게 하기로 했어요?

대화 내용을 바꿔서 옆 사람과 대화해 봅시다.

은행에 가다가	비를 많이 맞았어	비 맞을 뻔했는데	우산을 가지고 왔을 텐데

1. 다음과 같이 일기예보를 해 봅시다.

오늘의 날씨를 말씀드리겠습니다.
오늘은 대체로 따뜻하겠습니다.
오전에는 맑다가
오후부터 흐려지겠습니다.
밤 늦게 비가 내리고
천둥과 번개가 치는 곳도 있겠습니다.
빗길에 운전 조심하시기 바랍니다.
지금까지 일기예보를 말씀드렸습니다.

2. 사고가 날 뻔한 일이 있었어요? 죽을 뻔한 일이 있었어요? 말해 봅시다.

- ☐ 비 오는 날
- ☐ 눈 내리는 날
- ☐ 안개가 낀 날
- ☐ 태풍이 부는 날
- ☐ 천둥, 번개가 치는 날

제가 초등학교 3학년 때였어요.
비가 오는 날 자전거를 타고 가다가
교통사고가 나서 죽을 뻔했어요.
그때 너무 놀라고 무서웠어요.
큰일날 뻔했는데 정말 다행이었어요.

활동 듣기

1. 오늘 날씨가 어땠습니까? 일기예보에서 들은 것을 쓰십시오.

맑다	흐리다/구름	비	눈	바람/태풍	천둥/번개	안개

1		2	
3		4	
5		6	

2. 다음 일기예보를 듣고 날씨의 변화를 쓰십시오.

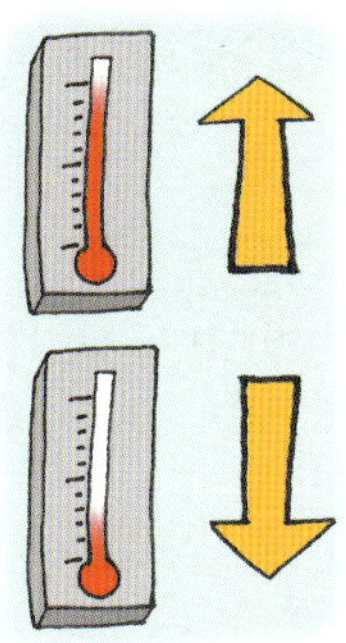

1	맑다	→	흐리다
2		→	
3		→	
4		→	
5		→	
6		→	

3. 친구에게 어떤 일이 있었어요? 듣고 빈칸에 맞게 쓰십시오.

	–다가	–(으)ㄹ 뻔했다
1		
2		
3		
4		
5		
6		

활동 읽기와 쓰기

여행 가서 생긴 일

사람은 누구든지 사는 동안 한 번쯤 죽을 뻔한 적이 있었을 것이다. 나도 작년 여름방학 때 친구들하고 바다에 놀러 가다가 큰 사고가 날 뻔했다. 그때 우리는 자동차로 여행을 갔는데 내가 운전을 하고 있었다. 나는 운전을 많이 해 봤지만, 그 날은 안개가 많이 끼어서 운전하기가 쉽지 않았다. 안개 때문에 앞이 잘 보이지 않아서 아주 조심해서 운전을 해야 했다.

갑자기 비가 내리기 시작한 후부터는 길이 아주 미끄러웠다. 길이 위험하기 때문에 조심해서 산길을 올라가고 있었는데 갑자기 차가 뒤로 미끄러지기 시작했다. 나는 차를 멈추려고 했지만 차가 멈춰지지 않았다. 차는 2~3미터쯤 더 미끄러지다가 멈췄는데 그 짧은 시간 동안, 나는 무서워서 죽을 뻔했다. 우리 뒤에 다른 차가 없어서 다행이었다. 다른 차가 오고 있었으면 큰 교통사고가 날 뻔했다. 그 때부터 나는 놀라서 운전을 할 수 없었고, 바다에 도착할 때까지 친구가 운전을 해야 했다.

바다에 도착했을 때는 비가 오지 않았기 때문에 친구들은 수영을 하고 싶어했다. 친구들은 재미있게 수영을 하고 놀았지만 나는 아까 너무 놀랐기 때문에 그냥 바닷가에서 구경만 했다. 그런데 갑자기 한 친구가 "도와 줘! 도와 줘!"하고 소리쳤다. 친구는 수영을 하다가 깊은 곳으로 들어간 모양이었다. 수영을 잘하는 친구가 들어가서 물에 빠진 친구를 데리고 나왔다. 조금만 늦었으면 그 친구는 죽었을 것이다. 지금도 그 여행을 생각하면 정말 무섭다. 그 여행에서 돌아올 때 나는 수영을 배우기로 결심했고, 지금은 물개처럼 수영을 잘한다.

1. 읽고 다음 질문에 대답해 봅시다.

1) 여행을 가다가 무슨 일이 있었어요?
2) 바다에서 놀다가 무슨 일이 있었어요?

2. 여러분도 죽을 뻔한 적이 있습니까? 그 이야기를 써 봅시다.

단어 사고가 나다, 운전하다, 안개가 끼다, 조심하다, 미끄럽다, 위험하다, 산길, 미끄러지다, 멈추다, 다행이다, 놀라다, 바닷가, 소리치다, 깊다, 빠지다, 데리고 나오다, 물개

제10과 날씨 〈2〉

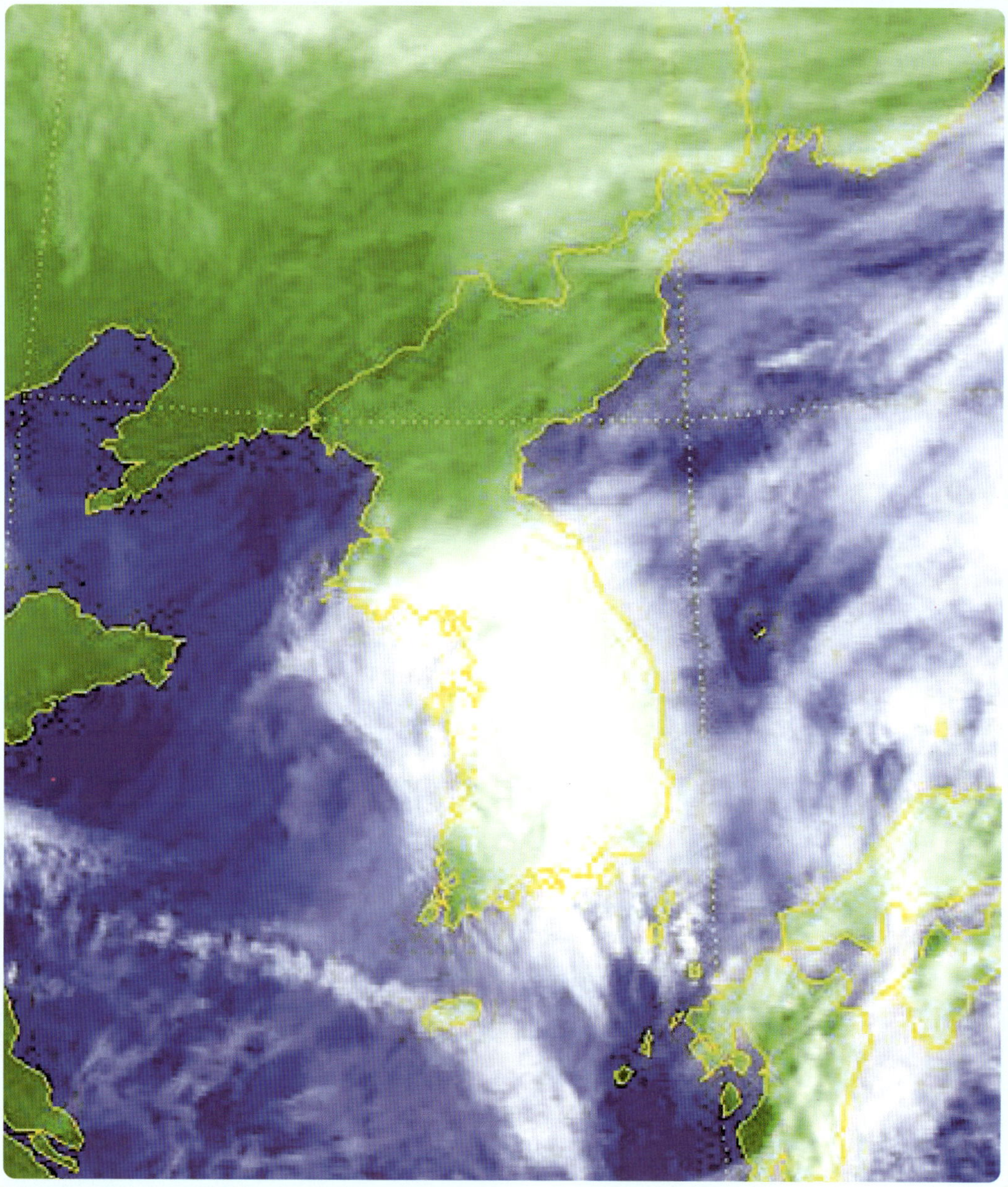

준비 오늘 일기예보를 들었어요? 오늘 날씨가 어때요?

학습 목표

- 일기예보를 듣고 전하기
- 사계절의 날씨 이야기하기
- -(ㄴ/는)다고/(이)라고 하다
- -냐고 묻다
- -(으)라고/자고 하다

연습 어휘와 문법

1. 일기예보를 듣고 다음과 같이 다른 사람에게 전달해 봅시다.

가: 일기예보에서 뭐라고 했어요?
나: ① 오늘은 맑다고 했어요.
② 오늘은 눈이 온다고 했어요.

-(ㄴ/는)다고 하다
(Indirect Declarative Narrative)
① Adj → -다고 하다
② V[pres] → -ㄴ/는다고 하다
(☞ E 12 中 27 日 42 M 58)

1	 맑다	2	 흐리다	3	 비가 오다	4	 눈이 내리다
5	 바람이 불다	6	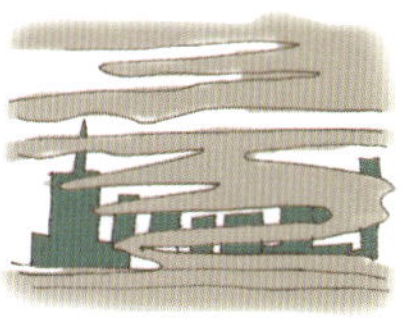 안개가 끼다	7	 번개가 치다	8	 천둥이 치다

2. 계절에 대한 친구들의 말을 듣고 전해 봅시다.

가: 은영 씨가 뭐라고 했어요?
나: 제일 좋아하는 계절이 봄이라고 했어요.

-(이)라고 하다
(Indirect Declarative Narrative)
N+-이다 → -(이)라고 하다
(☞ E 12 中 27 日 42 M 58)

1	은영	"제일 좋아하는 계절은 봄이에요."
2	한솔	"이번 여름에 동해 바다에 갈 거예요."
3	제니	"제일 아름다운 계절은 가을이야."
4	마이클	"이번 겨울은 너무 추울 거예요."

3. 다음 사람들이 뭐라고 물었어요? 또 뭐라고 대답했어요?

[마이클 → 제니] "일기예보를 봤어요?"
→ 마이클이 제니한테 일기예보를 봤냐고 물었어요.

-냐고 하다/묻다
(Indirect Interrogative Narrative)
-어/아요?→ -냐고 하다
(☞ E 12 中 27 日 42 M 58)

1	마이클 → 제니	"일기예보를 봤어요?"
	제니 → 마이클	"바빠서 못 봤어요."
2	은영 → 마이클	"눈이 많이 왔는데 산에 갈 거야?"
	마이클 → 은영	"약속했으니까 가야 해요."
3	마이클 → 한솔	"앞이 안 보이는데, 이게 구름이에요?"
	한솔 → 마이클	"구름이 아니라 안개예요."
4	제니 → 한솔	"바람이 왜 이렇게 많이 불어요?"
	한솔 → 제니	"바람이 아니라 태풍이 불고 있어요."

4. 다음과 같이 대화하여 다른 사람의 말을 전해 봅시다.

가: 친구가 뭐라고 했어요?
나: ① 비가 오니까 우산을 쓰라고 했어요.
② 비가 오니까 우산을 사자고 했어요.

-(으)라고/자고 하다
(Indirect Imperative/Suggestive Narrative)
① V+(으)세요→ -(으)라고 하다
② V+(으)ㅂ시다→ -자고 하다
(☞ E 12 中 27 日 42 M 58)

1	"안개가 많이 끼었으니까 천천히 운전하십시오."	-(으)라고 하다
	"날씨가 추우니까 감기 조심하세요."	
2	"바람이 심하게 부니까 외출하지 마세요."	-지 말라고 하다
	"비가 오니까 오늘은 세차하지 마."	
3	"첫눈이 오면 전화해서 만납시다."	-자고 하다
	"눈이 오니까 집에 일찍 들어갑시다."	
4	"태풍이 오니까 여행을 가지 맙시다."	-지 말자고 하다
	"안개가 끼었으니까 지금 출발하지 맙시다."	

대화문

제니 : 왜 이렇게 바람이 많이 불어요?
한솔 : 태풍 때문에 그래요.
제니 : 일기예보에서 오늘밤에 비가 온다고 했지요?
한솔 : 네, 태풍도 불고 비도 많이 오니까 밤길 조심하라고 했어요.

다음 질문에 대답해 봅시다.

1) 지금은 무슨 계절이에요?
2) 왜 이렇게 바람이 많이 불어요?
3) 일기예보에서 뭐라고 했어요?

대화 내용을 바꿔서 옆 사람과 대화해 봅시다.

바람이 불다	태풍 때문에	비가 온다고	태풍도 불고 비도 많이 오니까	밤길 조심하라고

활동 말하기

1. 다음의 날씨는 무슨 계절의 날씨입니까? 계절과 날씨를 알아봅시다.

봄비 꽃소식 황사바람	장마 소나기 태풍 더위
가을바람 단풍 선선하다	첫눈 얼음이 얼다 추위

해/달/별

해가 뜨다/지다

기온이 올라가다/내려가다

2. 다음과 같이 일기예보를 해 봅시다.

내일의 날씨를 말씀드리겠습니다.
내일은 대체로 따뜻하겠습니다.
오전에는 맑다가 오후부터 흐려지고
황사바람이 강하게 불겠습니다.
황사비가 내리는 곳도 있겠습니다.
외출하실 때는 마스크를
꼭 쓰시기 바랍니다.
내일 해 뜨는 시각은 오전 6시 25분,
해 지는 시각은 오후 6시 50분입니다.
지금까지 일기예보를 말씀드렸습니다.

활동 듣기

1. 친구에게 어떻게 말했어요? 듣고 맞는 것을 찾아서 ☑ 하십시오.

1)
- ☐ 내린다고
- ☐ 내리냐고
- ☐ 내리라고
- ☐ 내리자고

2)
- ☐ 흐리다고
- ☐ 흐리냐고
- ☐ 흐렸다고
- ☐ 흐린다고

3)
- ☐ 친다고
- ☐ 치냐고
- ☐ 쳤다고
- ☐ 치다고

4)
- ☐ 분다고
- ☐ 부냐고
- ☐ 불라고
- ☐ 불자고

5)
- ☐ 온다고
- ☐ 오냐고
- ☐ 오라고
- ☐ 오자고

6)
- ☐ 조심한다고
- ☐ 조심하냐고
- ☐ 조심하라고
- ☐ 조심하자고

7)
- ☐ 기다린다고
- ☐ 기다리냐고
- ☐ 기다리라고
- ☐ 기다리자고

8)
- ☐ 가라고
- ☐ 가자고
- ☐ 가지 말라고
- ☐ 가지 말자고

2. 다음 대화를 듣고 맞으면 ○, 틀리면 ×표 하십시오.

1) 씽 씨는 어제 장마 때문에 제주도에 못 갔다고 한다. (　　)
2) 일기예보에서 오늘 밤에 비가 오고 천둥, 번개가 친다고 했다. (　　)
3) 마이클 씨는 지난 주에 운전하다가 사고가 날 뻔했다고 했다. (　　)
4) 은영 씨는 어제 안개가 많이 끼어서 교통사고가 났다고 했다. (　　)
5) 은영 씨는 마이클 씨에게 앞으로 운전을 하지 말라고 했다. (　　)

3. 다음을 듣고 일기예보에서 말한 것을 쓰십시오.

		-(ㄴ/는)다고 했어요	-(으)라고/지 말라고 했어요
1	오늘		
2	내일		
3	주말		

일기예보

1	서울의 날씨를 말씀드리겠습니다. 오늘은 대체로 맑겠습니다. 바람은 조금 불겠지만 기온이 올라가서 따뜻해지겠습니다. 내일은 비소식이 있겠습니다. 오전에는 구름이 많이 끼고 흐리다가 오후 늦게부터 비가 내리겠습니다. 이 비는 내일 오후까지 계속되겠습니다. 지금까지 일기예보를 말씀드렸습니다.
2	오늘의 날씨를 말씀드리겠습니다. 오늘은 일본에서 올라오는 태풍 때문에 바람이 강하게 불고 비도 많이 내리겠습니다. 밤에는 천둥과 번개가 치는 곳도 있겠습니다. 이번 태풍은 모레쯤 동해 먼 바다로 건너가겠습니다. 한 달 동안 계속된 장마는 이번 주말에 끝나겠고 다음 주부터는 기온이 올라가서 더워지겠습니다. 더위에 건강 조심하시기 바랍니다.
3	안녕하십니까? 주말의 일기예보입니다. 며칠 동안 맑고 파란 하늘을 볼 수 있었는데요, 이렇게 맑은 가을 날씨는 주말에도 계속되겠습니다. 아침, 저녁에는 조금 기온이 낮겠지만 낮에는 기온이 올라가서 조금 덥겠고 바람도 약하게 불겠습니다. 즐거운 주말 보내시기 바랍니다.
4	일기예보를 말씀드리겠습니다. 오늘은 대체로 흐리겠습니다. 기온도 어제보다 많이 내려가서 추워지겠습니다. 밤에는 기온이 더 떨어져서 내일 아침에는 얼음이 어는 곳도 있겠습니다. 이번 추위는 삼사일쯤 계속되다가 목요일부터 조금 따뜻해지겠습니다. 다음 주쯤에는 눈소식도 있다고 합니다. 추운 날씨에 감기 조심하시기 바랍니다. 지금까지 오늘의 날씨였습니다.

1. 읽고 다음 질문에 대답해 봅시다.

1) 1, 2, 3, 4는 무슨 계절이에요?

2) 1, 2, 3, 4의 일기예보에서 날씨가 어떻다고 했어요?

2. 위의 글처럼 여러분도 일기예보를 써 봅시다.

단어 일기예보, 말씀드리다, 대체로, 맑다, 바람이 불다, 기온, 구름이 끼다, 계속되다, 태풍, 강하다, 동해, 장마, 더위, 약하다, 흐리다, 떨어지다, 얼음, 얼다, 추위, 삼사일

제11과 전화 〈1〉

준비 친구 중에서 누구하고 전화 통화를 제일 많이 해요?

학습 목표

- 전화 내용 다시 확인하기
- 전화 받고 내용 전달하기

- -(이)라고 하다
- -다/냐/라/자고요?

연습 어휘와 문법

1. '-(이)라고 하다'를 사용하여 다음과 같이 대화해 봅시다.

가: 이걸 한국말로 뭐라고 해요?
나: 한국말로 '휴대폰'이라고 해요.

-(이)라고 하다
be called (as) N
(☞ E 13 中 28 日 42 M 59)

1) 
2) 
3) 
4) 

5) 
6) 
7) 
8) 

전화기	휴대폰	계산기	복사기	공중전화	팩스기
냉장고	청소기	세탁기	사진기	전자사전	프린터기

2. 다음과 같이 자기소개를 해 봅시다.

여러분 안녕하십니까?
저는 _____ (이)라고 합니다.
그냥 _____ (이)라고 불러 주세요.

	이름	별명
1	김성수	김 선생님
2	재클린 오나시스	재키
3		

3. 친구의 말을 확인하며 전화해 봅시다.

-(ㄴ/는)다고요?	-(이)라고요?	-냐고요?	-(으)라고요?	-자고요?

-다/냐/라/자고요?
(repetition of indirect narrative with surprise or check)
(☞ E13 中28 日42 M59)

1) "모임이 취소되었어요."
2) "약속 날짜가 오늘이 아니에요."
3) "모임이 모레로 연기되었어요."
4) "모임 장소가 바뀌었어요."
5) "지금 밖에 눈이 와요."
6) "10분 후에 도착할 거예요."
7) "지금 가고 있어요. 조금만 기다리세요."
8) "일이 많아서 오늘 모임에 갈 수 없어."

4. 다른 사람에게 전할 말을 들었을 때 다음과 같이 확인해 봅시다.

비서: 누구시라고 전해 드릴까요?
손님: 저는 마이클이라고 하는데요.
비서: 뭐라고 전해 드릴까요?
손님: 오늘 밤에 전화하겠다고 전해 주세요.
비서: 오늘 밤에 전화하시겠다고요?
네, 전해 드리겠습니다.

	-(이)라고 합니다	-고 전해 주세요
1	제니 브라운	서울역에 도착 시간이 저녁 일곱 시예요.
2	김성수	오늘 모임에 나갈 수 없어요.
3	친구 투야	오늘 모임이 취소됐어요.
4	고향 친구 마오	내일 오후 두 시 비행기로 고향에 돌아가요.
5	한국 은행 정한솔	내일 한양대학교 정문 앞에서 만납시다.
6	한국 친구 영희	내일 일곱 시에 친구들 모임이 있는데 꼭 나오세요.

대화문

한솔 : 여보세요? 김성수 씨 계십니까?

직원 : 잠깐 외출하셨는데요. 누구시라고 전해 드릴까요?

한솔 : 저는 정한솔이라고 하는데요, 오늘 저녁 모임이 취소되었다고 전해 주세요.

직원 : 모임이 취소되었다고요? 네, 전해 드리겠습니다.

다음 질문에 대답해 봅시다.

1) 김성수 씨는 지금 사무실에 계세요?
2) 누가 김성수 씨한테 전화했어요?
3) 직원은 김성수 씨에게 뭐라고 전할 거예요?

대화 내용을 바꿔서 옆 사람과 대화해 봅시다.

김성수 씨	외출하셨는데요	정한솔	모임이 취소되었다고	취소되었다고요?

활동 말하기

1. 직원과 손님이 되어 다음과 같이 전화를 하고 전할 말을 부탁해 봅시다.

직원 : 안녕하세요? _____(은행, 학원, 미용실)입니다.
손님 : _______ 씨 좀 바꿔 주세요.
직원 : _______ 씨는 지금 안 계신데요,
누구시라고 전해 드릴까요?
손님 : 저는 ______ (이)라고 하는데요, 죄송하지만
_______________다고/라고/자고 전해 주세요.
직원 : _______________다고/라고/자고요?
네, 그렇게 전해 드리겠습니다.

2. 다음과 같이 친구에게 음성 메시지를 보내 봅시다.

지금은 전화를 받을 수 없어 음성사서함으로 연결됩니다. 메시지 녹음은 1번, 연락 받으실 전화번호를 남기시려면 2번을 눌러 주십시오. '삐' 소리가 나면 녹음하시고 녹음이 끝나면 *(별표)나 #(우물정자)를 눌러 주십시오.

삐~~
① 나 은영이야.
② 내일 저녁에 고등학교 동창 모임이 있어.
③ 모임은 오후 일곱 시야.
④ 장소는 한양대 앞에 있는 '마시자' 호프집이야.
⑤ 회비 이만 원 가지고 와.
⑥ 내일 저녁에 보자.
⑦ 메시지 받으면 나한테 전화해 줘.
⑧ 끊어.

활동 듣기

1. 왜 놀랐습니까? 다음을 듣고 맞는 것에 ☑ 하십시오.

1) □ 한양대학교 어학원이에요. □ 한양대학교 어학원이 아니에요.
2) □ 올가 씨가 결혼했어요. □ 올가 씨가 결혼할 거예요.
3) □ 제니가 학교에 못 갔어요. □ 제니가 배가 아파요.
4) □ 오늘 모임을 취소하자. □ 오늘 모임을 취소해라.
5) □ 지금 집에서 출발하세요. □ 지금 집에서 출발해요.
6) □ 조금만 더 기다립시다. □ 조금만 더 기다리세요.

2. 다음을 듣고 음성 메시지의 내용을 짧게 쓰십시오.

	-한테서/-에서	-다고/냐고/라고/자고 메시지가 왔어요
1		
2		
3		
4		
5		
6		

3. 다음 대화를 듣고 통화를 못 한 이유를 다음에서 고르십시오.

㉮ 전화를 잘못 걸었다	㉯ 전화를 안 받았다	㉰ 자리에 없었다
㉱ 전화가 안 걸렸다	㉲ 소리가 잘 안 들렸다	㉳ 전화가 끊겼다

1) ____________________ 2) ____________________

3) ____________________ 4) ____________________

활동 읽기와 쓰기

문자 메시지와 음성 메시지

1	오늘 저녁 6시 30분에 입학축하 모임이 있습니다. 장소는 한양대 정문 앞 한양갈비입니다. 꼭 오시기 바랍니다. 정한솔
2	선생님, 오늘 많이 아파서 학교에 못 가요. 어제 축구하다가 발목을 좀 다쳤어요. ㅠㅠ 내일은 꼭 갈게요. 죄송해요. 마이클
3	지금 뭐 해? 심심해서 문자 보낸다. 이번 주 문화수업에서 동해바다에 간다고 하는데 너도 갈 거지? 가서 재미있게 놀자. ^^ 제니가
4	다음 주 일요일 설악산 눈꽃여행 출발 장소가 광화문에서 강남역으로 바뀌었습니다. 강남역 6번 출구에서 7시에 뵙겠습니다. 자유여행사 김성수
5	언니, 저 수진이에요. 내일 동아리 모임 때문에 전화했는데요, 이번 주 모임이 취소되었다고 해요. 동아리 선배님들이 졸업시험 때문에 올 수 없는 모양이에요. 메시지 확인하시면 문자 보내 주세요.
6	한솔아, 엄마야, 너하고 통화하기 정말 힘들다. 시험은 잘 봤니? 밥은 잘 먹고? 어디 아픈 곳은 없지? 지난번에 말한 돈을 네 통장으로 부쳤으니까 확인해 봐라. 집에 전화 좀 자주 해라. 목소리도 잊어버리겠다. 그럼 끊는다.
7	나야, 계속 전화했는데 왜 전화를 안 받아? 어제 네 생일에 연락 안 해서 많이 화났지? 생일도 잊어버리고 선물도 못 사 줘서 진짜 미안해. 사실은 회사에 갑자기 큰 문제가 생겨서 그랬어. 화내지 마. 우리 오늘 7시에 만나자. 학교 정문 앞에서 네가 올 때까지 기다릴게. 사랑해.

1. 읽고 다음 질문에 대답해 봅시다.

1) [1]~[4]의 문자 메시지는 누구한테서 왔어요? 뭐라고 했어요?

2) [5]~[7]의 음성 메시지는 누구한테서 왔어요? 뭐라고 했어요?

2. 친구에게 문자나 음성 메시지를 보내고 그 내용을 써 봅시다.

단어 문자 메시지, 음성 메시지, 정문, 발목, 다치다, 출발 장소, 바뀌다, 뵙겠습니다, 취소되다, 확인하다, 통장, 목소리, 끊다, 화나다, 갑자기, 문제가 생기다, 화내다

제11과 전화 〈2〉

준비 옆 사람에게 온 전화를 받고 그 말을 전해 준 적이 있어요?

학습 목표

- 전화 메시지 전달하기
- 부정의 강조 표현
- -어/아 달라고 하다
- 한 -도 (안/못/없다)

연습 어휘와 문법

1. '달라고 하다'를 써서 다른 사람의 말을 전해 봅시다.

가: 손님이 뭐라고 했어?
나: 손님이 커피를 빨리 달라고 했어요.

달라고 하다

say "give me something."

(☞ E13 中28 日43 M59)

	누가	뭐라고 했어요?
1	손님	커피 좀 빨리 주세요.
2	제니	물 좀 주세요.
3	은영	동전 좀 주세요.
4	한솔	쓸 것 좀 주세요.
5	마이클	마실 것 좀 주세요.
6	아이	먹을 것 좀 주세요.

2. 다음 물건을 누구한테 주라고 해요? 친구의 말을 전해 봅시다.

가: 은영 씨가 친구들한테 뭐라고 했어요?
나: 이 의자를 마이클 씨한테 주라고 했어요.

주라고 하다

say "give him/her something"

(☞ E13 中28 日43 M59)

의자 – 마이클

1) 한국어 책 – 제니

2) 모자 – 조셉

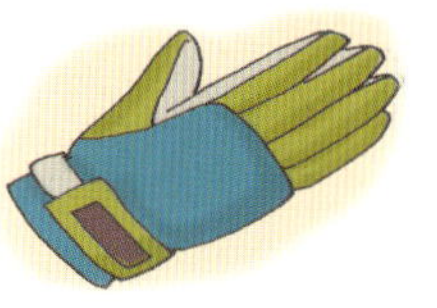

3) 장갑 – 요코

4) 자전거 – 한솔

3. 다음을 비교하고 무슨 말을 했는지 말해 봅시다.

> 가: 어머니께서 형한테 뭐라고 하셨어요?
> 나: ① 영어를 가르쳐 달라고 하셨어요.
> ② 동생한테 컴퓨터를 가르쳐 주라고 하셨어요.

-어/아 달라고 하다 vs. -어/아 주라고 하다
(☞ E13 中28 日43 M59)

	누가	누구한테	뭐라고 했어요?
1	어머니	형	(~~나한테~~) 영어를 가르쳐 줘.
			동생한테 컴퓨터를 가르쳐 줘.
2	아내	남편	(~~저한테~~) 청소를 도와주세요.
			아기에게 비디오를 보여 주세요.
3	학생	선생님	(~~저한테~~) 컴퓨터를 가르쳐 주세요.
			친구에게 한국말을 가르쳐 주세요.

4. 다음과 같이 알맞은 말을 찾아서 말해 봅시다.

> 가: 한국 요리를 해 본 적이 있어요?
> 나: 한국 요리를 한 번도 해 본 적이 없어요.

한 -도 안/못/없다
not~ even a [counting unit]
(☞ E13 中29 日43 M60)

1) 가방 속에 만화책과 소설책이 있어요?
2) 지금까지 여자/남자친구를 몇 명쯤 사귀어 봤어요?
3) 제가 집에 없는 동안 저한테 편지나 전화가 왔어요?
4) 옛날 사진이 있으면 좀 보여 주시겠어요?
5) 담배를 피우고 싶은데 담배 좀 빌려 주시겠어요?
6) 냉장고에 시원한 맥주가 있으면 좀 주시겠어요?
7) 남자/여자친구한테 꽃과 연애편지를 받아 봤어요?

	통		번	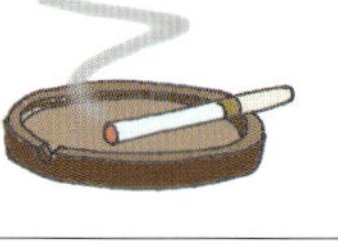	개비	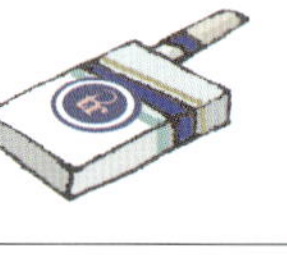	갑

대화문

정식 : 전화 바꿨습니다. 말씀하세요.

은영 : 나 은영이야. 아까 전화해 달라고 했는데 메모 못 받았어?

정식 : 미안해. 일이 너무 많아서 전화할 시간이 없었어.

은영 : 그동안 친구들 모임에 왜 한 번도 안 나왔어? 오늘 모임에는 꼭 나올 거지?

다음 질문에 대답해 봅시다.

1) "전화 바꿨습니다"는 언제 쓰는 말이에요?
2) 은영 씨가 처음에 부탁한 메모는 무슨 내용이었어요?
3) 오늘 은영 씨는 왜 정식 씨에게 전화했어요?

대화 내용을 바꿔서 옆 사람과 대화해 봅시다.

은영이야	전화해 달라고 했는데	일이 너무 많아서	왜 한 번도 안 나왔어?

활동 **말하기**

-어/아
주세요

1. 다음과 같은 내용으로 전화를 해 봅시다.

1	어머니와 딸/아들	딸/아들이 등록금 때문에 돈을 보내 달라고 하면 어머니는 _____다고 말한다.
2	아버지와 딸/아들	아버지가 딸/아들에게 생일을 축하한다고 하고, 무슨 선물을 받고 싶냐고 하면 딸/아들이 _____을/를 사 달라고 말한다.
3	친구와 전화	친구가 _____ 때문에 돈이 필요하다고 하고 ___만 원을 빌려 달라고 하면 나는 ____다고 말한다.
4	애인과 전화	여자친구가 남자친구에게 몸이 아프다고 하고 집안일과 여러 가지 일을 다 해 달라고 부탁하면 남자친구는 ____다고 대답한다.

2. 다음과 같이 부탁을 하거나 부탁 받은 이야기를 전해 봅시다.

부모님 → 나	① 들어 준 부탁은 무엇입니까?
☑ 부모님 ☐ 선생님 ☐ 선배 ☑ 나 ☐ 후배 ☐ 친구 ☐ 동생	 ② 들어 주지 못한 부탁은 무엇입니까?

① 친구가 제게 중국어를 가르쳐 달라고 부탁을 해서 제가 가르쳐 주었어요.
② 부모님께서 제게 전화를 자주 해 달라고 하셨는데 바빠서 자주 못 했어요.

활동 듣기

1. 무슨 부탁을 했어요? 그 부탁을 들어 주었어요? 듣고 답을 쓰십시오.

	-어/아 달라고 했어요	좋아요→ (○) 안돼요→ (×)
1		
2		
3		
4		
5		
6		

2. 다음을 듣고 빈칸에 알맞은 말을 쓰십시오.

1) 한국에 온 후에 전화를 (　　　) 해 본 적이 없다.
2) 나는 명동에 (　　　) 가 본 적이 없었다.
3) 싼 휴대폰 중에는 내 마음에 드는 것이 (　　　) 없었다.
4) 한국에 올 때 옷을 많이 안 가지고 와서 여름옷이 (　　　) 없다.
5) 휴대폰도 사고 옷도 사서 지갑에 돈이 (　　　) 안 남았다.
6) 전화를 하고 싶지만 전화번호를 아는 친구가 (　　　) 없다.

3. 다음 대화를 듣고 질문에 대답을 쓰십시오.

1) 김성수 씨에게 전화한 사람은 누구입니까? ____________________
2) 왜 통화를 할 수 없었습니까? ____________________
3) 전화한 사람은 무슨 말을 전해 달라고 했습니까?
　① ____________________ ② ____________________

휴대폰을 샀어요!

씽 씨는 처음 한국에 와서 놀랐습니다. 친구들 중에서 휴대폰을 안 가진 사람은 한 명도 없었기 때문입니다. 휴대폰이 없는 씽 씨는 불편했습니다. 친구들과 연락하고 싶을 때도, 급한 일이 생겼을 때도 휴대폰이 없어서 힘들었습니다. 친구들도 휴대폰 좀 사라고 말했습니다.

씽 씨는 어머니하고 통화를 했습니다. 씽 씨는 어머니께 휴대폰이 없어서 불편하다고 말했습니다. 그리고 돈을 보내 달라고 부탁했습니다. 어머니께서는 꼭 사야 하냐고 물으셨습니다. 또 가격이 비싸니까 생각해 보자고 하셨습니다. 친구는 그 이야기를 듣고 아르바이트를 하면 어떠냐고 했습니다.

씽 씨는 한 달 동안 아르바이트를 해서 휴대폰을 샀습니다. 처음에는 편리하고 좋았습니다. 언제든지 친구에게 쉽게 연락할 수 있었고 가족에게 전화도 자주 할 수 있었습니다. 친구들과 메시지를 주고받아서 외롭지 않았습니다. 휴대폰이 있어서 한국생활이 더 바빠지고 재미있어졌습니다.

한 달 후에 전화 요금 고지서가 나왔을 때 씽 씨는 깜짝 놀랐습니다. 전화요금이 12만 원쯤 나왔기 때문입니다. 씽 씨는 한 번도 전화요금을 생각해 본 적이 없었습니다. 씽 씨는 친구들에게 전화해서 돈 좀 빌려 달라고 부탁했습니다. 아주 힘들게 부탁해야 했습니다.

씽 씨는 지금 후회하고 있습니다. 휴대폰을 안 샀으면 좋았을 텐데……. 휴대폰은 있으면 편리하지만 전화요금을 내기 위해서 계속 돈을 벌어야 합니다. 그렇지만 휴대폰이 없으면 생활이 너무 불편해질 겁니다.

휴대폰이 없어도 정말 한국에서 재미있게 살 수 있을까요?

1. 읽고 다음 질문에 대답해 봅시다.

1) 씽 씨는 어머니와 친구들에게 무슨 부탁을 했어요?
2) 휴대폰이 있으면 좋은 점이 뭐예요? 찾아서 말해 보세요.
3) 휴대폰이 있을 때 나쁜 점이 뭐예요? 찾아서 말해 보세요.

2. 여러분도 위의 글처럼 휴대폰 때문에 생긴 일을 써 봅시다.

단어 놀라다, 가지다, 급하다, 생기다, 가격, 편리하다, 메시지, 주고받다, 외롭다, 전화요금, 고지서, 후회하다, 내다

제12과 한국 생활 〈1〉

준비 한국 생활을 하는 동안 달라진 것이 있어요?

학습 목표

■ 할 수 있는 일 말하기 ■ 여러가지 중에서 선택하기 ■ 자신있게 대답하기

◆ -(으)ㄹ 줄 알다/모르다 ◆ -지요! ◆ -지요?

연습 어휘와 문법

1. 한국 생활에서 할 줄 아는 것과 모르는 것을 말해 봅시다.

> 가: 자전거를 탈 줄 알아요?
> 나: ① 네, 자전거를 탈 줄 알아요.
> ② 아니요, 자전거를 탈 줄 몰라요.

-(으)ㄹ 줄 알다/모르다
know how to V
(☞ E14 中29 日43 M60)

1) 수영하다

2) 피아노를 치다

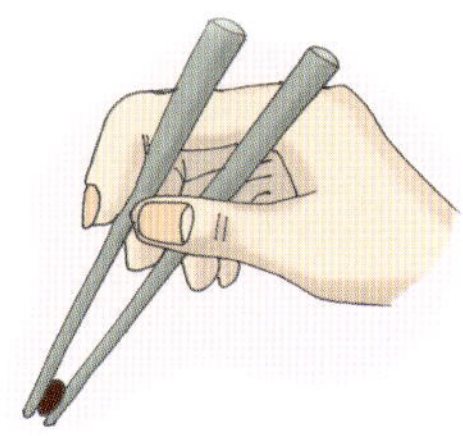

3) 젓가락을 사용하다

4) 한국 요리를 만들다

5) 한글을 읽고 쓰다

6) 비행기표를 예매하다

2. 다음과 같이 한국 생활 이야기를 해 봅시다.

-(으)로
(select A) as B
(☞ E9 中25 日39 M56)

> 가: 학교를 어디로 결정했어요?
> 나: 한양대학교로 결정했어요.

1	한국에서 살 곳을 어디로 정했어요?	☐ 하숙집	☐ 기숙사
2	휴대폰을 무슨 색으로 선택했어요?	☐ 흰 색	☐ 까만 색
3	친구 생일 선물을 무엇으로 골랐어요?	☐ 지갑	☐ 목걸이
4	여행할 곳을 어디로 결정했어요?	☐ 제주도	☐ 설악산
5	호텔 객실을 어떤 방으로 예약했어요?	☐ 침대방	☐ 온돌방
6	비행기표를 며칠로 예매했어요?	☐ 11일	☐ 12일

3. **다음과 같이 '-지요'를 넣어서 질문하고 대답해 봅시다.**

> 가: 한국어 공부가 재미있지요?
> 나: ① 물론이지요. 재미있죠.
> ② 아니지요, 어렵지요.

-지요! ①
(confirmative answer)
(☞ E14 中29 日43 M60)

1) 이번 학기 한국어 공부가 재미있지요?
2) 우리 반 친구들 정말 좋지요?
3) 한국 요리를 할 줄 알지요?
4) 한국 노래를 부를 줄 알지요?
5) 우리 반에서 내가 제일 한국말 잘하지?
6) 나 담배 피워도 되지?
7) 자기야, 나 예쁘지?

4. **다음과 같이 '-지요?'를 넣어서 질문해 봅시다.**

> 가: 고향이 어디시지요?
> 나: 제 고향은 중국 북경이에요.

-지요? ②
(affectionate question)
(☞ E14 中29 日43 M60)

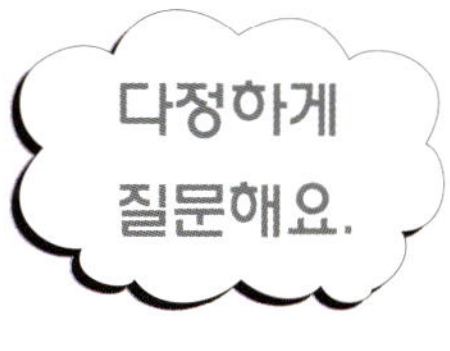

1) 어디에서 오셨지요?
2) 우리 학교에서 얼마 동안 공부하셨죠?
3) 한국에서 무슨 일을 하고 계시죠?
4) 한국에 오기 전에 뭘 하셨지요?
5) 한국어 공부할 때 뭐가 제일 힘들지요?
6) 이번 학기가 언제 끝나지요?
7) 언제까지 한국어를 공부할 거죠?

대화문

은 영 : 마이클 씨, 뭘 드시겠어요?
마이클 : 저는 비빔냉면으로 하겠어요.
은 영 : 비빔냉면은 너무 맵지 않아요? 매운 음식을 좋아하세요?
마이클 : 물론이지요. 처음 한국에 왔을 때는 매운 음식을 먹을 줄 몰랐는데 지금은 잘 먹어요.

다음 질문에 대답해 봅시다.

1) 마이클 씨는 무슨 음식을 선택했어요?
2) 은영 씨는 비빔냉면이 어떻다고 생각해요?
3) 마이클 씨는 처음부터 매운 음식을 먹을 줄 알았어요?

대화 내용을 바꿔서 옆 사람과 대화해 봅시다.

비빔냉면	너무 맵지 않아요?	매운 음식	먹을 줄 몰랐는데 지금은

활동 말하기

1. 가게에서 주인과 손님이 되어서 물건을 사고 계산을 해 봅시다.

1	운동화	농구화, 테니스화, 축구화……	□ 무슨 상표로 □ 무슨 색깔로 □ 몇 사이즈로
2	바지	긴바지, 반바지, 청바지……	
3	가방	서류 가방, 배낭, 여행 가방……	□ 현금으로 □ 카드로

2. 다음의 일을 할 줄 알아요? 처음 한국에 왔을 때와 비교해서 말해 봅시다.

- ☑ 한국말로 전화하기
- □ 우체국에서 편지 부치기
- □ 한국 요리 만들기
- □ 한국 돈 계산하기
- □ 혼자 지하철 타기
- □ 은행에서 통장 만들기
- □ 소주 마시기
- □ 한국 신문 읽기

처음 한국에 왔을 때는
한국말로 전화를 할 줄 몰랐는데,
① 지금은 전화할 줄 알아요. 아주 잘해요.
② 지금은 전화할 줄 알아요. 하지만 잘 못해요.
③ 사실은 지금도 전화할 줄 몰라요.

활동 듣기

1. 다음 대화를 듣고 맞는 것에 ☑ 하십시오.

		–(으)로		
1	우유	☐ 바나나 우유	☐ 딸기 우유	☐ 흰 우유
2	과일 주스	☐ 오렌지 주스	☐ 딸기 주스	☐ 토마토 주스
3	커피	☐ 아이스커피	☐ 카페오레	☐ 카푸치노
4	돈	☐ 수표	☐ 현금	☐ 동전
5	자리	☐ 금연석	☐ 흡연석	
6	객실	☐ 침대방	☐ 온돌방	

2. 다음 대화를 듣고 내용에 맞게 ○, △, ×표 하십시오.

할 줄 안다 (O)　　할 줄 모른다 (×)　　할 줄 알지만 잘 못한다 (△)

1	한국말 타이프를 칠 줄 알아요?	
2	젓가락을 사용할 줄 알아요?	
3	한글을 읽고 쓸 줄 알아요?	
4	이 사람은 한국 요리를 만들 줄 알아요?	
5	이 사람은 컴퓨터를 고칠 줄 알아요?	
6	휴대폰 문자 메시지를 보낼 줄 알아요?	

3. 다음 대화를 듣고 맞으면 ○, 틀리면 ×표 하십시오.

1) 마이클 씨는 한국에 처음 왔을 때부터 술을 마실 줄 알았다. (　　)
2) 마이클 씨는 술집에서 아르바이트 하다가 처음 술을 배웠다. (　　)
3) 마이클 씨는 아르바이트 선배하고 술을 마시다가 싸웠다. (　　)
4) 술은 건강에 나쁘지만 사람 사귀기에 좋을 때도 있다. (　　)

활동 읽기와 쓰기

나의 한국 유학 생활

나는 작년 12월에 한국에 유학을 왔다. 한국에 있는 여러 대학 중에서 유학할 곳을 한양대학교로 정했다. 처음에 한국어를 읽고 쓸 줄은 알았지만 듣고 말할 줄은 몰라서 어학원에서 한국어를 배워야 했다.

처음에 한국에 왔을 때 나는 할 줄 아는 것이 하나도 없었다. 처음에 지하철도 탈 줄 몰랐다. 하숙집을 학교 근처의 하숙집으로 결정해서 지하철을 탈 필요가 없었기 때문이었다. 또 친구한테 전화도 걸 줄 몰라서 심심하게 지냈다. 은행이나 우체국도 이용할 줄 몰랐고 빨래도 할 줄 몰랐다. 한국 음식도 입맛에 맞지 않아서 처음에 아주 힘들었다. 먹고 싶은 음식을 만들 줄도 몰라서 라면만 먹고 살았다.

하지만 한국에 온 후에 나는 달라졌다. 처음에는 실수도 하고 잘못한 일도 많았지만, 이제는 할 줄 아는 것이 많아졌다. 빨래하기, 요리하기, 설거지하기 등 집안일을 배웠고 전화하기나 우체국, 은행 이용하기도 배웠다. 무엇보다도 한국말을 할 줄 알기 때문에 모든 것이 쉬워졌다. 이제 나는 혼자 생활할 줄 안다. 돈도 잘 쓸 줄 알고, 시간도 잘 이용할 줄 안다.

또 하나 달라진 것은 내 성격이다. 나는 한국에 오기 전에는 혼자 있는 것을 좋아했는데 요즘은 친구들과 같이 있을 때 더 즐겁고 좋다. 다른 사람 앞에서 이야기를 하는 것도 처음엔 할 줄 몰랐는데, 지금은 쉽게 할 수 있다. 부모님도 내 성격이 옛날보다 더 밝아지고 좋아졌다고 기뻐하신다. 지금까지 힘든 일도 있었지만, 한국으로 유학을 결정한 것은 정말 잘한 선택이라고 생각한다.

1. 읽고 다음 질문에 대답해 봅시다.

1) 한국에 처음 왔을 때 무엇을 할 줄 몰랐어요?
2) 지금은 무엇을 할 줄 알아요?
3) 한국에 와서 달라진 것을 크게 두 가지로 말해 보세요.

2. 위의 글처럼 여러분의 유학 생활을 글로 써 봅시다.

단어 유학을 오다, 유학하다, 정하다, 결정하다, 빨래하다, 입맛에 맞다, 잘못하다, 설거지하다, 집안일, 혼자, 성격이 밝다, 선택

제12과 한국 생활 〈2〉

준비 한국에서 돈을 많이 써요? 한국의 물건값이 비싸요?

학습 목표

- 생활에 대해 가볍게 질문하기
- 자기 생각을 부드럽게 말하기
- -(이)나?
- -(으)ㄴ/는/(으)ㄹ 것 같다

연습 어휘와 문법

1. '-(이)나' 를 넣어서 다음과 같이 대화해 봅시다.

> 가: 하루에 커피를 몇 잔이나 마셔요?
> 나: 저는 보통 세 잔쯤 마셔요.

-(이)나?
Around how many N…?
(☞ E14 中29 日44 M60)

1) 한국 생활을 하는 동안 한국 영화를 몇 번이나 봤어요?
2) 학교 숙제는 보통 몇 시간이나 걸려요?
3) 한국에서 한 달에 용돈을 얼마나 쓰세요?
4) 계절이 바뀔 때마다 옷을 몇 벌이나 사요?
5) 부르면 올 수 있는 한국 친구가 몇 명이나 있어요?
6) 사랑하는 사람을 기다릴 때 얼마나 기다릴 수 있어요?

2. '-(으)ㄴ 것 같다' 를 넣어서 다음과 같이 묻고 대답해 봅시다.

> 가: 한국 사람들이 어떤 것 같아요?
> 나: 다른 나라 사람들보다 친절한 것 같아요.

-(으)ㄴ 것 같다
N seem to be Adj
(☞ E14 中29 日44 M61)

	1) 한국 사람 (남자, 여자, 아저씨, 아줌마)		2) 한국어 공부 (단어, 문법, 말하기, 쓰기)
	3) 한국의 물건값 (고기, 과일 지하철요금)		4) 한국 음식 (맛, 만들기, 음식값, 식당)
	5) 한국의 날씨 (봄, 여름, 가을, 겨울)		6) 한국 노래 (느낌, 가수, 콘서트, 노래방)

3. 다음 그림을 보고 생각을 말해 봅시다.

① 두 사람이 사랑하는 것 같아요.
② 두 사람이 곧 결혼할 것 같아요.

> **-(으)ㄴ/는/(으)ㄹ 것 같다**
> It seems that S V [past/present/future]
> (☞ E 14 中 29 日 44 M 61)

1) 

2) 

3) 

4) 

5) 

6) 

4. 다음을 넣어서 여러분의 생각을 부드럽게 말해 봅시다.

제 생각에는 ___________ (으)ㄴ/는/(으)ㄹ 것 같아요.

1) 세상에서 제일 어려운 말이 어느 나라 말인 것 같아요?
2) 친구들 중에서 누가 아침을 안 먹은 것 같아요?
3) 친구들 중에서 누가 제일 돈이 많은 것 같아요?
4) 몇 년을 공부하면 한국 사람처럼 한국말을 할 것 같아요?
5) 어떻게 하면 한국어를 잘 배울 수 있을 것 같아요?
6) 몇 살에 결혼을 하면 좋을 것 같아요?
7) 이사를 가려고 하는데 어떤 집을 찾으면 좋을 것 같아요?
8) 유학 생활에서 어떤 친구를 사귀면 좋을 것 같아요?

대화문

한솔 : 제니 씨는 한 달에 식비가 얼마나 들어요?
제니 : 달마다 다른데, 이번 달에는 이십 오만 원쯤 들었어요.
한솔 : 음식값이 한국과 캐나다 중에서 어디가 더 싸요?
제니 : 음식값은 한국이 캐나다보다 더 싼 것 같아요.

다음 질문에 대답해 봅시다.

1) 제니 씨는 한 달에 식비가 얼마나 들어요?
2) 제니 씨는 이번 달에 식비를 얼마나 썼어요?
3) 제니 씨는 한국하고 캐나다 중에서 어디가 음식값이 더 싸다고 생각해요?

대화 내용을 바꿔서 옆 사람과 대화해 봅시다.

식비	오십 오만원	음식값	한국과 캐나다	한국이 캐나다보다 더

활동 말하기

1. 한국에서 다음의 경험을 이야기해 보고 값을 알아 봅시다.

① −을/를 −어/아 본 적이 있어요?	② 어디에서 −어/아 봤어요?
③ 값/요금은 얼마나 했어요?	④ 값/요금이 어떤 것 같아요?

	물건값/ 요금	−(으)ㄴ/는/을 것 같다
1	옷, 신발, 가방, 모자……	
2	음식, 빵, 과자, 음료수, 과일……	
3	휴대폰, 전자사전, 컴퓨터, 텔레비전……	
4	지하철 요금, 택시 요금, 버스 요금……	

동대문시장에서 가방을 사 본 적이 있었는데,
값이 오만 원이었어요.
가방이 크고 색깔이 예뻐서 마음에 들었어요.
동대문시장이 다른 곳보다 물건이 많은 것 같아요.
가방값은 우리 나라보다 좀 비싼 것 같아요.

2. 다음의 질문을 하고 친구들의 생각을 알아봅시다.

−다고/ㄴ다고/는다고/(이)라고 생각하다/ 느끼다

1	유학을 가서 공부할 때 나이가 중요하다고 생각합니까?
2	학생 때 아르바이트를 꼭 해 봐야 한다고 생각합니까?
3	두 사람이 사랑하면 국제결혼도 괜찮다고 생각합니까?
4	유학을 오기 전에 어떤 준비가 필요하다고 생각합니까?
5	한국 문화가 여러분 나라의 문화와 아주 많이 다르다고 느낍니까?
6	외국인이 사는데 한국이 편한 곳이라고 느꼈습니까?
7	한국에 유학 온 후에 성격이나 생각이 달라졌다고 느낍니까?

활동 듣기

1. 다음 대화를 듣고 질문에 대답을 쓰십시오.

1) 제니 씨는 한 달에 용돈을 얼마나 써요? ______________________

2) 은영 씨는 어제 몇 시간이나 잤어요? ______________________

3) 마이클 씨는 며칠이나 아르바이트를 할 거예요? ______________________

4) 한솔 씨는 연애편지를 몇 통이나 받아 봤어요? ______________________

5) 선생님은 한복을 몇 벌이나 가지고 있어요? ______________________

6) 정식 씨는 강아지를 몇 마리나 길러 봤어요? ______________________

2. 다음 대화를 듣고 질문에 답하십시오.

1) 왕정 씨는 그릇을 사려면 어디로 가라고 소개했습니까? ______________________

2) 제니 씨는 다음 물건들을 몇 개나 살 거예요? 듣고 ☑ 하십시오.

밥그릇, 수저	☐ 3개	☐ 4개	☐ 5개	☐ 6개
냄비	☐ 1개	☐ 2개	☐ 3개	☐ 4개
프라이팬	☐ 1개	☐ 2개	☐ 3개	☐ 4개

3. 다음을 듣고 질문에 대답을 쓰십시오.

1) 달마다 항상 쓰는 생활비는 뭐예요? (4가지)

____

2) 이번 달에 특별하게 쓴 생활비를 뭐예요? (4가지)

____

3) 이번 달에 생활비가 모두 얼마나 들었어요?

____

4) 왜 이번 달은 다른 달보다 많이 썼어요?

____

5) 앞으로 어떻게 생활하기로 결심했어요?

____

한국의 물건값

나는 한국에서 생활하고 있는 유학생이다. 처음 한국에 왔을 때 식당의 음식값이 고향보다 싸다고 생각했다. 학교 근처의 식당에 가 보면 싼 값에 먹을 수 있는 맛있는 음식들이 많이 있었다. 그리고 어디든지 식당이 있어서 언제든지 음식을 쉽게 사먹을 수 있어서 정말 좋았다.

하지만 과일값과 고기값처럼 고향보다 비싼 것도 많이 있다. 처음에 과일값이 비싸서 과일을 많이 먹을 수 없어서 힘들었다. 또 고기 중에서 소고기는 다른 고기보다 비싸서 자주 먹지 못한다. 한국 사람들도 소고기가 너무 비싸기 때문에 닭고기나 삼겹살을 많이 먹는 것 같다.

교통비는 비싸지 않은 것 같다. 내가 한국에서 제일 좋아하는 것 중의 하나가 지하철인데 지하철은 다른 나라보다 요금도 싸고 더 편리한 것 같다. 또 택시 요금과 버스 요금도 비싸지 않다고 생각한다. 택시 요금은 특별히 더 싸서 나도 가끔 이용한다.

옷값은 많이 비싼 것 같지 않다. 명동이나 동대문시장에 가면 유행에 맞는 옷을 싸게 살 수 있어서 좋다. 백화점에서 파는 옷은 시장보다 많이 비싸다. 하지만 백화점에서도 계절이 바뀔 때마다 바겐세일을 하니까 그 때까지 기다리면 싸게 살 수 있다.

하지만 무엇보다 비싼 것은 서울의 집값이다. 작년에 신문이나 뉴스에서 아파트값이 두 배 올랐다고 계속 이야기했다. 유학생들은 집을 살 필요가 없으니까 큰 문제는 없지만, 집값이 올라가니까 하숙비나 방세도 작년보다 비싸졌다. 한국의 방세가 좀 싸지면 정말 좋겠다. 한국의 물건값이 비싸지 않으면 우리 유학생들이 한국에서 더 즐겁고 행복하게 생활할 수 있을 텐데……

1. 읽고 다음 질문에 대답해 봅시다.

1) 한국은 식비, 교통비, 옷값이 어떤 것 같아요? 무엇이 비싼 것 같아요?
2) 한국의 방값은 어떤 것 같아요? 여러분은 방값으로 얼마나 써요?
3) 한국의 물건값과 여러분 나라의 물건값은 어떻게 달라요?

2. 여러분은 한국의 물건값을 어떻게 생각합니까? 경험을 써 봅시다.

단어 물건값, 유학생, 음식값, 과일값, 고기값, 삼겹살, 교통비, 옷값, 유행에 맞다, 바뀌다, 바겐세일, 집값, 아파트값, 배, 오르다, 문제가 없다, 방세

제13과 이사 〈1〉

준비 이사해 본 적이 있어요? 어디에서 어디로 이사했어요?

학습 목표

- ■ 이사한 경험 이야기하기 ■ 지금 사는 집 소개하기
- ◆ -부터 ◆ -(으)면 안 될까요?

연습 어휘와 문법

1. 그림을 보고 이사와 관련된 단어를 공부해 봅시다.

1) 

2) 

3) 

4) 

5) 

6) 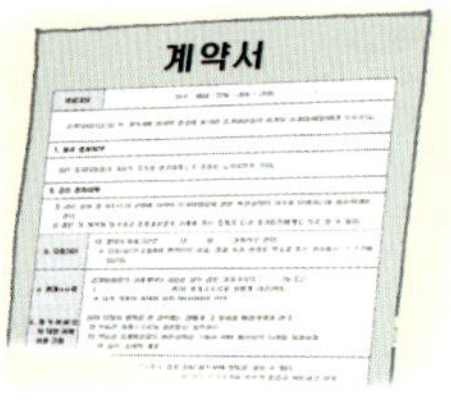

7) 

8) 

㉮ 부동산 소개소	㉯ 이삿짐	㉰ 이삿짐센터	㉱ 이삿짐 트럭
㉲ 계약	㉳ 계약서	㉴ 계약금	㉵ 보증금

2. 이사할 때 무엇부터 해야 할까요? 다음과 같이 대화해 봅시다.

> 가: 이사하려면 무엇부터 해야 되죠? (이사할 집을 찾다)
> 나: 먼저 이사할 집부터 찾아야 되죠.

-부터
(begin) with
(☞ E15 中30 日44 M61)

1) 이사하려면 무엇부터 해야 되죠? (집주인에게 이야기를 하다)
2) 이사할 집을 찾으려면 어디부터 가야 되죠? (부동산 소개소에 가다)
3) 부동산 소개소에 가면 무엇부터 해야 되죠? (방을 보다)
4) 보증금이 있는 방과 없는 방이 있으면 어떻게 해요? (보증금이 없는 방을 보다)
5) 계약을 하려면 무엇부터 준비해야 되죠? (계약금을 준비하다)
6) 이사할 날이 결정되면 무엇부터 해야 되죠? (도와줄 친구를 찾다)
7) 이삿짐이 많으면 어떻게 해야 되죠? (이삿짐센터에 전화를 하다)

3. 다음 장소에서 여러 가지 어려운 부탁을 해 봅시다.

가: 빈 자리가 없는데 옆 자리에 앉으면 안 될까요?
나: 네, 그렇게 하세요.

-(으)면 안 될까요?
Could I V···?
(☞ E 15 中 30 日 44 M 61)

	장소	부탁하는 이유	부탁하는 말
1	식당	빈 자리가 없다	옆 자리에 (앉다)____?
2	교실	오늘 숙제를 못 한다	숙제를 주말에 (하다)____?
3	교실	화장실에 가고 싶다	화장실에 (갔다 오다)____?
4	거리	전화를 꼭 해야 한다	휴대폰 한 번만 (빌려 주다)____?
5	사무실	학생증을 잃어버렸다	다시 (만들어 주다)____?
6	시장	돈이 부족하다	값을 좀 (깎아 주다)____?

4. 다음과 같이 대화하고 어려운 부탁을 해 봅시다.

가: 이삿짐을 좀 싸 주시면 안 될까요?
나: ① 알았어요. 제가 싸 드릴게요.
② 죄송하지만 지금은 안 될 것 같아요.

1) 짐을 싸다

2) 이삿짐 트럭을 부르다

3) 짐을 옮기다

4) 짐을 싣다

5) 짐을 풀다

6) 짐을 정리하다

대화문

제니 : 다음 주에 이사를 해야 하는데, 뭐부터 해야 하지요?
한솔 : 짐이 많으니까 이삿짐센터에 전화부터 하세요.
제니 : 죄송하지만 그날 와서 좀 도와주시면 안 될까요?
한솔 : 걱정하지 마세요. 짐 싸는 것부터 도와 드릴게요.

다음 질문에 대답해 봅시다.

1) 제니 씨는 언제 이사를 할 거예요?
2) 제니 씨는 이삿짐센터에 전화해서 무엇을 할 거예요?
3) 제니 씨는 한솔 씨에게 무엇을 해 달라고 부탁했어요?
4) 한솔 씨는 무엇을 도와주기로 했어요?

대화 내용을 바꿔서 옆 사람과 대화해 봅시다.

다음 주	이삿짐센터에 전화부터	도와주시면 안 될까요?	짐 싸는 것부터

활동 말하기

1. 여러분은 이사해 본 적이 있어요? 다음과 같이 묻고 대답해 봅시다.

1) 한국에서 이사해 본 적이 있었어요?
2) 어디에서 어디로 이사를 했어요?
3) 무엇 때문에 이사를 했어요?
4) 이사할 때 돈이 얼마나 들었어요?
5) 계약서를 누가 썼어요?
6) 계약금을 냈어요? 얼마 냈어요?
7) 이사하기 전에 얼마 동안 짐을 쌌어요?
8) 짐을 풀고 정리할 때 며칠쯤 걸렸어요?

2. 여러분은 어떤 집에 살고 있어요? 여러분의 집 이야기를 해 봅시다.

- ☐ 기숙사
- ☐ 하숙집
- ☐ 고시원
- ☐ 아파트 (전세/월세)
- ☐ 원룸 (전세/월세)
- ☐ 반지하방 (전세/월세)

1) 학교에서 몇 분 거리예요?	2) 지하철역에서 몇 분 거리예요?	3) 몇 층 건물에 몇 층에 있어요?	4) 방세/집세가 얼마예요?
5) 보증금이 있어요? 없어요?	6) 주인이 같이 살아요? 따로 살아요?	7) 좋은 점이 뭐예요?	8) 나쁜 점이 뭐예요?

활동 듣기

1. 다음을 듣고 맞는 것에 ☑ 하십시오.

1) 이사를 할 때 (☐ 싼 방 ☐ 조용한 방)부터 찾을 거다.

2) 이사를 가려고 할 때 (☐ 인터넷부터 ☐ 부동산 소개소부터) 찾는다.

3) 친구가 이사를 오면 (☐ 같이 운동부터 ☐ 집들이부터) 할 거다.

4) 이사를 결정하면 (☐ 이삿짐부터 싼다. ☐ 버릴 물건부터 버린다.)

5) 아침에 일어나면 (☐ 신문부터 보는 ☐ 커피부터 마시는) 습관이 있다.

6) 여러 가지 집안일이 있으면 나는 (☐ 청소부터 ☐ 요리부터) 시작한다.

2. 무엇을 부탁했어요? 다음을 듣고 맞으면 ○, 틀리면 ×표 하십시오.

1) 이삿짐 트럭을 보내 달라고 부탁했는데 보내 주겠다고 했다. (　　)

2) 책상을 옮겨 달라고 부탁했는데 지금 해 줄 수 있다고 했다. (　　)

3) 짐을 실어 달라고 부탁했는데 지금은 안 된다고 했다. (　　)

4) 계약금을 5만 원만 빌려 달라고 부탁했는데 된다고 했다. (　　)

5) 모레 이사하는 날 와 달라고 했는데 올 수 있다고 했다. (　　)

6) 보증금을 깎아 달라고 했는데 주인에게 말해 보겠다고 했다. (　　)

3. 이사하는 날 무엇을 했어요? 다음을 듣고 한 일의 순서를 번호로 쓰십시오.

1	2	3	4	5	6	7
짐 싸기	짐 풀기	짐 싣기	짐 옮기기	짐 정리하기	집 청소하기	쓰레기 버리기

1 – ☐ – ☐ – ☐ – ☐ – ☐ – ☐ – ☐

활동 읽기와 쓰기

이사하는 날

오늘은 이삿날이다. 이삿짐센터의 직원들이 8시까지 오기로 했기 때문에 아침에 일찍 일어났다. 남편과 내가 어젯밤 늦게까지 이삿짐을 다 쌌기 때문에 오늘은 짐을 옮기는 일부터 시작했다. 직원들은 이삿짐을 이삿짐 트럭에 실었다. 남편은 은행에 가서 새 집 주인에게 줄 돈을 찾아왔다. 출발하기 전에 나는 아파트 사무소에 가서 오늘까지 쓴 전기요금과 수도요금, 가스요금을 다 내고 왔다.

새 집에 도착해서 남편은 부동산 소개소에 갔다. 남편은 우리가 이사 가는 집 주인에게 돈을 주고 열쇠를 받아 왔다. 새로 이사 온 집은 크고 깨끗했다. 이삿짐센터 직원들에게 짐을 조심해서 옮겨 달라고 부탁했다. 이삿짐센터 직원들이 가구와 이삿짐을 다 옮겨 주었다. 하지만 이삿짐을 풀고 정리하는 일은 우리가 다 해야 했다.

처음에는 이삿짐센터에서 포장이사를 하라고 했다. 포장이사는 이삿짐센터의 직원들이 많이 와서 짐 싸기, 짐 옮기기, 짐 풀기, 짐 정리까지 다 해 주는 이사를 말한다. 돈이 더 들지만 쉽게 이사를 할 수 있어서 좋을 것 같았다. 하지만 생각보다 비쌌기 때문에 우리는 포장이사가 아니라 그냥 이사를 하기로 결정했다.

이삿짐을 풀고 정리하는 일은 정말 힘도 들고 시간이 많이 걸리는 일이었다. 다음에는 꼭 포장이사를 해야겠다고 결심했다. 짐을 다 풀지 못하고 밤 늦게 우리는 자장면을 시켰다. 배가 고파서 자장면 맛이 꿀맛이었다. 내일도 이삿짐을 정리하고 여기 저기 쓸고 닦아야 할 것 같다. 며칠 동안 힘들 것 같아서 걱정이다.

1. 읽고 다음 질문에 대답해 봅시다.

1) 오늘은 무슨 날입니까? 직원, 남편, 나는 어떤 일을 했어요?
2) 새 집에서 남편과 직원은 어떤 일을 했어요?
3) 이사가 힘들어서 오늘 무슨 생각을 했어요?

2. 여러분도 위의 글처럼 이사에 대한 글을 써 보세요.

단어 이삿날, 이삿짐센터, 남편, 이삿짐, 싸다, 옮기다, 이삿짐 트럭, 싣다, 전기, 수도, 가스, 부동산소개소, 풀다, 정리하다, 포장이사, 꿀맛이다, 쓸다, 닦다

제13과 이사 〈2〉

준비 지금 사는 집이 어때요? 불편한 것은 없어요?

학습 목표

- 이사한 집을 보고 이야기하기
- 집의 문제점 말하기

◆ -네요 ◆ -(으)ㄴ지/는지/-(으)ㄹ지 알다/모르다

연습 어휘와 문법

1. 집을 구경하고 다음과 같이 대화해 봅시다.

> 가: 이 집 어때요? 한 번 들어가서 보시겠어요?
> 나: 네, 집이 생각보다 크네요.

-네요
(exclamatory recognition)
(☞ E15 中30 日45 M61)

1) 창밖에 경치가 아름답다
2) 안방이 크고 거실이 넓다
3) 창문이 커서 방이 아주 밝다
4) 욕실이 좁아서 불편하겠다
5) 제일 위층이어서 여름에 덥겠다
6) 아래층에 가게가 있어서 시끄럽겠다

2. 다음과 같이 짧은 두 문장을 한 문장으로 만들어 봅시다.

> (지금 무슨 생각을 해요? + 알아요?) →
> 가: 제니 씨가 지금 무슨 생각을 하는지 알아요?
> 나: 아니요, 무슨 생각을 하는지 몰라요.

-(으)ㄴ지/는지 알다/모르다
(don't) know if/wh-word S V [present tense]
(☞ E15 中30 日45 M62)

1	____씨가	요즘 무엇 때문에 바빠요? + 알아요?	-(으)ㄴ지
2	____씨가	요즘 왜 기분이 좋아요? + 알아요?	알다/모르다
3	____씨가	집이 어디예요? + 알아요?	-인지
4	____씨가	생일이 언제예요? + 알고 있어요?	알다/모르다
5	____씨가	무슨 음식을 잘 먹어요? + 알아요?	
6	____씨가	시간이 있으면 어디에 가요? + 알아요?	-는지 알다/모르다
7	____씨가	어떤 사람을 좋아해요? + 알고 있어요?	

3. 다음과 같이 짧은 두 문장을 한 문장으로 만들어 봅시다.

(마이클 씨가 어디로 이사했어요? + 알아요?) →

가: 마이클 씨가 어디로 이사했는지 알아요?

나: 아니요, 어디로 이사했는지 몰라요.

-었/았는지/(으)ㄹ지 알다/ 모르다

(don't) know if/wh-word S V[past/future tense]

(☞ E15 中30 日45 M62)

1	무엇 때문에 힘들었어요? + 알아요?	
2	이사하는 날 기분이 왜 나빴어요? + 알아요?	-었/았는지
3	몇 시까지 이삿짐을 쌌어요? + 알아요?	알다/모르다
4	누가 이삿짐을 풀고 정리했어요? + 알아요?	
5	무슨 요일에 이사할 거예요? + 알아요?	
6	언제까지 이사 때문에 바쁠까요? + 알아요	-(으)ㄹ지
7	이사할 때 돈이 얼마나 들까요? + 알아요?	알다/모르다
8	이사하는 날 누가 와서 도와줄 거예요? + 알아요?	

4. 다음과 같이 두 문장을 한 문장으로 만들어 봅시다.

이사하는 날이 (오늘이에요? 내일이에요?) + 모르겠어요.

⇒ 이사하는 날이 오늘인지 내일인지 모르겠어요.

-지 알다/ 모르다
모르겠다
궁금하다
걱정이다

(☞ E15 中30 日45 M62)

1) 집주인 아저씨가 (좋은 사람이에요? 아니에요?) + 잘 모르겠어요.

2) 요즘 집들이 보증금이 (싸요? 비싸요?) + 알고 싶어요.

3) 이사하는 날에 도와줄 사람이 (있어요? 없어요?) + 모르겠어요.

4) 새로 이사한 집이 마음에 (들어요? 안 들어요?) + 궁금해요.

5) 어제 계약을 (했어요? 안 했어요?) + 궁금해요.

6) 이사하는 날에 날씨가 (맑을까요? 흐릴까요?) + 걱정이에요.

대화문

은 영 : 와, 방이 넓고 좋네. 불편한 건 없어?
마이클 : 응, 다 좋은데 방이 좀 추운 것 같아.
은 영 : 보일러가 고장난 것 같은데 집주인에게 고쳐 달라고 해.
마이클 : 아저씨를 만나기가 힘든데 어떻게 연락해야 할지 모르겠어.

다음 질문에 대답해 봅시다.

1) 은영 씨는 마이클 씨의 집을 보고 뭐라고 말했어요?
2) 마이클 씨의 방은 지금 무슨 문제가 있어요?
3) 은영 씨는 마이클 씨한테 집주인에게 무슨 말을 하라고 했어요?

대화 내용을 바꿔서 옆 사람과 대화해 봅시다.

넓고 좋네	추운 것 같아	보일러	아저씨를 만나기가 힘든데	어떻게 연락해야 할지

활동 말하기

1. 친구들의 집이 어떤지 묻고 대답을 써 봅시다.

_______시, (______구)

______동 _______번지

(_____ 아파트 ___동 ___호)

	말해 보세요/ 말해 주세요	
1	주소가 어떻게 되는지	
2	지하철역에서 가까운지 먼지, 교통이 편리한지	
3	물건 사기가 편한지, 백화점이나 시장이 가까운지	
4	집 근처에 병원이나 약국이 있는지	
5	공원이나 운동할 곳이 있는지	
6	급할 때 도와줄 수 있는 친구가 근처에 사는지	
7	집안에 옷장과 침대 같은 가구가 있는지	
8	텔레비전과 냉장고가 있는지	
9	창문이 큰지 작은지	
10	냉방과 난방이 잘 되는지	
11	따뜻한 물이 항상 나오는지	
12	요리를 할 수 있는지 없는지	

2. 여러분의 집에는 어떤 문제들이 있는지 친구들에게 이야기해 봅시다.

- [x] 지하철 역에서 멀다
- [ ] 가게가 멀다
- [ ] 창문이 작다
- [ ] 난방/냉방이 안 된다
- [ ] 옆집의 말소리가 다 들린다
- [ ] 쓰레기 냄새가 많이 난다

우리 집은
지하철역에서 멀기 때문에
많이 걸어야 돼서 불편해요.
또 겨울에 난방이 잘 안 되고
바람이 많이 들어와서 좀 추워요.

활동 듣기

1. 다음을 듣고 맞는 것에 ☑ 하십시오.

1) 이사하는 날이 (☐ 언제인지 ☐ 토요일인지 일요일인지) 몰라요.

2) 그 친구들이 (☐ 누구 친구들인지 ☐ 어느 나라 사람인지) 묻고 싶어요.

3) (☐ 언제 여기로 이사했는지 ☐ 왜 이런 곳으로 이사했는지) 궁금해요.

4) 은영 씨가 (☐ 왔는지 안 왔는지 ☐ 왜 안 왔는지) 모르겠어요.

5) ☐ 열쇠를 주인 아주머니께 받았는지 안 받았는지 모르겠어요.
   ☐ 열쇠가 이삿짐 트럭에 있을지 없을지 몰라서 걱정이에요.

6) ☐ 이사를 한 시까지 끝낼 수 있을지 없을지 모르겠어요.
   ☐ 아르바이트비를 더 줄지 안 줄지 모르겠어요.

2. 어디에 문제가 있어요? 다음을 듣고 맞으면 ○, 틀리면 ×표 하십시오.

1) 창문이 고장났네요. 잘못하면 도둑이 들어오겠네요. (   )

2) 인터넷이 고장났네요. 잘못하면 숙제를 못하겠네요. (   )

3) 너무 시끄러운 집이네요. 집주인한테 말할 필요가 있네요. (   )

4) 화장실 물이 안 내려갔는데 아저씨가 고쳐 주셨네요. (   )

3. 다음 대화를 듣고 소개받은 집의 좋은 점과 나쁜 점을 빈칸에 쓰십시오.

	소개받은 집	좋은 점	나쁜 점
1			
2			
3			

활동 읽기와 쓰기

새 집 찾기

한국에 유학을 와서 처음 1년 동안 나는 학교 기숙사에서 살았다. 기숙사는 무엇보다 기숙사비가 싸서 좋았다. 또 친구들이 많아서 날마다 즐겁게 지낼 수 있었다. 하지만 기숙사는 1년만 살 수 있었기 때문에 여름 방학이 끝나기 전까지 새 집을 찾아야 했다. 나는 무엇부터 해야 할지 몰라서 친구에게 물어 봤다. 친구가 부동산 소개소부터 가 보라고 해서, 나는 오늘 학교 앞에 있는 부동산 소개소에 갔다.

부동산 소개소 아저씨는 처음에 학교 후문 근처 아파트를 하나 소개해 주었는데 그 아파트는 전세였다. 돈이 많지 않은 유학생은 전세로 살기가 힘들다. 그래서 나는 월세방을 소개해 달라고 했다. 아저씨는 학교에서 10분 거리에 좋은 원룸이 하나 있으니까 같이 가 보자고 했다. 그 방은 조용하고 깨끗해서 마음에 들었다. 또 침대와 옷장 같은 가구도 있고, 텔레비전과 냉장고도 있어서 아주 편할 것 같았다. 요리도 해서 먹을 수 있기 때문에 기숙사보다 더 좋을 것 같았다.

방이 마음에 들어서 계약을 하고 싶었지만 보증금이 큰 문제였다. 그 원룸은 월세는 비싸지 않은데 보증금이 조금 비쌌다. 나는 부동산 소개소 아저씨한테 보증금을 깎아 줄 수 있냐고 물어 보았다. 하지만 아저씨는 보증금을 깎으면 월세를 더 내야 한다고 했다. 매달 방세는 별로 비싸지 않으니까 낼 수 있을 것 같은데, 보증금을 준비하려면 부모님께 부탁을 하거나 친구한테 돈을 빌려야 한다. 말을 잘 해야 하는데, 어떻게 말해야 할지 걱정이다. 정말 계약을 할 수 있을지 없을지 잘 모르겠다.

1. 읽고 다음 질문에 대답해 봅시다.

1) 위 사람은 왜 기숙사에서 나와야 해요?
2) 부동산 소개소에서 어떤 방들을 소개했어요?
3) 위 사람은 지금 무엇 때문에 걱정하고 있어요?

2. 여러분은 어떤 곳으로 이사하고 싶어요? 자세히 써 봅시다.

단어: 기숙사비, 부동산 소개소, 후문, 전세, 월세방, 10분 거리, 원룸, 마음에 들다, 옷장, 가구, 계약하다, 보증금, 깎다, 월세, 방세, 별로, 빌리다, 걱정이다

제14과 휴일 〈1〉

준비 휴일에 어디에 가면 좋을까요?

학습 목표

- 계절의 변화 이야기하기
- 휴일에 갈 수 있는 곳을 소개하기
- -이/가 -이/가 되다
- -었/았다가
- 하도 -어/아서

연습 어휘와 문법

1. 계절의 변화를 알아보고 다음과 같이 대화해 봅시다.

가: 벌써 봄이 되었어요.
나: 그래요. 봄이 되어서 날씨가 따뜻하네요.

-이/가 되다
It becomes (Time)
(☞ E16 中31 日45 M62)

1	봄	날씨가 따뜻하다
2		꽃이 많이 피었다
3	여름	날씨가 무덥다
4		소나기가 자주 온다
5	가을	날씨가 선선하다
6		산마다 단풍이 아름답다
7	겨울	날씨가 춥다
8		스키장에 놀러 가는 사람이 많다

2. 다음의 이름이 어떻게 달라졌는지 공부해 봅시다.

-이/가 -이/가 되다
N becomes N′
(☞ E16 中31 日45 M62)

강아지가 큰 개가 되었어요.

① 아이 → 어른
② 강아지 → 개
③ 송아지 → 소
④ 망아지 → 말
⑤ 병아리 → 닭
⑥ 올챙이 → 개구리

3. 다음을 알맞게 연결해서 문장을 완성해 봅시다.

–었/았다가

(nullifying an action)

(☞ E16 中31 日45 M62)

> 극장에 갔다 + 표가 없어서 다시 집에 왔다
> ⇒ 극장에 갔다가 표가 없어서 다시 집에 왔어요.

1) 휴일이어서 공원에 갔다
2) 치마를 샀다
3) 코트를 입었다
4) 창문을 열었다
5) 편지를 썼다
6) 예약을 했다
7) 지갑을 잃어버렸다

㉮ 배가 아파서 그냥 왔다
㉯ 더워서 다시 벗었다
㉰ 바지로 바꿨다
㉱ 마음에 안 들어서 찢었다
㉲ 다시 찾았다
㉳ 추워서 다시 닫았다
㉴ 일이 생겨서 취소했다

4. '하도 –어/아서'를 넣어서 다음과 같이 묻고 대답해 봅시다.

하도 –어/아서

so much Adj that

(☞ E16 中31 日45 M62)

> 가: 왜 놀러 갔다가 일찍 왔어요?
> 나: 하도 복잡해서 그랬어요.

1) 왜 놀러 갔다가 일찍 왔어요? (위험하다, 복잡하다, 사람이 많다……)
2) 왜 숙제를 열심히 안 했어요? (어렵다, 힘들다, 일이 늦게 끝났다……)
3) 왜 그 옷을 샀어요? (싸다, 예쁘다, 사람들이 예쁘다고 했다……)
4) 왜 그 사람을 싫어해요? (시끄럽다, 이상하다, 이상한 말을 하다……)
5) 왜 술을 마셔요? (화가 나다, 기분이 안 좋다, 스트레스가 쌓이다……)
6) 왜 그 사람하고 헤어졌어요? (성격이 안 맞다, 생각이 다르다……)
7) 왜 이사를 했어요? (집이 멀다, 집이 좁다, 교통이 불편하다………)

대화문

한솔 : 왜 집에서 심심하게 텔레비전만 보고 있어요?
제니 : 아침에 도서관에 갔다가 하도 머리가 아파서 그냥 왔어요.
한솔 : 봄이 돼서 날씨도 좋은데 여의도에 꽃구경하러 갑시다.
제니 : 꽃구경요? 와, 재미있겠다. 10분 안에 준비할게요.

다음 질문에 대답해 봅시다.

1) 한솔 씨가 왔을 때 제니 씨는 무엇을 하고 있었어요?
2) 아침에 제니 씨는 어디에 갔다가 왔어요? 왜 그냥 왔어요?
3) 한솔 씨는 왜 여의도에 꽃구경을 가자고 했어요?
4) 제니 씨는 꽃구경을 가고 싶어해요?

대화 내용을 바꿔서 옆 사람과 대화해 봅시다.

텔레비전만 보고	하도 머리가 아파서	여의도에 꽃구경하러	꽃구경요?	10분 안에

활동 말하기

1. 휴일에 지하철을 타고 다음의 장소에 가면 무엇을 할 수 있어요?

1호선
서울역 ☞ 남대문시장 (2번 출구)
용산역 ☞ 용산 전자상가 (1번 출구)

2호선
시청역 ☞ 덕수궁, 미술관 (2번 출구)
강변역 ☞ 테크노마트, 극장 (1번 출구)
잠실역 ☞ 롯데월드 (4번 출구)

3호선
경복궁역 ☞ 경복궁, 박물관 (5번 출구)
안국역 ☞ 인사동, 창덕궁 (6번, 3번 출구)

4호선
혜화역 ☞ 대학로 (2번 출구)
서울대공원역 ☞ 서울대공원 (2번 출구)

5호선
여의나루역 ☞ 한강유람선 (3번 출구)
광화문역 ☞ 교보문고 (3번 출구)

6호선
삼각지역 ☞ 가족공원 (12번 출구)
상암역 ☞ 월드컵경기장 (1번 출구)

2. 위의 지하철 노선도를 보고 다음과 같이 전화해서 약속을 해 봅시다.

가: _____씨, 휴일인데 집에서 뭐 하고 있어요?
나: 컴퓨터를 하고 있어요.
가: 요즘 단풍이 아름답다고 하는데 우리 서울대공원에 놀러 갈까요?
가서 단풍 구경도 하고 동물원에도 가 봅시다.
나: 좋아요. 그런데 서울대공원은 어떻게 가요?
가: 지하철 4호선을 타고 서울대공원역에서 내려서 2번 출구로 나가면 돼요.
나: 그럼 몇 시에 어디에서 만날까요?
가: 10시에 동대문운동장역 3번 출구에서 만납시다.
나: 좋아요. 이따가 봐요.

활동 듣기

1. 대화를 듣고 어디에 가서, 어떤 일이 있었는지 쓰십시오.

	-이/가 되어서	-는데,	-었/았다가	-어/아서	-었/았어요.
1					
2					
3					
4					

2. 다음 대화를 듣고 빈칸에 맞게 쓰십시오.

이태원	교보문고	예술의 전당	북한산

		유명한 곳	지하철 ~호선 ~역 ~번 출구
1	서점		
2	외국 음식점		
3	음악회		
4	산		

3. 다음을 듣고 질문에 대답을 쓰십시오.

1) 이 사람은 일주일 중에서 쉬는 날이 언제예요? ______________________

2) 오늘 이 사람은 친구하고 어디에 갔어요? ______________________

3) 그 곳에서 무엇을 보았어요? (세 가지) ______________________

4) 점심을 어디에서 먹기로 했어요? ______________________

5) 식당에 갔을 때 왜 많이 기다려야 했어요? ______________________

6) 음식을 먹은 후에 어떤 생각을 했어요? ______________________

서울의 유명한 곳 '대학로'

	대학로는 연극의 거리다. 대학로에 가면 극장이 많고 볼 수 있는 연극도 아주 많기 때문이다. 연극은 비싸다는 생각을 버리기 바란다. '사랑의 티켓'을 사면 어떤 연극이든지 30% 할인된 가격으로 볼 수 있다. 또 대학로는 연극과 함께 많은 공연을 볼 수 있다. 사랑하는 연인과 연극이나 공연을 보고 근처의 예쁜 찻집에 가면 멋있는 하루 데이트가 될 것이다.
	닫힌 곳보다 열린 곳을 더 좋아하는 사람들을 위해 '낙산공원'과 '마로니에 공원'을 소개한다. 따뜻한 봄날이 되면 '마로니에 공원'의 벤치에 앉아서 책을 읽거나 거리에서 춤을 추는 젊은 학생들을 구경할 수 있다. 또 많은 돌계단을 걸어서 올라가면 서울 시내를 한 눈에 볼 수 있는 '낙산공원'도 최근에 인기다. 산책이나 운동을 하고 싶은 사람에게 꼭 가 보라고 말하고 싶다.
	대학로에 가 보면 외국인들을 많이 만날 수 있는데 외국 사람에게 유명한 음식점 중에 낙산갈비가 있다. 처음 고기를 입에 넣었을 때 나오는 말 '맛있다!' 이 말을 듣기 위해 주인은 최고급 한우 고기만을 상에 올린다고 한다. 한 번 먹어 보면 하도 맛있어서 또 다시 찾아가는 곳, 그 집이 낙산갈비다.

1. 읽고 다음 질문에 대답해 봅시다.

1) 사람들은 대학로에 무엇을 하러 갑니까?
2) 대학로에서 어떤 곳에 가 보면 좋습니까? 그곳은 왜 인기가 있습니까?

2. 여러분도 그림이나 사진을 붙이고 서울의 유명한 곳을 소개해 봅시다.

단어 대학로, 연극, 티켓, 할인되다, 가격, 공연, 연인, 찻집, 봄날, 벤치, 젊다, 돌계단, 시내, 한 눈에 보다, 최근, 산책, 음식점, 최고급, 한우, 상에 올리다

제14과 휴일 〈2〉

준비 한국의 여러 가지 특별한 날을 알고 있어요?

학습 목표

- ■ 한국의 명절 이야기하기 ■ 한국의 기념일 배우기
- ◆ –어/아 가지고 ◆ –(이)나 ◆ –밖에

연습 어휘와 문법

1. 다음과 같이 '-어/아 가지고'를 써서 한 문장으로 만들어 봅시다.

꽃을 사요.+(그 꽃을) 애인에게 줄 거예요.
⇒ 꽃을 사 가지고 애인에게 줄 거예요.

-어/아 가지고
= -어/아서
with the result of V
(☞ E16 中31 日46 M63)

1	돈을 찾아요. + (그 돈을) 부모님께 드려요.	-어/아 가지고
2	숙제를 해요. + (그 숙제를) 선생님께 내요.	
3	비디오를 빌려요. + (그 비디오를) 동생하고 볼 거예요.	
4	편지를 써요. + (그 편지를) 친구에게 보내요.	
5	김밥을 만들어요. + (만든 김밥을 가지고) 소풍을 가요.	
6	한국어를 배워요. + (한국어를 배워서) 취직할 거예요.	

2. 어제 뭐 했어요? 어제 한 일을 문장을 길게 만들어서 이야기해 봅시다.

가: 어제 뭐 했어?
나: 집에 혼자 있었는데, 하도 심심해 가지고
친구 만나 가지고 영화 봤어.

-어/아 가지고
= -어/아서
so ~ that S V
(☞ E16 中31 日46 M63)

1) 영화를 봤는데 (재미없었다, 무서웠다, 슬펐다, 듣기가 어려웠다……)
2) 시험을 봤는데 (시험을 잘 봤다, 어려웠다, 시간이 부족했다……)
3) 동대문시장에 갔는데 (사람이 많았다, 복잡했다, 많이 걸었다……)
4) 오랜만에 친구를 만났는데 (기분이 좋았다, 술을 많이 마셨다……)
5) 남자/여자를 소개받았는데 (예뻤다/못생겼다, 말이 없었다/많았다……)
6) 회사에서 밤 열 시까지 일했는데 (일이 많았다, 피곤했다, 배가 고팠다……)

3. '-(이)나' 를 사용해서 아래와 같이 대화해 봅시다.

> 가: 우리 집에 방이 많아요.
> 나: 몇 개나 있어요?
> 가: 일곱 개 있어요.
> 나: 와, 일곱 개나 있어요? 정말 크네요.

-(이)나
(quantity more than expected)
(☞ E16 中31 日46 M63)

1) 담배를 많이 피운다 - 하루에 세 갑
2) 한국 노래를 잘 안다 - 스무 곡
3) 남자/여자친구가 많다 - 다섯 명
4) 월급을 많이 받는다 - 500만 원
5) 고양이/강아지를 기른다 - 열 마리
6) 공부를 열심히 한다 - 하루에 여섯 시간

4. '-(이)나' 와 '-밖에' 를 넣어서 말해 보고 서로 다른 의미를 알아봅시다.

> 가: 친구가 늦게 오면 한 시간 기다릴 수 있어요.
> 나: ① 우와~ 한 시간이나 기다려요?
> ② 에이~ 한 시간밖에 안 기다려요?

-밖에
(quantity less than expected)
(☞ E16 中31 日46 M63)

1) 어젯밤에 잠을 여덟 시간 잤어요.
2) 친구하고 소주를 한 병 마셨어요.
3) 숙제를 하는데 한 시간 반 걸렸어요.
4) 한 달에 생활비를 30만 원쯤 써요.
5) 시험을 봤는데 다섯 개 틀렸어요.
6) 지갑에 돈이 이만 원 있어요.
7) 한국 친구가 열 명 있어요.

대화문

은영 : 내일은 어린이날인데, 한솔 씨는 내일 뭐 할 거예요?
한솔 : 제니 씨를 만나 가지고 영화를 보러 가기로 했어요. 은영 씨는요?
은영 : 저는 언니하고 조카 세 명을 데리고 놀이공원에 가야 돼요.
한솔 : 와, 조카가 세 명이나 있어요? 내일 고생이 많겠네요.

다음 질문에 대답해 봅시다.

1) 한솔 씨는 어린이날에 뭘 할 거예요?
2) 은영 씨는 어린이날에 어디에 가야 돼요?
3) 은영 씨는 조카가 몇 명이나 있어요?

대화 내용을 바꿔서 옆 사람과 대화해 봅시다.

어린이날	만나 가지고	영화를 보러 가기로	조카 세 명을 데리고	놀이 공원

활동 말하기

1. 한국에 있는 특별한 날에 대해서 다음과 같이 묻고 대답해 봅시다.

1. 어린이날	1) 이 날은 어떤 날이에요?
2. 어버이날	2) 몇 월 며칠이에요?
3. 스승의 날	3) 공휴일이에요?
4. 설날	4) 이날 사람들이 무엇을 해요?
5. 추석	5) 여러분 나라에도 이 날이 있어요?

	의미	날짜	공휴일 (○, ×)
1	어린이를 위한 날	5월 5일	○ (하루)
2	부모님께 감사하는 날	5월 8일	×
3	선생님께 감사하는 날	5월 15일	×
4	한 해의 시작을 축하하는 날	음력 1월 1일	○ (사흘 연휴)
5	한 해의 농사에 감사하는 날	음력 8월 15일	○ (사흘 연휴)

2. 여러분 나라의 명절이나 특별한 축제날을 쓰고 친구들에게 소개해 봅시다.

명절/축제 이름	
날짜	
공휴일 (○, ×)	

1) 그 날은 무슨 날이에요?
2) 언제예요?
3) 어떤 행사가 있어요?
4) 무슨 음식을 먹어요?
5) 여러분은 그날 뭐 했어요?

–어/아 가지고

활동 듣기

1. 다음 대화를 듣고 맞는 것에 ☑ 하십시오.

1) 시험이 (☐ 이틀이나 남았어요. ☐ 이틀밖에 남지 않았어요.)

2) 돈을 (☐ 만 원이나 가지고 있어요. ☐ 만 원밖에 안 가지고 있어요.)

3) 형제가 (☐ 다섯 명이나 있어요. ☐ 다섯 명밖에 없어요.)

4) 남자친구가 나를 (☐ 삼십 분이나 기다렸어요. ☐ 삼십 분밖에 안 기다렸어요.)

5) 친구가 월급을 (☐ 300만 원이나 받아요. ☐ 300만 원밖에 못 받아요.)

6) 그저께 소주를 (☐ 두 병이나 마셨어요. ☐ 두 병밖에 안 마셨어요.)

2. 다음을 듣고 맞으면 ○, 틀리면 ×표 하십시오.

1) 5월 첫째 일요일에 친구를 만나 가지고 같이 한강공원에 갔다. (　　)

2) 한강공원은 예뻤지만 날씨가 여름처럼 더워 가지고 힘들었다. (　　)

3) 식당에 갔는데 하도 멀어 가지고 많이 걸어서 다리가 아팠다. (　　)

4) 식당에서 비빔밥이 하도 맛이 없어 가지고 조금밖에 안 먹었다. (　　)

5) 집에 오다가 비디오가게에 들러서 비디오를 빌려 가지고 왔다. (　　)

6) 누워 가지고 비디오를 보는데 하도 재미있어 가지고 많이 웃었다. (　　)

3. 다음 대화를 듣고 무슨 날에 대한 이야기인지 쓰십시오.

	이 날은 무슨 날이에요?	몇 월 며칠입니까?	무엇을 합니까?
1			
2			
3			

활동 읽기와 쓰기

한국의 명절

설날과 추석은 한국의 제일 큰 명절이다. 설날은 음력 1월 1일인데, 한 해가 시작되는 것을 축하하는 명절이다. 한국 사람들은 설날 전날부터 다음날까지 사흘 동안 쉬는데 보통 이 설날 연휴에는 가족들과 함께 즐겁게 지낸다.

설날 아침에는 한복을 입고 어른들께 세배를 한다. 세배를 할 때 "새해 복 많이 받으세요."라고 말한다. 아이들이 세배를 하면 어른들은 세뱃돈을 준다. 세배를 한 후에 가족들은 다 모여서 떡국을 먹는다. 한국 사람들은 설날 아침에 떡국 한 그릇을 먹으면 나이 한 살을 더 먹는다고 생각한다.

추석은 음력 8월 15일인데, 일 년 동안 열심히 일해서 곡식과 과일을 얻은 것에 감사하는 명절이다. 가을의 한가운데 있기 때문에 날씨가 덥지도 않고 춥지도 않고 아주 좋다. 추석에도 추석 연휴가 있어서, 설날처럼 사흘 동안 쉰다.

추석에 먹는 음식은 송편이라고 하는 떡이다. 집집마다 가족들이 모여 가지고 송편을 만든다. 송편을 예쁘게 만들면 예쁜 딸을 낳는다는 말이 있기 때문에 모두들 예쁘게 만들기 위해서 노력한다. 추석날 밤에는 보름달이 뜨는데 날씨가 맑으면 어디에서든지 큰 보름달을 볼 수 있다.

설날과 추석 연휴에는 많은 한국 사람들이 고향에 간다. 보통 때 다섯 시간밖에 안 걸리는 부산이 이 때는 길이 막혀 가지고 열두 시간이나 걸릴 때도 있다. 하지만 화를 내는 사람은 한 사람도 없다. 보고 싶은 가족을 만나러 가기 때문이다. 설날과 추석은 오랜만에 모든 가족들이 한 자리에 모이는 날이다. 반가운 얼굴들을 만나 가지고 사랑과 기쁨을 함께 하는 행복한 날이다.

1. 읽고 다음 질문에 대답해 봅시다.

1) 설날은 어떤 날입니까? 설날에는 무엇을 하고 무엇을 먹어요?
2) 추석은 어떤 날입니까? 추석에는 무엇을 하고 무엇을 먹어요?
3) 명절은 왜 중요한 날이에요?

2. 여러분 나라의 명절을 소개하는 글을 써 봅시다.

단어 명절, 설날, 추석, 음력, 전날, 연휴, 함께, 세배하다, 복, 세뱃돈, 떡국, 그릇, 나이를 먹다, 곡식, 얻다, 한가운데, 송편, 노력하다, 보름달, 뜨다, 길이 막히다

제15과 공항 〈1〉

준비 공항에서 사람들이 지금 무슨 일을 하고 있어요?

학습 목표

- ■ 공항에서 하는 일 말하기
- ■ 부분적인 긍정과 부정 표현하기
- ◆ -기는 하지만/-기는 -지만
- ◆ -((으)ㄹ) 뿐이다

연습 어휘와 문법

1. 다음과 같이 묻고 대답해 봅시다.

> 가: 인천공항이 넓지요?
> 나: ① 넓기는 하지만 멀어서 불편해요.
> ② 넓기는 넓지만 멀어서 불편해요.

① -기는 하지만
② -기는 -지만
(affirming and denying partially)
[present tense]
(☞ E17 中32 日46 M63)

1) 한국어 공부를 열심히 하지요? (열심히 하다 + 잘 못한다……)

2) 생선 매운탕이 맛있지요? (맛있다 + 좀 맵다, 뜨겁다……)

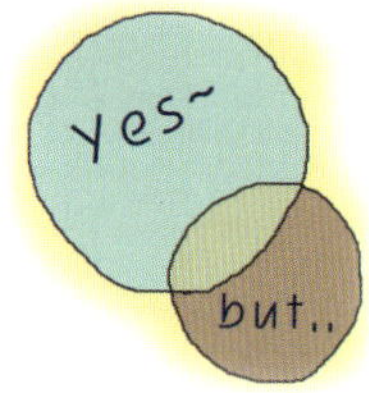

3) 한국 친구가 많지요? (많다 + 바빠서 만날 수 없다……)

4) 한국 생활이 재미있지요? (재미있다 + 힘들다, 불편하다……)

5) 여자친구가 있어서 좋지요? (좋다 + 자주 싸운다, 한국에 없다……)

6) 이번 방학에 고향에 가고 싶지요? (가고 싶다 + 표가 없다, 비싸다……)

2. 알맞게 연결한 후에 다음과 같이 대화해 봅시다.

> 가: 비행기표는 잘 예매했지요?
> 나: ① 예매하기는 했지만 다시 취소했어요.
> ② 예매하기는 예매했지만 다시 취소했어요.

① -기는 했지만
② -기는-었/았지만
(affirming and denying partially)
[past tense]
(☞ E17 中32 日46 M63)

1) 비행기표를 예매했다 ――――――	㉮ 다시 취소했다
2) 여권을 잃어버렸다	㉯ 3개월 더 연장했다
3) 학생 비자가 끝났다	㉰ 대사관에 가서 다시 만들었다
4) 가방을 잘 부쳤다	㉱ 가방이 무거워서 고생했다
5) 탑승구를 잘 찾았다	㉲ 안 사고 그냥 구경만 했다
6) 면세점에 들렀다	㉳ 늦어서 비행기를 못 탔다

3. 다음 표를 보고 '-뿐이다'를 넣어서 아래와 같이 말해 봅시다.

> 가: 만들 수 있는 한국 요리가 있어요?
> 나: 제가 만들 수 있는 한국 요리는 라면뿐이에요.

-뿐이다
only N
(☞ E17 中32 日46 M64)

1) 만들 수 있는 한국 요리	2) 지금 가고 싶은 곳	3) 지금 필요한 물건
4) 요즘 좋아하는 노래	5) 요즘 재미있게 보는 드라마	6) 이 세상에서 제일 사랑하는 사람
7) 잘하고 좋아하는 운동	8) 지금까지 읽은 한국어 책	9) 한국에서 만나고 싶은 영화배우

4. '-(으)ㄹ 뿐이다'를 넣어서 다음과 같이 대화해 봅시다.

> 가: 왜 밥을 안 먹어? 비행기 음식이 맛이 없어서 그래?
> 나: 아니야, 그냥 밥맛이 좀 없을 뿐이야.

-(으)ㄹ 뿐이다
only V
(☞ E17 中32 日46 M64)

1) 너는 왜 그 여행사만 이용해? 혹시 좋아하는 사람이 있어? (가까워서 이용한다)
2) 얼굴이 왜 그래? 너 무서워서 그래? (비행기 소리가 좀 시끄럽다)
3) 아까 면세점에서 물건 많이 샀지? (시간이 좀 남아서 구경했다)
4) 왜 비행기표를 취소했어? 여행 안 갈 거야? (여행 날짜가 바뀌었다)
5) 비행기에서 영화를 왜 그렇게 열심히 봤어? 재미있었어? (심심해서 봤다)
6) 그 승무원하고 무슨 이야기를 했어? 아는 사람이야? (시간을 물어 봤다)
7) 비행기에서 왜 술을 많이 마셨어? 술이 그렇게 좋아? (공짜여서 마셨다)

대화문

직원 : 어서 오세요. 뭘 도와 드릴까요?
한솔 : 제주행 여섯 시 비행기표를 예매했는데, 더 빨리 갈 수 없을까요?
직원 : 다섯 시 비행기에 좌석이 있기는 하지만, 비즈니스석뿐이에요.
한솔 : 비즈니스석이 편하기는 하지만 요금이 비쌀 텐데……. 아, 어떻게 하지?

다음 질문에 대답해 봅시다.

1) 한솔 씨가 예매한 비행기표는 어떤 거예요?
2) 한솔 씨는 좀 더 빨리 가고 싶은데, 비행기표가 있어요?
3) 한솔 씨가 지금 왜 고민하고 있어요?

대화 내용을 바꿔서 옆 사람과 대화해 봅시다.

제주행 여섯 시	더 빨리	다섯 시 비행기	비즈니스석	편하기는 하지만

활동 말하기

1. 다음을 넣어서 공항에서 생긴 일들을 이야기해 봅시다.

-기는 -지만	-기는 -었/았지만	-(으)ㄹ 뿐이다

1. 예약/ 예매하다가	2. 수속을 하다가	3. 비행기를 기다리다가
국내선 vs. 국제선 왕복 vs. 편도 예약하다 vs. 표를 끊다	비행기표 여권/비자 입국 vs. 출국 입국수속 vs. 출국수속 수하물	탑승하다 탑승수속 탑승구 면세점 환전

2. 전화로 비행기표를 예매해 봅시다.

직원: 안녕하세요? 국제선 김은영입니다.
손님: 도쿄행 비행기표를 한 장 예매하려고 하는데요.
직원: 언제 가십니까?
손님: 8월 15일 오전에 가려고 하는데요.
직원: 오전 10시에 비행기가 있기는 하지만 좌석이 없습니다.
손님: 그럼 다음 날에는 좌석이 있어요?
직원: 네, 8월 16일 10시 비행기에는 좌석이 있는데 예약하시겠어요?
손님: 네, 그걸로 예약해 주세요.
직원: 왕복으로 예약하시겠어요? 돌아오실 날짜는 언제십니까?
손님: 8월 27일에 돌아오려고 하는데 오후에 비행기가 있어요?
직원: 네, 8월 27일 오후 3시에 출발하는 비행기가 있습니다. 예약하시려면 영문 성함을 정확하게 말씀해 주시기 바랍니다.
손님: 그런데 비행기표는 언제까지 예매해야 돼요?
직원: 8월 9일 5시까지는 예매하셔야 됩니다. 그 때까지 표를 끊지 않으시면 예약이 취소됩니다.

1. **다음 대화를 듣고 맞는 것에 ☑ 하십시오.**

1	☐ 내렸다	☐ 안 내렸다	☐ 한 시간 기다렸다	☐ 열 시간 기다렸다
2	☐ 찾았다	☐ 못 찾았다	☐ 화가 났다	☐ 기분이 좀 안 좋다
3	☐ 늦게 나왔다	☐ 일찍 나왔다	☐ 걱정이 있다	☐ 조금 정신이 없다
4	☐ 놀고 싶다	☐ 놀기 싫다	☐ 많이 마셨다	☐ 한 잔만 마셨다
5	☐ 만났다	☐ 안 만났다	☐ 사귄다	☐ 한 번만 만났다

2. **이 학생은 어떤 학생이에요? 다음을 넣어서 빈칸에 맞게 쓰십시오.**

	① -기는 -지만 ② -기는 -었/았지만	① -(으)ㄹ 뿐이다 ② -었/았을 뿐이다
1	학교에 날마다 오기는 왔지만	
2	교실에 앉아서 공부하기는 공부하지만	
3	숙제를 해 가지고 내기는 냈지만	
4	시험 때에는 도서관에 가기는 가지만	

3. **다음 대화를 듣고 맞으면 ○, 틀리면 ×표 하십시오.**

1) 이 손님은 7월 12일 뉴욕행 비행기표를 예매하려고 전화했다. ( )

2) 7월과 8월에는 여행객이 많아서 비행기표를 예매하기가 쉽다. ( )

3) 7월 11일 비행기는 일본에 들렀다가 가기 때문에 요금이 싸다. ( )

4) 7월 11일에 좌석이 있는 비행기는 오전 여덟 시 비행기뿐이다. ( )

5) 이 손님은 비행기표를 왕복으로 끊어 달라고 말했다. ( )

비행기표 예매

2007년 10월 20일 금요일 날씨: 흐림

이번 학기도 이제 며칠밖에 남지 않았다. 나와 친한 친구 두 명은 방학을 하면 제주도에 가기로 약속했었다. 내가 왕복 비행기표를 예매하기로 했기 때문에 오후에 시청역 근처에 있는 한국항공 사무실에 갔다.

나는 국내선 담당 직원에게 금요일 밤 제주행 비행기표 세 장을 예매할 수 있냐고 물었다. 직원은 이번 주 금요일은 오후 여섯 시 이후에 표가 한 장도 없다고 했다. 그래서 나는 토요일 오전 여덟 시 삼십 분 비행기표를 달라고 했다. 그런데 일반석에 좌석이 있기는 했지만 부족했다. 세 장을 예매해야 하는데 남은 자리는 두 석뿐이었다. 직원은 한 장은 비즈니스 석으로 끊으라고 했다. 하지만 비행기 요금이 너무 비쌌다.

친구들한테 전화해서 그 이야기를 했다. 친구들은 그냥 그 다음 비행기로 예매하라고 했다. 나는 할 수 없이 그 다음 아홉 시 삼십 분 비행기표로 예매했다. 제주도에 조금 더 빨리 가고 싶었지만 할 수 없었다. 내가 예매를 늦게 했기 때문에 화를 낼 수도 없었다.

돌아오는 비행기표는 문제가 없었다. 일요일 밤 제주발 김포행 아홉 시 제일 마지막 비행기표로 예매했다. 직원은 출발 시간 삼십 분 전에 나와서 탑승수속을 해야 한다고 다시 한 번 확인해 주었다.

이제 시험공부를 열심히 해 가지고 기말시험을 잘 보기만 하면 된다. 하지만 제주도에 갈 생각 때문에 너무 신나서 공부가 잘 안 될 것 같아서 걱정이다.

1. 읽고 다음 질문에 대답해 봅시다.

1) 이 사람은 오늘 어떤 비행기표를 예매했어요?

2) 이 사람의 서울-제주 왕복 비행기의 출발과 도착 시간을 말해 봅시다.

2. 여러분은 비행기표를 예매할 때 무슨 일이 있었습니까? 써 봅시다.

단어 이제, 남다, 왕복, 항공, 국내선, 담당, 행, 이후, 일반석, 좌석, 비즈니스석, 표를 끊다, 발, 마지막, 탑승수속, 확인하다

제15과 공항 〈2〉

준비 출국하는 친구를 도와주러 공항에 가 본 일이 있어요?

학습 목표

- ■ 헤어질 때 감사 표현하기
- ■ 두 가지 좋은 점과 나쁜 점 말하기
- ◆ -((으)ㄹ) 뿐만 아니라 -도
- ◆ -((으)ㄴ) 덕분에

연습

어휘와 문법

1. 다음을 넣어서 친구와 묻고 대답해 봅시다.

> 가: 김포공항에는 국내선만 있지요?
> 나: 아니요, 국내선뿐만 아니라 국제선도 있어요.

-뿐만 아니라 -도
not only N1 but also N2
(☞ E17 中32 日47 M64)

	-만 -지요?	-뿐만 아니라	-도
1	김포공항에는 국내선만 있지요?	국내선	국제선
2	보통 인천공항만 자주 이용하지요?	인천공항	김포공항
3	보통 대한항공만 타지요?	대한항공	아시아나항공
4	비행기 탈 때 여권만 준비하면 되죠?	여권	비행기표
5	비행기 타기 전에 출국수속만 하면 되죠?	출국수속	환전
6	이번 유럽여행에서 프랑스에만 갈 거죠?	프랑스	영국

2. '-(으)ㄹ 뿐만 아니라'를 넣어서 두 가지 좋은 점과 나쁜 점을 말해 봅시다.

> 인천공항은 넓을 뿐만 아니라 정말 깨끗해서 좋아요.

-(으)ㄹ 뿐만 아니라 -도
not only V1 but also V2
(☞ E17 中32 日47 M64)

1) 인천공항 vs. 김포공항	2) 비행기 여행 vs. 기차 여행
3) 비즈니스석 vs. 일반석	4) 공항 면세점 vs. 백화점
5) 유학 생활 vs. 고향 생활	6) 도시 생활 vs. 시골 생활

3. '~ 때문에' 와 '~ 덕분에' 를 사용하여 대화해 봅시다.

> 가: 공항에서 잃어버린 가방을 어떻게 찾았어요?
> 나: ① 어떤 승무원 덕분에 찾을 수 있었어요.
> ② 어떤 승무원 덕분이에요.

~ 덕분에
thanks to N
(☞ E 17 中 32 日 47 M 64)

1) 한국에서 어려운 일이 있었어요? 무엇 때문이었어요?
2) 한국 문화를 어떻게 해서 많이 알아요? 누구 덕분이에요?
3) 한국 생활이 누구 덕분에 즐거웠어요? 누구 때문에 힘들었어요?
4) 한국에 어떻게 해서 유학을 왔어요? 누구 덕분에 올 수 있었어요?
5) 아르바이트를 해 본 적이 있어요? 누구 덕분에 그 일을 찾을 수 있었어요?
6) 한국말을 잘 하시는데, 한국어 공부를 어떻게 잘할 수 있었어요?

4. '-(으)ㄴ 덕분에' 를 넣어서 다음과 같이 대화해 봅시다.

> 가: 출국수속은 잘 끝났어? 걱정하고 있었는데…….
> 나: ① 응, 친구가 도와준 덕분에 잘 했어.
> ② 응, 다 친구가 도와준 덕분이야.

-(으)ㄴ 덕분에
by virtue that
S V[past]
(☞ E 17 中 32 日 47 M 64)

1) 친구가 도와줘서 ————————	㉮ 출국수속이 잘 끝났다
2) 공항버스가 빨리 와서	㉯ 한국 비자를 쉽게 받았다
3) 비즈니스석을 예매해서	㉰ 출발 시간에 늦지 않았다
4) 서류를 잘 준비해서	㉱ 비행기에서 편안하게 왔다
5) 공항 면세점이 할인을 해서	㉲ 한양대학교까지 잘 왔다
6) 선배가 공항에 나와 줘서	㉳ 선물을 싸게 살 수 있었다

대화문

은 영 : 그동안 한국 생활이 어땠어요? 즐거웠죠?

마이클 : 네, 한국말도 많이 배웠을 뿐만 아니라 친구들도 많이 사귀어서 좋았어요.

은 영 : 하하하, 마이클 씨도 처음에는 한국말로 인사도 할 줄 몰랐죠.

마이클 : 다 선생님하고 친구들 덕분이에요. 모두에게 안부 전해 주세요.

다음 질문에 대답해 봅시다.

1) 마이클 씨는 그동안 한국 생활이 어땠다고 했어요?
2) 은영 씨는 무슨 생각이 나서 갑자기 웃었어요?
3) 마이클 씨는 지금 누구에게 감사하고 있어요?
4) 마이클 씨는 은영 씨에게 뭘 해 달라고 부탁했어요?

대화 내용을 바꿔서 옆 사람과 대화해 봅시다.

한국말도 배웠을 뿐만 아니라	친구도 사귀어서 좋았어요	인사도 할 줄	선생님하고 친구들

활동 말하기

1. 도움을 준 사람들에게 다음과 같이 고마운 마음을 표현해 봅시다.

-이/가/께서 -어/아 준/주신 덕분에	-(으)ㄹ 수 있었다
가르쳐 주다, 도와주다, 말해 주다, 빌려 주다, 사 주다, 만들어 주다	학교에 잘 다니다, 공부를 잘 하다……

고마운 사람은 한솔 씨입니다.
한솔 씨는 저를 위해서 한국말도 가르쳐 주었을 뿐만 아니라
한국 친구도 많이 소개해 주었습니다.
한솔 씨가 도와준 덕분에 저는 한국생활을 잘할 수 있었습니다.
한솔 씨에게 진심으로 감사드립니다.

2. 다음을 넣어서 지금까지의 유학 경험을 이야기해 봅시다.

-(으)ㄹ 뿐만 아니라	~ 덕분에

1	한국 음식이 어때요?
2	한국에서 물건 사기가 어땠어요?
3	한국에서 방을 구하기가 어땠어요?
4	한국 사람들이 어떤 것 같아요?
5	한국에서 살 때 무엇이 좋았어요?
6	한국에서 살 때 무엇이 불편했어요?
7	한양대학교에서 공부하는 것이 어땠어요?
8	한국어 시험이 어땠어요?

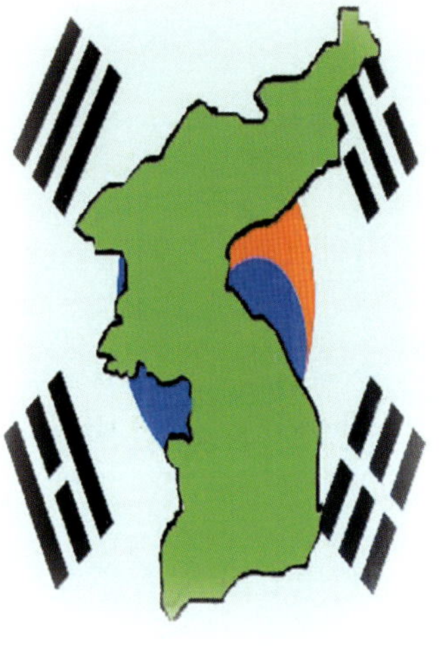

활동 듣기

1. 다음 대화를 듣고 빈칸에 알맞은 답을 쓰십시오.

1	비즈니스석이 좋은 이유	①
		②
2	여자친구가 없는 이유	①
		②
3	비행기가 출발할 수 없는 이유	①
		②
4	비행기에서 하면 안 되는 것	①
		②

2. 다음 대화를 듣고 맞으면 ○, 틀리면 ×표 하십시오.

1) 유코는 비행기 출발 두 시간 전에 공항에 도착했다. (　　)
2) 유코는 지금 출국수속뿐만 아니라 환전도 해야 한다. (　　)
3) 유코는 도쿄행 오전 열 시 비행기에 탑승하려고 한다. (　　)
4) 유코는 은영이 덕분에 한국 여행을 편하게 해서 고마워한다. (　　)

3. 다음을 듣고 맞게 연결하십시오.

1	한솔 씨 덕분에 ·	·	① 성격이 밝아졌다
		·	② 발음이 좋아졌다
2	선생님 덕분에 ·	·	③ 하숙집을 구했다
		·	④ 한국 문화를 많이 배웠다
3	제니 씨 덕분에 ·	·	⑤ 한국 친구를 많이 사귀었다
		·	⑥ 생각이 깊어졌다

인천 국제공항에서

오늘은 그동안의 한국 유학 생활을 모두 끝내고 한국을 떠나는 날이다. 비행기 출발 시간보다 두 시간이나 일찍 공항에 나와서 출국수속을 모두 끝냈다. 송별회에서 한국 친구들에게서 받은 선물과 가족들에게 줄 선물 때문에 생각보다 짐이 많았다. 친구들은 새벽부터 일어나서 공항에 따라와 짐을 부치는 일을 도와주었다. 그리고 비행기를 타러 들어갈 때도 보이지 않을 때까지 손을 흔들어 주었다.

일 년 전쯤 처음 인천공항에 도착했을 때가 생각났다. 한국은 내가 태어난 후 가장 멀리 여행을 온 나라였다. 그리고 한글은 한 글자도 읽을 줄 몰랐다. 학교 선배가 공항에 나오지 않았으면 나는 울 뻔했다. 그리고 어학원에서 선생님과 친구들을 만나기 전까지 앞으로 어떻게 외국 생활을 할 수 있을지 걱정만 했다.

그러나 지금 생각하면 그것은 정말 필요없는 걱정이었다. 선생님은 한국어를 가르쳐 주셨을 뿐만 아니라 한국 생활을 하는 동안에 여러 가지 일들을 도와주셨다. 한국 친구들하고 아주 재미있게 지내서 고향 생각을 할 시간이 없었다. 선생님과 친구들 덕분에 나는 일 년 동안 정말 즐겁고 행복했다. 아마 영원히 잊을 수 없는 추억이 될 것이다.

이제 십 분 후에는 비행기가 출발한다. 미국에 돌아가면 한국이 많이 그리울 것 같다. 한국에서 만난 사람들과 학교 앞 거리, 음식, 가게들도 모두 그리울 것이다. 이제 한국은 나에게 제 2의 고향이 되었으니까.

"선생님과 친구 여러분, 정말 감사합니다. 다음에 만날 때까지 건강하고 행복하시기 바랍니다."

1. 읽고 다음 질문에 대답해 봅시다.

1) 마이클 씨가 처음 한국에 왔을 때 걱정한 것은 무엇이었어요?

2) 한국을 떠나기 전에 누구에게 감사하고 있어요? 왜 고마워해요?

2. 위의 글처럼 유학 생활에서 감사의 글을 써 봅시다.

단어 국제공항, 끝내다, 떠나다, 출국수속, 송별회, 짐, 새벽, 따라오다, 손을 흔들다, 멀리, 한글, 글자, 영원히, 추억, 그립다, 거리, 제 2의 고향

한국의 명절

설날의 세배

추석의 강강술래 춤

출처: 최옥자 닥종이 인형집 〈정겨운 사람들〉

한국의 명절음식

설날 떡국

추석 송편

명절 차례상

듣기 지문

제1과 소개 〈1〉

1. 다음 대화를 듣고 맞는 것에 ☑ 하십시오.

1) 가 : 안녕하세요? 처음 뵙겠습니다. 저는 제니예요.
나 : 네, 안녕하세요? 저는 요코예요. 만나서 반가워요.
가 : 요코 씨는 언제 한국에 오셨어요?
나 : 저는 사흘 전에 한국에 왔어요.
가 : 그럼, 지금 어디에 살아요?
나 : 사흘 동안 친구 집에 있었는데 오늘부터 하숙집에서 살 거예요.

2) 가 : 선생님, 저는 프랑스에서 온 조셉입니다. 앞으로 잘 부탁합니다.
나 : 네, 어서 오세요. 그런데 조셉 씨는 오늘 왜 학교에 늦었어요?
가 : 죄송합니다, 선생님. 집에서 20분 전에 나왔는데 버스가 안 와서 버스 정류장에서 20분 동안 기다렸어요.

3) 가 : 마이클 씨는 미국 사람이죠?
나 : 네, 저는 미국 뉴욕에서 왔어요.
가 : 이번 학기에 한국에 처음 왔어요?
나 : 아니요. 삼 년 전에 한국에 여행을 와서 세 달 동안 있었어요.
가 : 세 달 동안 무엇을 했어요?
나 : 한국에서 여기저기 많이 여행했어요.

4) 가 : 선생님, 저는 올가입니다. 앞으로 잘 부탁드립니다.
나 : 네, 올가 씨. 이번 학기에 같이 열심히 공부합시다. 올가 씨는 언제부터 한국말을 배웠어요?
가 : 저는 대학교에서 2년 동안 한국말을 배웠어요. 하지만 2년 전에 대학교를 졸업하고 한국말을 쓰지 않아서 많이 잊어버렸어요.
나 : 이번 학기부터 열심히 공부하면 다시 잘할 수 있을 거예요.

5) 가 : 왕정 씨는 한국 친구들이 많이 있어요?
나 : 네, 한국에 오기 전에는 한국 친구가 없었는데 한국에 사는 동안 많이 사귀었어요.
가 : 저는 이번 학기에 한국에 처음 와서 아직 한국 친구가 없는데 왕정 씨가 소개해 줄 수 있어요?
나 : 알았어요. 오늘 수업이 끝나면 제 친구들을 소개해 줄게요.

6) 가 : 제니 씨, 왜 이렇게 늦었어요? 빨리 수업에 가야 하는데…….
나 : 많이 기다렸지요? 마이클 씨. 미안해요. 그런데 교과서는 샀어요?
가 : 네, 아까 제니 씨 기다리는 동안 서점에 가서 샀어요.
나 : 수업 시작하기 전까지 시간이 10분 있는데, 커피 마시러 갈까요?
가 : 괜찮아요. 제니 씨가 오기 전에 커피도 다 마셨어요. 빨리 가요.
나 : 그래요? 그럼, 교실로 갑시다.

2. 다음 대화를 듣고 맞게 연결하십시오.

가 : 안녕하세요? 저는 일본에서 온 요코예요. 이번 학기에 처음 한양대학교에 왔어요. 앞으로 잘 부탁합니다.
나 : 네, 안녕하세요? 마이클이에요. 저는 지난 학기에도 한양대학교에서 공부했어요. 요코 씨는 한국에 처음 왔어요?
가 : 네, 처음이에요. 하지만 한국에 오기 전에 대학교에서 한국말을 조금 배웠어요. 마이클 씨는 얼마 동안 한국말을 공부했어요?
나 : 저는 6개월 동안 한국말을 배웠어요.
가 : 6개월요? 그럼 마이클 씨는 한국말을 잘하겠군요.
나 : 아니에요. 그동안 말하기를 많이 안 해서 지금도 잘 못해요. 이번 학기에 말하기를 많이 연습해야 해요.
가 : 저는 듣기가 어려워서 듣기를 많이 연습하고 싶어요. 아, 그런데 한국어 숙제는 매일 있어요?
나 : 네, 매일 숙제가 많아요. 숙제하려면 시간이 많이 걸려요.
가 : 마이클 씨는 숙제를 몇 시간 동안 하는데요?
나 : 저는 저녁 10시부터 시작해서 잠자기 전까지 숙제를 하는데 보통 두 시간쯤 걸려요.
가 : 두 시간 동안요? 숙제를 그렇게 오랫동안 해요? 저는 아까 수업 끝나고 숙제를 했는데 한 시간 걸렸어요.
나 : 그래요? 요코 씨는 쓰기를 잘하는군요. 앞으로 많이 도와주세요.

3. 다음을 듣고 질문에 대답을 쓰십시오.

오늘은 학기가 시작되는 첫날이었습니다. 우리는 오전 아홉 시부터 오후 한 시까지 네 시간 동안 한국어를 공부했습니다. 공부를 시작하기 전에 모두 자기소개를 했습니다.

이번 학기 우리 반에는 지난 학기에 같이 공부한 친구도 있고 이번 학기에 새로 온 친구도 있습니다. 중국과 일본에서 온 친구들이 새로 온 친구입니다. 머리가 긴 여자친구는 중국에서 왔는데 키도 크고 얼굴도 예쁩니다. 까만 모자를 쓴 남자친구는 일본에서 왔습니다. 이번 학기에 처음 한국에 왔지만 한국에 오기 전에 한국말을 배워서 자기소개를 아주 잘했습니다. 모두 좋은 친구들입니다.

우리 선생님은 안경을 쓴 여자 선생님인데 친절하고 재미있는 분입니다. 공부하는 동안 우리 모두 즐거웠습니다. 선생님도 친구들도 다 좋아서 하루 동안 기분이 좋았습니다.

제1과 소개 〈2〉

1. 다음 대화를 듣고 맞는 것에 ☑ 하십시오.

1) 가 : 마이클 씨, 점심 먹었어요?
나 : 네, 한 시간 전에 선생님하고 같이 먹었어요.
가 : 근데 선생님은 어디 계세요?
나 : 조금 전에 가셨어요. 한 시간 후부터 다른 수업이 있으세요.

2) 가 : 한솔 씨, 할아버지께서 아직도 병원에 계세요?
나 : 이틀 전까지도 계속 병원에 계셨는데 어제 집에 오

셨어요.
가 : 그럼, 앞으로는 병원에 안 가셔도 돼요?
나 : 아니요, 내일까지만 집에 계시고 이틀 후에 다시 병원에 가셔야 해요.
가 : 부모님께서 걱정을 많이 하시겠군요.

3) 가 : 제니 씨 부모님께서는 언제 한국에 오셨어요?
나 : 사흘 전에 오셨어요.
가 : 부모님께서 사흘 동안 뭐 하셨어요?
나 : 저하고 같이 서울 구경도 하시고 한국 음식도 드셨는데 부모님께서 아주 좋아하셨어요. 하지만 나흘 후에는 고향에 돌아가셔야 해요.

4) 가 : 은영 씨 아버지께서는 무슨 일을 하세요?
나 : 우리 아버지께서는 선생님이세요. 학교에서 영어를 가르치시는데 연세가 많으셔서 앞으로 3년 동안만 더 일하실 거예요.
가 : 얼마 동안 일을 하셨어요?
나 : 대학교를 졸업하신 후부터 지금까지 30년 동안 학생들을 가르치셨어요.

5) 가 : 올가 씨는 남자친구하고 얼마 동안 사귀었어요?
나 : 지금까지 여섯 달 동안 사귀었어요.
가 : 한국에 오기 전에도 그 남자친구를 알았어요?
나 : 아니요, 한국에 온 후에 친구가 소개해 줘서 처음 만났어요.

6) 가 : 야마다 씨는 한국어 공부가 끝난 후에 고향에 돌아갈 거예요?
나 : 네, 공부가 끝난 후에 바로 고향에 돌아가서 일을 찾을 거예요.
가 : 어떤 일을 하고 싶어요?
나 : 고향에 있는 한국 회사에서 일을 해 보고 싶어요. 그러니까 고향에 가기 전에 한국말을 더 많이 배워야 해요.

2. 다음을 듣고 맞으면 ○, 틀리면 ×표 하십시오.

1) 제니 씨의 고향은 캐나다 토론토인데 고향에는 제니 씨의 할아버지, 할머니께서 계십니다. 제니 씨가 한국에 오기 전에는 제니 씨 부모님께서도 고향에 사셨는데 제니 씨가 한국에 온 후에 부모님께서는 다른 도시로 이사를 하셨습니다.
2) 우리 할머니께서는 올해 연세가 일흔 일곱이십니다. 연세가 좀 많으시지만 건강하십니다. 2년 전까지는 건강이 좀 안 좋으셨는데 작년에 운동을 시작한 후부터 건강이 아주 좋으십니다. 할머니께서 운동도 열심히 하시고 음식도 잘 드셔서 기분이 좋습니다.
3) 은영 씨는 오늘 어머니 생신 선물을 사러 백화점에 갈 겁니다. 은영 씨의 어머니께서는 생신이 6월 15일이신데 이번 주 금요일입니다. 하지만 금요일에는 은영 씨의 아버지께서 바쁜 일이 있으셔서 토요일에 아버지 일이 끝난 후에 파티를 할 겁니다.
4) 마이클 씨의 가족은 모두 다섯 명인데 할머니하고 부모님하고 남동생이 한 명 있습니다. 할아버지께서는 다섯 달 전에 돌아가셨습니다. 마이클 씨가 한국에 온 후에 돌아가셔서 마이클 씨는 할아버지께서 돌아가시는 것을 보지 못했습니다.

3. 다음 대화를 듣고 빈칸에 맞게 쓰십시오.

가 : 야마다 씨 부모님께서는 지금 연세가 어떻게 되세요?
나 : 아버지 연세는 예순이시고, 어머니 연세는 쉰 여섯이세요.
가 : 두 분께서는 지금 고향에 계세요?
나 : 네, 두 분 다 지금 일본 도쿄에 계세요.
가 : 아버지께서는 무슨 일을 하세요?
나 : 자동차 회사에서 일하세요.
가 : 어머니께서도 일을 하세요?
나 : 10년 전까지는 은행에서 일하셨지만 지금은 일하지 않으세요.
가 : 부모님 건강은 어떠세요?
나 : 아버지께서는 아주 건강이 좋으세요. 등산을 좋아하셔서 일요일 아침에 일찍 일어나신 후에 꼭 등산을 가세요. 하지만 어머니께서는 건강이 좀 안 좋으세요.
가 : 어머니께서는 뭘 좋아하세요?
나 : 우리 어머니께서는 음악을 좋아하세요. 한국 노래도 가끔 들으세요. 다음 주가 생신이셔서 한국 음악 CD를 보내 드릴 거예요.
가 : 아, 다음 주가 생신이세요?
나 : 네, 6월 9일이 어머니 생신이세요. 다음 달 7월 15일 아버지 생신에는 두 분이 같이 한국에 오실 거예요.
가 : 부모님께서 한국에 오셔서 정말 좋으시겠어요.

제2과 초대 〈1〉

1. 다음을 듣고 맞는 것에 ☑ 하십시오.

1) 이번 주 일요일에 우리 반 친구들을 집에 초대하고 싶습니다. 친구들을 초대하려면 맛있는 음식을 준비해야 하는데 저는 비빔밥이나 김밥을 만들려고 합니다. 불고기나 갈비탕도 맛있지만 그 음식들은 만들기가 어려워서 준비할 수 없습니다.
2) 제니 씨는 지난 주에 이사를 했습니다. 그래서 우리를 이사한 집에 초대했는데 내일 친구들하고 만나서 같이 갈 겁니다. 제니 씨 집이 롯데월드 근처에 있으니까 우리는 한양대역이나 잠실역에서 만날 겁니다.
3) 제 한국 친구가 다음 주 토요일에 결혼을 하는데 저도 초대를 받았습니다. 한국에서는 친구가 결혼을 하면 돈이나 선물을 주는데 저는 선물을 하려고 합니다. 내일 백화점에 가서 시계나 예쁜 그림을 살 겁니다.
4) 오늘 은영 씨 생일이어서 수업이 끝난 후에 마이클 씨하고 은영 씨 집에 놀러 가려고 합니다. 은영 씨 집에서 저녁을 먹을 거니까 네 시나 다섯 시까지 가면 됩니다. 마이클 씨하고 저는 세 시에 만나서 생일 선물을 살 겁니다.
5) 이번 주말에 한솔 씨하고 부산에 있는 한솔 씨 할아버지 댁으로 여행을 갈 겁니다. 우리는 처음에 비행기를 타고 가려고 했는데 비행기표가 없어서 기차나 버스를 타야 합니다. 기차나 버스를 타면 시간이 좀 많이 걸리지만 비싸지 않아서 좋습니다.
6) 오늘 점심시간에 지난 학기에 같이 공부한 친구들하고 밥을 먹을 겁니다. 지난 학기 우리 반 친구들은 모

두 열네 명이었는데 오늘 열한 명이나 열두 명쯤 올 겁니다. 점심을 먹는 동안 같이 방학 이야기를 할 겁니다. 아주 재미있을 겁니다.

2. 다음 대화를 듣고 맞으면 ○, 틀리면 ×표 하십시오.

1) 가 : 제가 일하는 회사의 사장님께 저녁 초대를 받았어요.
나 : 그래요? 한국 사람 집에 초대 받은 건 처음이죠?
가 : 네, 그래서 사장님께 선물을 좀 드리고 싶은데 무슨 선물이 좋을까요?
나 : 음, 저녁 식사 후에 같이 먹을 수 있는 과일이나 케이크를 사가면 어때요?
가 : 과일이나 케이크요? 아! 사장님께서 녹차를 좋아하시니까 녹차케이크를 사가면 되겠어요. 도와주셔서 감사합니다.

2) 가 : 제니 씨, 그게 뭐예요?
나 : 고향에 계신 어머니께서 고향 음식을 좀 보내셨어요.
가 : 와! 좋겠어요. 저도 좀 먹어 보고 싶어요.
나 : 네, 저도 고향에 계신 부모님께 한국 음식을 보내 드리고 싶은데 뭐가 좋을까요? 김치를 보낼까요?
가 : 김치는 보내기가 좀 어려울 거예요. 김이나 인삼을 보내면 어때요?
나 : 음, 부모님께서 김을 좋아하시니까 김을 보내 드려야겠어요. 도와주셔서 고맙습니다.

3) 가 : 마이클 씨, 오늘 저녁에 약속 있어요?
나 : 네, 지난 학기 선생님을 만나서 같이 저녁을 먹을 거예요.
가 : 그래요? 뭘 먹을 거예요?
나 : 아직 잘 모르겠어요. 선생님께서 지난 학기에 저를 많이 도와주셔서 제가 선생님께 맛있는 것을 사 드리고 싶은데 뭐가 좋을까요?
가 : 피자나 스파게티를 드세요. 선생님께서도 좋아하실 거예요.
나 : 선생님께서 요즘 다이어트를 하시니까 피자는 안 되고 스파게티가 좋겠어요. 스파게티하고 샐러드를 같이 먹으면 맛있을 거예요. 말씀 감사합니다.

4) 가 : 다음 주 수요일이 우리 할아버지 생신인데 할아버지께 무슨 선물을 드리면 좋을까요?
나 : 할아버지께서 무엇을 좋아하세요?
가 : 우리 할아버지께서는 술을 아주 좋아하세요. 하지만 할아버지께 술을 선물해 드리면 할머니께서 좋아하지 않으실 거예요.
나 : 그럼, 겨울이니까 할아버지께서 입으실 옷을 선물해 드리면 어때요?
가 : 할아버지께서 옷은 많이 있으세요. 돈을 드리면 좋아하는 것을 사실 수 있으니까 그냥 용돈을 좀 드리는 것이 좋겠어요.

3. 다음 대화를 듣고 질문에 대답을 쓰십시오.

가 : 마이클 씨, 제니 씨, 어서 오세요.
나 : 안녕하세요? 선생님. 초대해 주셔서 감사합니다.
가 : 아니에요. 이렇게 와 줘서 정말 고마워요.
다 : 선생님, 저 이거 받으세요. 선생님께서 음악을 좋아하셔서 선생님께 드리려고 CD를 하나 샀어요.
나 : 저는 선생님하고 같이 먹으려고 과자를 사왔어요.
가 : 뭘 이런 걸 다 사왔어요? 그냥 와도 괜찮은데……. 고마워요.
다 : 그런데 선생님, 다른 친구들은 아직 안 왔어요?
가 : 10분이나 20분쯤 후에 도착할 거예요. 기다리는 동안 음료수 마십시다. 무슨 음료수를 드시겠어요?
나 : 날씨가 더우니까 저는 콜라나 사이다를 마시고 싶어요.
가 : 어머, 미안해요. 지금 집에 콜라하고 사이다가 없는데……. 시원한 커피나 녹차는 어때요?
다 : 좋아요. 저는 커피 주세요.
나 : 그럼, 저는 녹차를 마시겠어요.
가 : 알았어요. 잠깐만 기다려요. 마이클 씨가 사온 과자도 같이 먹으면 더 맛있을 거예요.

제2과 초대 〈2〉

1. 다음 대화를 듣고 맞으면 ○, 틀리면 × 표 하십시오.

1) 가 : 한솔 씨, 어제 집에 초대해 줘서 고마웠어요. 밥도 아주 맛있게 먹고 재미있게 놀았어요.
나 : 아니에요. 다음에 또 놀러 오세요. 다음에도 우리 어머니께서 맛있는 음식을 해 주실 거예요.
가 : 한솔 씨 어머니께서는 정말 요리사처럼 요리를 잘하세요.
나 : 우리 어머니께서는 요리도 잘하시지만 마음도 바다처럼 넓은 분이세요. 그래서 우리 형제들은 모두 어머니를 아주 사랑해요.

2) 가 : 한솔 씨 가족사진이군요. 이 분이 아버지시죠?
나 : 네, 우리 아버지께서는 영어를 미국사람처럼 정말 잘하세요. 머리도 똑똑하시고 모르는 것이 없으세요.
가 : 그래요? 한솔 씨가 아버지를 닮아서 그렇게 머리가 좋군요.

3) 가 : 야마다 씨, 아까 식당에서 같이 밥을 먹은 사람이 누구예요?
나 : 지난 학기에 한국어를 가르쳐 주신 선생님이세요.
가 : 그 선생님은 어떤 분이세요?
나 : 천사처럼 마음이 착하고 좋은 분이세요. 한국말도 아주 친절하게 가르쳐 주셔서 학생들이 좋아해요. 하지만 가끔 화가 나시면 호랑이처럼 무서워요.

4) 가 : 제니 씨는 동생이 있어요?
나 : 네, 남동생과 여동생이 한 명씩 있어요.
가 : 남동생은 제니 씨하고 비슷하게 생겼어요?
나 : 네, 제 남동생은 영화배우처럼 멋있게 생겼어요. 저하고 똑같아요.
가 : 여동생도 영화배우처럼 예쁘게 생겼지요?
나 : 아니요, 여동생은 저하고 많이 달라요. 그렇지만 여동생은 춤도 잘 추고 노래도 잘하고 놀기를 좋아해서 남자들한테 인기가 많아요.
가 : 그래요? 여동생을 한 번 만나 보고 싶은데 소개해 주세요.
나 : 글쎄요, 여동생한테 한번 물어볼게요.

5) 가 : 저기에서 농구하는 사람이 은영 씨 남자친구죠?
나 : 네, 제 남자친구예요. 지난번에 같이 만났잖아요.
가 : 맞아요. 키도 크고 잘 생기고 농구도 농구선수처럼 잘하는군요.
나 : 하하하, 제 남자친구는 진짜 농구선수예요.
가 : 와, 정말이에요?

6) 가 : 마이클 씨, 요즘 잘 지내요?
나 : 네, 잘 지내요. 근데 요즘 좋아하는 사람이 생겼어요.
가 : 그래요? 누구인데요?
나 : 이번 학기에 새로 온 요코 씨예요. 요코 씨는 매일 옷도 아주 예쁘게 입고 아기처럼 귀엽게 웃어서 너무 좋아요. 어제는 머리를 짧게 자르고 왔는데 정말 인형처럼 예뻤어요.

2. 다음을 잘 듣고 그림을 그리십시오.

자, 준비됐지요? 잘 듣고 예쁘게, 멋있게 그리세요.

1. 얼굴을 아주 크고 동그랗게 그리세요.
2. 눈을 작고 길게 그리세요.
3. 코를 돼지코처럼 그리세요.
4. 입을 크게 그리세요.
5. 귀는 크고 길게 그리세요.
6. 목을 짧게 그리세요.
7. 몸과 배를 뚱뚱하게 그리세요.
8. 팔을 길게 그리세요.
9. 다리를 길게 그리세요.
10. 손과 발은 호랑이발처럼 크고 무섭게 그리세요.
11. 옷을 멋있게 그리세요.

다 그렸어요? 여러분이 그린 것이 뭐예요?

3. 다음을 듣고 질문에 대답을 쓰십시오.

저는 지난 주에 한국 친구 한솔 씨한테 초대를 받았어요. 그래서 오늘 수업이 끝난 후에 한솔 씨 집에 놀러 갔는데 한솔 씨의 집은 지하철을 30분 동안 타고 또 마을버스를 갈아타고 15분쯤 가야 했어요. 교통이 불편해서 찾아 가기가 조금 힘들었어요.

한솔 씨 집에는 한솔 씨의 아버지와 어머니께서 계셨어요. 한솔 씨의 아버지와 어머니께서는 연세가 많지 않으셨어요. 한솔 씨는 눈하고 코가 아버지하고 똑같이 생겼어요. 아버지께서는 코미디언처럼 말씀을 아주 재미있게 하셔서 정말 많이 웃었어요.

한솔 씨의 어머니께서는 키도 크고 날씬하셔서 모델 같았어요. 어머니께서 저녁을 준비하시는 동안 한솔 씨의 형이 집에 돌아왔는데 형은 어머니하고 비슷하게 생겼어요.

한솔 씨하고 한솔 씨의 형은 많이 달랐어요. 한솔 씨는 여자 같은 성격이어서 어머니를 많이 도와 드리고 어머니와 재미있게 이야기를 많이 했어요. 형도 친절하고 영화배우처럼 멋있었지만 말이 없는 사람이었어요. 텔레비전에서 축구를 하니까 아버지하고 둘이서 텔레비전만 열심히 봤어요.

앞으로 한솔 씨하고 더 친하게 지내고 한솔 씨의 집에도 더 자주 놀러 가고 싶어요.

제3과 여행 〈1〉

1. 다음을 듣고 어떻게 달라졌는지 맞는 것에 ☑ 하십시오.

1) 저는 이번 학기에 초급 2반에서 공부합니다. 초급 1반은 단어도 적고 문법도 어렵지 않았지만 초급 2반은 단어도 많고 문법도 복잡해서 모르는 것이 아주 많습니다. 선생님 말씀도 가끔 잘 들을 수 없습니다. 더 열심히 공부를 해야 합니다.

2) 저는 한국에 오기 전에는 매운 음식을 먹지 않았습니다. 그래서 처음에는 갈비탕처럼 맵지 않은 음식만 먹었습니다. 그런데 요즘에는 매운 음식도 맛있게 잘 먹습니다. 친구들을 만나면 비빔밥이나 김치찌개처럼 매운 음식을 자주 먹습니다. 매운 음식을 며칠 동안 안 먹으면 또 먹고 싶습니다.

3) 저는 옛날에는 아주 날씬하고 건강했습니다. 하지만 한국에 온 후에 햄버거와 라면을 많이 먹어서 아줌마처럼 뚱뚱해졌습니다. 이제부터는 꼭 밥을 해서 먹으려고 합니다. 그리고 운동도 많이 하려고 합니다. 그러면 옛날처럼 다시 날씬해질 수 있을 겁니다.

4) 여행을 하기 전에 저는 돈이 많았습니다. 여행을 하는 동안 돈이 많이 들었습니다. 식비는 많이 들지 않았지만, 교통비와 숙박비가 많이 들었습니다. 그래서 돈을 다 썼습니다. 지금부터 어떻게 살아야 할까요? 아르바이트를 찾기 전까지 힘들게 살아야 합니다. 여행은 재미있었지만 앞으로 생활이 힘들어질 겁니다.

5) 저는 한국에서 세 달 동안 살았는데 지난 학기에는 친구가 없어서 정말 심심했습니다. 하지만 요즘은 친하게 지내는 친구들이 많아서 매일 집에 늦게 들어갑니다. 주말에도 항상 약속이 있어서 숙제할 시간도 없지만 한국 생활이 즐거워지고, 정말 좋습니다. 이렇게 재미있는 생활을 계속하면 좋겠습니다.

2. 다음 대화를 듣고 맞으면 ○, 틀리면 ×표 하십시오.

1) 가 : 야마다 씨는 한국말로 꿈을 꿔 본 적이 있어요?
나 : 한국말로요? 아니요, 그런 적 없었어요. 제니 씨는요?
가 : 저는 어제 한국말로 꿈을 꿨어요. 기분이 정말 이상했어요.
나 : 무슨 꿈이었는데요?
가 : 꿈에서 여행을 가는데 제가 기차 시간에 늦었어요. 그래서 아저씨한테 한국말로 크게 "아저씨, 잠깐만 기다려 주세요. 저 아직 안 탔어요."이렇게 말했어요.
나 : 하하하, 그래서 기차를 탔어요?
가 : 아니요, 기차가 그냥 떠나서 저는 기차역에서 계속 바보처럼 울었어요.
나 : 오늘 꿈이 안 좋으니까 하루 동안 조심하세요.

2) 가 : 요코 씨는 한국에서 유명한 사람을 만나 본 적이 있어요?
나 : 유명한 사람요? 음, 아! 한국의 유명한 영화배우를 만난 적이 있어요.
가 : 정말이에요? 언제요? 어디에서 만났어요?
나 : 2주 전에 친구하고 명동에 쇼핑을 하러 갔는데 거기

에서 봤어요. 정말 인형처럼 예쁘게 생겨서 쇼핑도 안 하고 계속 그 영화배우만 구경했어요.
가 : 그렇게 예쁘게 생겼어요? 누구였어요? 이름 알아요?
나 : 아, 이름은 잘 모르겠어요. 하지만 유명한 사람이었어요. 제가 나중에 텔레비전에서 보면 말씀드릴게요.
가 : 한국에 조금만 더 있으면 영화배우 이름도 많이 알 수 있을 거예요.

3) 가 : 마이클 씨는 학교에 안 가고 다른 곳에 놀러 가 본 적이 있어요?
나 : 네, 지난 학기에 날씨가 너무 좋아서 수업 안 듣고 친구들하고 놀이공원에 놀러 간 적이 있었어요.
가 : 마이클 씨는 나쁜 학생이군요. 그러면 안 돼요.
나 : 가끔은 괜찮아요. 은영 씨는 그런 적이 없었어요?
가 : 저도 고등학생 때 친구들하고 놀러 가려고 한 적이 있었는데 선생님의 무서운 얼굴이 생각나서 그냥 학교로 갔어요.
나 : 그럼, 오늘 다시 한 번 해 볼까요? 날씨도 좋은데 놀러 갈까요?
가 : 싫어요. 마이클 씨 혼자 가세요. 저는 학교에 갈 거예요.

4) 가 : 마이클 씨는 거짓말을 해 본 적이 있어요?
나 : 가끔요. 한국말을 배운 후에 한국말 연습하려고 거짓말을 가끔 해요.
가 : 정말요?
나 : 아까도 거짓말을 했는데 몰랐어요?
가 : 언제요?
나 : 아까 제가 제니 씨한테 "제니 씨, 오늘 정말 예뻐요."라고 했잖아요.
가 : 뭐예요!!??
나 : 하하하, 그 말을 듣고 사람들 기분이 좋아지면 다 좋잖아요. 앞으로도 기분 좋은 거짓말 계속 할 거예요.

3. 다음 대화를 듣고 질문에 대답을 쓰십시오.

가 : 제니 씨, 오랜만이에요. 그동안 어디 갔다 왔어요?
나 : 친구들하고 제주도에 여행 갔다 왔어요.
가 : 그래요? 얼마 동안 갔다 왔어요?
나 : 지난 주 금요일에 출발해서 이번 주 월요일에 돌아왔어요.
가 : 그럼 나흘 동안 다녀왔군요. 제주도에서는 재미있었어요?
나 : 제주도 여행은 재미있었지만 서울에 오기 전에 공항에서 문제가 생겼어요.
가 : 무슨 일요?
나 : 비행기를 타려고 하는데 지갑이 없어져서 30분 동안 찾았어요.
가 : 그래서 어떻게 했어요? 지갑은 찾았어요?
나 : 네, 어떤 한국 사람이 지갑을 찾아 주었어요. 정말 고마운 분이었어요. 지갑을 못 찾았으면 서울에도 못 오고 지금쯤 제주도에서 아르바이트를 하고 있을 거예요.
가 : 저도 두 달 전에 지하철역에서 지갑을 잃어버린 일이 있어요. 돈을 많이 잃어버려서 한동안 힘들었어요.
나 : 참, 마이클 씨는 제주도에 가 본 적이 있어요?
가 : 아니요, 아직 가 본 적이 없어요.
나 : 그럼 다음 겨울 방학에 같이 갈까요? 이번에 못 가 본 곳이 많아서 한 번 더 가고 싶어요.
가 : 좋아요. 제주도 겨울 여행도 아주 좋을 거예요. 아, 한솔 씨하고 은영 씨한테도 말해 볼까요?
나 : 좋아요. 제가 전화해서 물어볼게요.

제3과 여행 〈2〉

1. 다음 대화를 듣고 맞는 것에 ☑ 하십시오.

1) 가 : 겨울방학 동안 여행을 가고 싶은데 어디가 좋을까요?
나 : 겨울이니까 따뜻한 섬이나 바닷가가 좋을 거예요.
가 : 저도 태국이나 괌에 가려고 했어요.

2) 가 : 시험이 끝난 후에 친구들하고 설악산으로 여행을 갈 거예요.
나 : 얼마 동안 여행을 할 거예요?
가 : 2박 3일이나 3박 4일 동안 여행을 하려고 해요.
나 : 아, 저도 가고 싶은데……. 저도 데리고 가 주세요.

3) 가 : 제주도에 가면 어디에서 잘 거예요?
나 : 호텔에서 자거나 민박을 할 생각이에요.
가 : 사람들이 많아서 호텔 객실이 없을 거예요. 미리 예약하세요.

4) 가 : 돈을 많이 벌면 무엇을 하고 싶어요?
나 : 저는 세계여행을 하거나 큰 집을 사고 싶어요.
가 : 저는 국내여행만 가도 좋겠는데요.

5) 가 : 부산에 가려면 뭘 타고 가야 돼요?
나 : 고속버스를 타거나 기차를 이용해 보세요. KTX로 가면 시간도 많이 걸리지 않을 거예요.

6) 가 : 해외여행을 가고 싶은데 어디가 좋을까요? 어디에서 찾아 볼 수 있어요?
나 : 신문 광고를 보거나 인터넷에서 찾아 보세요.
가 : 와, 여기 신문에 여행사 광고가 정말 많이 있군요.

2. 다음 대화를 듣고 맞으면 ○, 틀리면 ×표 하십시오.

가 : 이번 방학에 해외여행을 가고 싶은데 무엇을 준비해야 될까요?
나 : 여권은 가지고 계십니까?
가 : 아니요, 여권을 잃어버려서 새로 만들어야 해요.
나 : 여행하시려면 여권이 있어야 되니까 여권을 만드세요. 시간이 없으시면 우리한테 부탁하셔도 됩니다.
가 : 아니에요. 제가 혼자 하겠습니다.
나 : 알겠습니다. 그런데 해외여행은 생각해 본 곳이 있으십니까?
가 : 일본이나 중국에 가려고 하는데요. 아직 가 본 적이 없어서요.
나 : 몇 박 며칠 다녀올 생각이십니까?
가 : 4박 5일이나 5박 6일 동안 다녀오려고 해요.
나 : 그러시면 태국이나 발리 섬이 어떠시겠어요? 요즘 아주 싸게 나온 상품이 있는데 태국 여행이 4박 5일에 29만원입니다. 이번에 꼭 가시면 좋을 거예요.

이렇게 요금이 싼 적이 없었어요.
가 : 와, 싼데요! 하지만 친구하고 이야기해 봐야 돼요.
나 : 태국 여행은 지금 아주 싸게 나와서 곧 없어질 수 있습니다. 가시려면 늦어도 이틀이나 사흘 후에는 전화 주셔야 됩니다.
가 : 다음 주에 시험이 있는데, 시험 끝난 후에 오면 안 돼요?
나 : 안 됩니다. 그 비행기표는 꼭 이번 달까지 예매를 하셔야 됩니다.
가 : 알겠습니다. 그러면 이번 주말에 친구하고 같이 올게요.
나 : 감사합니다. 빨리 연락 주십시오.

3. 다음 대화를 듣고 빈칸에 들은 것을 쓰십시오.

1) 가 : (따르릉) 안녕하십니까? 한국호텔입니다.
나 : 방을 하나 예약하려고 하는데요, 이번 주 토요일이나 일요일에 빈 방이 있어요?
가 : 죄송하지만 이번 주 토요일하고 일요일은 예약이 모두 끝났습니다. 객실을 예약하시려면 주말에는 더 빨리 하셔야 돼요.
나 : 그래요? 그럼 다음 주 주말에는 예약할 수 있을까요?
가 : 네, 다음 주는 예약하실 수 있습니다. 며칠 동안 이용하실 겁니까?
나 : 다음 주 토요일인 12일부터 14일까지 사흘 동안 있을 거예요.
가 : 네, 알겠습니다. 성함과 연락 받으실 전화번호를 말씀해 주세요.
나 : 이름은 김은영이고요, 전화번호는 010-1234-5758이에요.
가 : 네, 12일부터 14일까지 사흘 동안 객실 하나 예약되셨습니다. 감사합니다.

2) 가 : 13일에 부산 가는 기차표를 예매하려고 하는데요, 표 있어요?
나 : 13일 몇 시에 출발하실 겁니까?
가 : 아침 아홉 시나 열 시 쯤 출발하는 기차를 타려고 하는데요.
나 : 아홉 시 삼십 분에 KTX가 있고 열 시 삼십 분에 새마을호가 있습니다.
가 : 아홉 시 삼십 분 KTX 예매하겠습니다.
나 : 몇 장 예매하시겠어요?
가 : 어른표 두 장 주세요. 요금이 얼마예요?
나 : 한 장에 44,800원이니까 모두 89,600원입니다.
가 : 여기 있습니다.
나 : 네, 9만원 받았습니다. 여기 기차표와 거스름돈 400원 받으십시오.
가 : 감사합니다. 안녕히 계세요.

3) 가 : (따르릉) 안녕하십니까? 한양가든입니다.
나 : 내일 점심식사 예약을 좀 하려고 하는데요.
가 : 네, 몇 시쯤 오실 거예요?
나 : 열두 시에 도착할 거예요.
가 : 몇 분이 드실 거예요?
나 : 일곱 명이나 여덟 명쯤 갈 거예요.
가 : 성함하고 전화번호 좀 말씀해 주시겠어요?
나 : 이름은 정한솔이고요, 회사 전화번호는 553-7942입니다.
가 : 네, 알겠습니다. 내일 12시에 예약해 드렸습니다.
나 : 점심시간이 길지 않으니까 12시까지 꼭 준비해 주셔야 돼요.

제4과 취미 〈1〉

1. 대화를 듣고 다음 사람의 취미를 찾아서 쓰십시오.

1) 가 : 마이클 씨는 취미가 뭐예요?
나 : 제 취미는 낚시예요. 특히 밤낚시를 좋아해요.
가 : 마이클 씨는 가족이 많은데 같은 취미를 가진 사람이 있어요?
나 : 네. 아버지께서 낚시가 취미셨어요. 어렸을 때부터 아버지를 따라서 낚시를 다녔어요. 지금은 제가 더 좋아해요.

2) 가 : 제니 씨는 취미가 뭐예요?
나 : 저는 시간이 있을 때마다 책을 읽어요.
가 : 지금 읽는 책은 제목이 뭐예요? 소설책이에요?
나 : 아, 이거요? 이건 일본 만화책인데 정말 재미있어요.

3) 가 : 와, 우표가 많군요.
나 : 네, 제가 어렸을 때부터 모은 우표예요.
가 : 제가 편지를 보내야 되는데 이 우표 하나만 써도 될까요?
나 : 안 돼요. 이 우표 정말 비싼 거예요. 한 장에 십만 원이에요.

4) 가 : 이번 주말에 여행을 가려고 하는데 어디에 가면 좋을까요?
나 : 우리 동아리에서 경주에 가려고 하는데 같이 가시겠어요?
가 : 경주요? 와, 말만 많이 들었는데, 꼭 한 번 가 보고 싶었어요.
나 : 저도 아직 가 본 적이 없는데 이번에 같이 갑시다.

5) 가 : 한솔 씨도 한국 영화를 좋아하세요?
나 : 네, 제 취미가 영화감상이에요.
가 : 그래요? 반가워요. 제 취미도 영화감상인데요.
나 : 어제 시작된 새 영화에 제가 좋아하는 영화배우가 나오는데 같이 보러 가시겠어요?

6) 가 : 은영 씨 취미는 뭐예요?
나 : 저는 음악과 노래면 다 좋아요. 음악을 들으면 행복해져요.
가 : 어머? 저도 그런데요. 음악을 만들거나 노래를 부르기도 해요?
나 : 아니요, 만들거나 부르는 것은 잘 못해요. 그냥 듣는 것만 좋아해요.

2. 다음 대화를 듣고 맞는 것에 ☑ 하십시오.

1) 가 : 선생님, 안녕하세요? 어제 배운 곳에서 모르는 것이 있어서요.
나 : 아, 질문하려고 온 거지요? 물어보세요.

가 : 질문이 아주 많은데, 다 물어봐도 괜찮아요?
나 : 물론이에요. 오늘은 오후에 수업이 없어서 시간이 많아요.

2) 가 : 이번 주말에 어디로 등산을 가면 좋을까요?
나 : 설악산이 더 좋을까요? 지리산이 더 좋을까요?
가 : 저는 다 가 본 적이 없으니까 다 괜찮아요.
나 : 저도 제니 씨와 함께면 어디든지 다 좋아요.

3) 가 : 옷을 사러 가야 되는데 같이 가 줄 수 있어요?
나 : 잘 됐어요. 저도 옷을 사러 가야 되는데, 같이 갑시다.
가 : 시간이 언제가 좋으세요? 저는 새벽 시장에 가고 싶은데 어떠세요?
나 : 새벽에도 괜찮고 오전, 오후 다 괜찮아요. 내일 전화해 주세요.

4) 가 : 아르바이트를 하고 싶은데 소개 좀 해 주세요.
나 : 아르바이트가 하나 있는데, 언제부터 시작할 수 있어요?
가 : 방학을 했으니까 저는 언제든지 시작할 수 있어요.
나 : 식당에서 일하는 건데 괜찮겠어요?
가 : 그건 좀 힘들겠는데요……. 해 본 적이 없어서요.

5) 가 : 저 배가 고픈데 지금 밥을 먹을 수 있을까요?
나 : 네, 오늘 오징어볶음밥을 만들었어요.
가 : 죄송해요. 제가 매운 음식을 못 먹는데, 다른 음식은 없을까요?
나 : 알겠어요. 그러면 안 매운 음식으로 만들어 드릴게요.
가 : 정말 맛있는데 더 먹어도 괜찮아요?
나 : 그럼요. 두 그릇, 세 그릇 더 드셔도 돼요.

6) 가 : 일이 많은데 좀 도와줄 수 있으세요?
나 : 걱정하지 마세요. 무슨 일이든지 도와 드릴게요.
가 : 언제 우리집에 와 줄 수 있어요?
나 : 일요일만 안 되고, 다른 날은 언제든지 갈 수 있어요.

3. 다음을 듣고 질문에 대답을 쓰십시오.

우리 동아리는 한국에서 유학하는 외국 유학생들이 만든 축구 동아리입니다. 축구를 좋아하는 친구들이 모여서 일요일마다 축구를 합니다. 보통 오후 세 시부터 축구 연습을 하는데, 축구 연습이 끝난 후에는 같이 저녁을 먹고 맥주를 마십니다.

잊을 수 없는 재미있는 추억은 월드컵 축구 경기를 경기장에 가서 본 것입니다. 작년 6월에 월드컵 축구 대회가 있었을 때 우리 동아리는 월드컵 경기장에 가서 축구 경기를 보고 같이 응원을 했습니다. 넓은 축구장에 가서 좋아하는 친구들하고 같이 보니까 더 재미있었습니다.

축구는 제 취미고, 제 생활입니다. 저는 이 동아리에서 좋아하는 축구를 많이 할 수 있어서 기뻤습니다. 주말마다 운동을 하니까 건강도 좋아졌습니다. 또 동아리에서 좋은 친구들을 사귈 수 있어서 좋았습니다. 제가 어려운 일이 있을 때마다 많이 도와주는 고마운 친구들입니다. 동아리 친구들과 같이 축구를 하거나 이야기를 할 때 정말 행복합니다. 저는 한국어 공부가 끝날 때까지 축구 동아리를 계속할 겁니다.

제4과 취미 〈2〉

1. 친구들이 요즘 무엇을 하고 있습니까? 듣고 연결하십시오.

1) 가 : 한솔 씨, 요즘 어떻게 지내요?
나 : 저는 요즘 아주 바쁘게 지내고 있어요. 다음 달에 결혼을 해서 사야 할 것도 많고 준비할 것도 많아요.
가 : 그럼, 학교는 안 다니고 있어요?
나 : 아니에요, 바쁘지만 학교도 열심히 다니고 있어요.

2) 가 : 제니 씨, 그동안 잘 지냈어요?
나 : 네, 잘 지냈어요. 요즘 우리 하숙집 아주머니께서 저한테 한국 요리를 가르쳐 주시는데 정말 재미있어요.
가 : 아르바이트도 하고 있어요?
나 : 아니요, 아르바이트를 안 하고 쉬고 있어요. 시간이 많은데 우리 한 번 만나요.

3) 가 : 은영 씨, 오랜만이에요. 요즘도 많이 바빠요?
나 : 네, 회사에 일이 많아서 날마다 집에 늦게 들어가요.
가 : 그럼 이제 아침마다 운동할 시간은 없겠군요.
나 : 네, 아침마다 일찍 회사에 가야 하니까 운동을 못 해서 걱정이에요.

4) 가 : 마이클 씨, 요즘 잘 지내죠? 학교에도 잘 다니고 있어요?
나 : 요즘은 방학이어서 학교에 안 가요.
가 : 그럼 뭘 하고 있어요?
나 : 저는 방학 동안 아이들에게 일주일에 두 번씩 영어를 가르치고 있어요. 하지만 돈을 안 받고 그냥 가르치고 있어요.
가 : 정말 좋은 일을 하시는군요.

2. 다음을 듣고 그림에 맞는 사람의 이름을 오른쪽에 쓰십시오.

1) 우리 반 제니 씨는 날마다 옷을 예쁘게 입어요. 오늘은 짧은 치마를 입고 부츠를 신고 있어요. 예쁜 귀고리하고 목걸이도 하고 있고 까만 색 선글라스도 쓰고 있어요. 저도 제니 씨처럼 옷을 예쁘게 입으면 좋겠어요.

2) 마이클 씨는 청바지하고 티셔츠를 자주 입지만 오늘은 양복을 입고 있고 구두를 신고 있어요. 넥타이도 매고 있고 손에는 꽃을 들고 있어요. 오늘 여자친구하고 데이트 약속이 있어서 멋있게 입고 왔어요.

3) 저는 주말에 한솔 씨하고 등산을 했어요. 그날 한솔 씨는 큰 배낭을 메고 있었고 모자를 쓰고 있었어요. 티셔츠하고 짧은 바지를 입고 있었고 운동화도 신고 있었어요.

4) 어제 학교에서 은영 씨를 만났을 때 은영 씨는 까만 색 바지를 입고 있었어요. 긴 목도리도 하고 있었고 손에는 작은 가방을 들고 있었어요. 높은 구두를 신고 있었고, 모델처럼 키가 크고 날씬했어요.

3. 다음을 듣고 음식 재료에 ✓를 하고 음식 이름을 아래에서 찾아서 쓰십시오.

1) 이 음식은 소고기로 만들어요. 처음에 소고기를 너무 크지 않게 잘라요. 먼저 큰 그릇에 간장을 넣어요. 그 다음에 설탕을 넣어요. 설탕을 넣은 후에 파하고 마늘을 넣어요. 여기에 자른 소고기를 넣고 세 시간이나 네 시간쯤 기다리세요. 밥을 먹을 때 고기를 프라이팬에 볶아서

맛있게 드세요.

2) 먼저 냄비에 물을 넣고 끓여요. 물을 끓인 후에 간장을 조금 넣고 끓여요. 거기에 생선을 넣고 끓여요. 좀 더 끓인 후에 파하고 마늘을 넣어요. 또 두부하고 고춧가루를 넣어야 돼요. 고춧가루를 넣어서 국물이 맵지만 시원하고 맛이 있어요.

3) 쇠고기를 작고 길게 자른 후에 프라이팬에서 기름으로 볶아요. 그 다음에 여러 가지 야채를 작고 길게 잘라서 볶아요. 그리고 프라이팬에 기름을 조금 넣은 후에 계란을 부쳐요. 볶은 야채와 고기를 밥 위에 예쁘게 놓아요. 밥 가운데 고추장과 계란을 놓아요. 자, 이제 밥을 비벼서 맛있게 드세요.

제5과 학교 생활 〈1〉

1. 다음 대화를 듣고 맞으면 ○, 틀리면 ×표 하십시오.

1) 가 : 지금 뭘 보고 있어요?
나 : 네, 전자사전이 필요해서 사려고 해요.
가 : 전자사전이 꼭 필요해요?
나 : 네, 공부할 때 모르는 단어가 많은데 빨리 빨리 찾을 수 있어서 좋아요. 지금 가지고 있는 사전은 시간이 많이 걸려서 불편해요.
가 : 하지만 전자사전은 좀 비싸지 않아요?
나 : 비싸지만 필요하니까 꼭 사고 싶어요.

2) 가 : 해외여행을 갈 때 비자가 꼭 필요해요?
나 : 비자가 필요한 나라도 있고요, 비자가 필요없는 나라도 있어요. 하지만 비자가 필요한 나라가 많아요.
가 : 저는 여름방학 때 제주도에 가고 싶은데 비자가 필요할까요?
나 : 제주도는 국내니까 비자가 없어도 갈 수 있어요.

3) 가 : 선생님, 저는 컴퓨터가 필요한데 부모님께서 안 사주세요. 그래서 기분이 좀 안 좋아요.
나 : 왜 부모님께서 컴퓨터를 안 사 주시려고 해요?
가 : 제가 고향에 있을 때 컴퓨터 게임을 너무 좋아해서 공부를 열심히 안 했어요. 그래서 부모님께서 컴퓨터를 싫어하세요.
나 : 아, 저도 집에서 컴퓨터를 하고 있으면 정말 시간이 빨리 가요. 그래서 해야 할 일도 못하고 컴퓨터만 하고 있을 때가 많아요.
가 : 맞아요. 사실 지금 컴퓨터가 꼭 필요한 것은 아니에요.
나 : 그래요. 지금은 말하기 연습이 더 필요해요. 컴퓨터를 할 시간에 한국 친구들하고 말하기 연습을 많이 하세요.

4) 가 : 친구가 한국에서 휴대폰을 사고 싶어하는데 학생증이 필요할까요?
나 : 학생증은 필요없어요. 외국인 등록증을 가지고 가세요.
가 : 외국인등록증을 아직 안 만들었는데 여권을 가지고 가면 안 돼요?
나 : 여권은 없어도 돼요. 외국인 등록증만 있으면 되니까 먼저 외국인등록증을 만들고 그 후에 휴대폰을 사세요.

2. 다음을 듣고 문구점에서 산 것에 ☑ 하십시오.

1) 저는 수업이 끝난 후에 문구점에 갔습니다. 한국어 수업을 들을 때 필요한 것들을 사러 갔습니다. 문구점에는 우리가 필요한 것이 모두 있어서 쉽게 살 수 있었습니다. 선생님이 말씀하시는 것을 듣고 쓸 공책하고, 단어 공부를 할 수첩이 필요했습니다. 예쁜 필통이 있어서 사고 싶었지만 필통은 집에 여러 개가 있으니까 사지 않았습니다. 하지만 연필과 지우개를 하나씩 샀습니다. 돈이 조금 많이 들었지만 학교 생활을 할 때 꼭 필요한 것들이니까 괜찮습니다. 이것을 가지고 내일부터 공부를 열심히 하겠습니다.

2) 내일은 어학원에서 문화수업을 하는데 한국의 부채를 만들 겁니다. 부채를 만들려면 여러 가지 재료가 필요합니다. 여러 색깔의 한지와 풀은 선생님께서 준비하시니까 우리는 준비하지 않아도 괜찮습니다. 우리는 가위와 칼과 자를 준비해야 합니다. 저는 수업이 끝난 후에 마이클씨하고 문구점에 갔습니다. 저는 가위하고 칼을 샀습니다. 또 풀도 집에서 가끔 필요하니까 한 개 샀습니다. 자는 집에 있으니까 사지 않아도 괜찮습니다. 내일 예쁘게 부채를 만들 겁니다. 이번 여름은 정말 시원할 겁니다.

3. 다음 대화를 듣고 필요한 것의 번호를 골라 쓰십시오.

1) 가 : 입학허가서를 받으려면 어떻게 해야 돼요?
나 : 여러 가지 서류가 필요해요.
가 : 무슨 서류가 필요해요?
나 : 고등학교와 대학교의 졸업 증명서와 성적 증명서가 필요해요.
가 : 다른 서류는 필요없어요?
나 : 은행에 돈이 있는 것을 보여 주는 서류가 필요해요. 그리고 등록금도 물론 필요하고요.
가 : 알겠습니다. 준비해 보겠습니다.

2) 가 : 선생님, 외국인 등록증을 새로 만들려면 어떻게 해야 돼요?
나 : 여권하고 재학 증명서를 가지고 출입국관리사무소에 가야 돼요.
가 : 재학 증명서요? 재학 증명서는 어디에서 받아요?
나 : 사무실에 신청하면 돼요. 신청서를 내면 재학 증명서를 줄 거예요. 참, 그리고 외국인 등록 신청서도 내야 할 거예요. 거기에 가서 직원이 하는 말을 잘 듣고 꼭 오늘 안으로 신청하세요.
가 : 잘 알았습니다. 감사합니다.

3) 가 : 다음 학기에도 계속해서 한양대학교에서 공부하고 싶은데 어떻게 해야 돼요?
나 : 계속 우리 학교에 다니고 싶으면 재등록을 해야 돼요.
가 : 재등록을 하려면 무슨 서류가 필요해요?
나 : 재등록 신청서하고 등록금이 필요해요. 신청서를 쓰고 은행이나 우체국에 등록금을 내면 재등록이 끝나요.
가 : 그렇게 쉽게 할 수 있어요?
나 : 하지만 학교에 안 온 날이 많으면 재등록을 할 수 없으니까 조심해야 돼요.

4) 가 : 친구가 비자를 연장하고 싶어하는데 어떻게 해야 돼요?
나 : 여권과 외국인 등록증, 그리고 재학 증명서가 필요해요. 또 은행에서 만들어 주는 서류도 필요해요.

이 서류들을 가지고 출입국관리사무소로 가세요.
가 : 외국인 등록증은 여기에 있어요. 재학 증명서는 학교 사무실에 가서 부탁하면 되지요?
나 : 네, 그리고 비자연장 신청서도 쓰셔야 돼요. 비자연장 신청서는 출입국관리사무소에 있을 거예요.
가 : 아, 참, 여권을 잃어버렸는데 여권이 꼭 필요해요?
나 : 아이고, 비자를 연장하려면 꼭 여권이 있어야 돼요. 빨리 대사관에 가서 여권을 만든 후에 비자를 연장하세요.

제5과 학교 생활 〈2〉

1. 어떤 대답을 했습니까? 다음을 듣고 맞는 것에 ☑ 하십시오.

1) 가 : 요즘 학교 잘 다니고 있어요? 한국어 공부는 재미있어요?
나 : 지난 학기에는 재미있었는데 이번 학기에는 좀 재미없어요.
가 : 왜요? 한국어 공부가 많이 어려워요?
나 : 아니요, 공부는 어렵지 않은데 제가 공부를 안 하기 때문에 아직도 한국말을 잘 못해요. 다음 주에 시험인데 정말 걱정이에요.
가 : 걱정만 하면 어떻게 해요? 오늘부터 열심히 공부해 보세요.

2) 가 : 마이클 씨, 한국에서 얼마 동안 살았어요?
나 : 3개월 동안 살았어요. 지난 학기부터 한국에서 살았으니까요.
가 : 그럼, 이제 한국 친구도 많겠군요.
나 : 아니요, 아직 많지 않아요. 한국 친구를 많이 사귀고 싶은데 어떻게 하면 좋을까요?
가 : 음, 대학교 동아리에 한 번 가 보세요. 동아리에 가면 한국 사람들이 많이 있으니까 친구도 쉽게 사귈 수 있을 거예요.

3) 가 : 제니 씨, 주말 잘 지냈어요?
나 : 그냥 그렇게 지냈어요.
가 : 왜요? 재미있는 일 없었어요?
나 : 네, 그냥 집에 있었어요.
가 : 주말에 왜 집에만 있었어요? 친구들 안 만났어요?
나 : 친한 친구들이 다 바쁜 일이 있었기 때문에 만날 수 없었어요.
가 : 그랬군요. 저도 주말에 그냥 집에 있었는데……. 제니 씨가 저한테 전화했으면 만나서 재미있게 놀았을 거예요.

4) 가 : 선생님, 수업이 끝난 후에 학교에서 숙제를 하고 싶은데 어디에서 하면 돼요?
나 : 오후에 빈 교실이 많이 있으니까 교실에서 하세요.
가 : 교실에서 하면 다른 학생들 때문에 좀 시끄러워요.
나 : 그럼, 학교 도서관에 한 번 가 보세요. 조용해서 공부하기가 아주 좋을 거예요.
가 : 도서관요? 아직 가 본 적이 없는데 오늘 한 번 가 볼게요.
나 : 아, 도서관에 들어가려면 학생증이 필요하니까 꼭 가지고 가세요.

5) 가 : 제니 씨는 한국 요리를 배워 본 적이 있어요?
나 : 아니요, 하숙집에 사는 친구들은 가끔 아주머니한테 한국 요리를 배우지만 저는 기숙사에서 생활하기 때문에 배우기가 힘들어요.
가 : 어제 문화수업에서 한국 요리를 했는데 제니 씨는 안 갔어요?
나 : 가려고 했는데 아침에 늦게 일어나서 못 갔어요.
가 : 문화수업에 가지 그랬어요? 문화수업에 갔으면 한국 요리를 잘 배울 수 있었을 거예요.

6) 가 : 야마다 씨, 오랜만이에요. 잘 지냈죠? 어머, 근데 얼굴이 왜 그래요?
나 : 제가 한국에 처음 와서 친한 친구가 없기 때문에 한국 생활이 너무 심심해요.
가 : 친구가 생기면 재미있어질 거예요. 앞으로 반 친구들하고 더 친하게 지내세요.
나 : 어떻게 하면 친구들하고 친해질 수 있을까요?
가 : 수업 끝나면 같이 점심도 먹고 숙제도 하고 가끔 노래방도 가면 되잖아요.
나 : 알았어요. 내일은 제 옆에 앉은 친구하고 같이 밥을 먹어야겠어요.

2. 다음 대화를 듣고 맞으면 ○, 틀리면 ×표 하십시오.

1) 가 : 마이클 씨, 이번 학기 같은 반 친구들은 어때요?
나 : 우리 반 친구들요? 잘 모르겠어요. 아직 친구들 이름도 잘 몰라요.
가 : 왜요? 삼주일 동안 같이 공부했는데 친구들 이름도 몰라요?
나 : 사실 제가 이번 학기에 학교에 자주 안 갔어요. 밤마다 늦게 자니까 아침에 일찍 일어나기가 힘들어요.
가 : 밤에 좀 일찍 자지 그래요? 학교에 그렇게 자주 안 가면 안 돼요.

2) 가 : 선생님, 오늘 학교에 늦게 와서 정말 죄송해요.
나 : 알았어요. 다음부터 늦지 마세요. 근데 오늘 왜 늦었어요? 아침에 늦게 일어났어요?
가 : 네, 아침에 일어났는데 아홉 시 반이었어요. 다 시계 때문이에요.
나 : 왜요? 시계가 고장났어요?
가 : 아니요, 시계 소리가 너무 작아서 못 들었어요.
나 : 그럼, 시계를 바꾸지 그래요?

3) 가 : 야마다 씨, 수업 끝난 후에 어디에 가요? 왜 그렇게 날마다 바빠요?
나 : 사실은 집에 가요. 배가 고파서 점심을 먹으려고요.
가 : 왜 점심을 집에서 먹어요? 친구들하고 학생식당에서 먹지 그래요? 학생식당이 값도 싸고 밥도 많이 줘서 참 좋아요.
나 : 그래요? 저는 아직 가 본 적이 없어요.
가 : 친구들하고 학생식당에서 밥 먹고 같이 도서관에 가서 공부하면 심심하지 않고 좋을 거예요.

4) 가 : 요코 씨는 어떻게 그렇게 공부를 잘해요? 저한테도 좀 가르쳐 주세요.
나 : 매일 열심히 숙제만 하면 누구든지 다 잘할 수 있어요.
가 : 하지만 숙제가 너무 많기 때문에 시간도 오래 걸리고 재미도 없어요.
나 : 그럼, 친구들하고 같이 숙제를 하지 그래요? 친구들

하고 같이 하면 어려운 것도 물어볼 수 있고 재미도 있을 거예요.

가 : 그래요? 그럼, 오늘부터 요코 씨가 저하고 같이 해 주세요.

5) 가 : 제니 씨, 이번 학기부터 오후반에서 수업 들어요?

나 : 네, 아침에 일찍 올 수 없기 때문에 오후에 와요.

가 : 왜 아침에 일찍 못 와요? 제니 씨도 밤마다 컴퓨터 게임하고 아침에 늦게 일어나는군요.

나 : 아니요. 저는 게임 안 좋아해요. 그리고 매일 일찍 자고 일찍 일어나요. 근데 집에서 학교까지 너무 멀어서 일찍 오기가 힘들어요.

가 : 그래요? 그럼 빨리 이사를 하지 그래요?

3. 다음을 듣고 질문에 대답을 쓰십시오.

저는 이번 달부터 어학원 생활을 시작했습니다. 그렇기 때문에 한국 생활이나 어학원 생활을 할 때 어려운 것이 많습니다. 처음 한국에 왔을 때는 한국말을 못 했기 때문에 하숙집을 찾기가 힘들었습니다. 하지만 며칠 후에 어학원 사무실에서 하숙비가 싸고 주인 아주머니가 아주 친절한 하숙집을 소개해 줘서 지금은 잘 지내고 있습니다. 하지만 등록금하고 하숙비를 다 내려면 돈이 많이 필요하기 때문에 아르바이트를 조금 해야 합니다. 그래서 요즘 수업이 끝난 후에 한국 학생들한테 일주일에 두 번 영어를 가르치고 있습니다. 가끔 하기 싫을 때도 있지만 재미있을 때도 많습니다. 아르바이트가 없을 때는 보통 7층에 있는 컴퓨터실에 갑니다. 컴퓨터실에 가면 다른 반 친구들도 많이 만날 수 있고 인터넷도 할 수 있기 때문입니다. 그래서 저는 컴퓨터실에 자주 갑니다.

제6과 시험 〈1〉

1. 무슨 말을 했습니까? 듣고 맞는 것에 ☑ 하십시오.

1) 제니야, 나 조금만 있으면 시험 다 끝나니까 조금만 기다려.
2) 제니야, 너 어제 많이 아팠지? 지금은 괜찮아? 시험공부 열심히 했어?
3) 시험 잘 봤니? 시험 본 후에도 잘 모르겠어. 진짜 너무 어려웠어.
4) 너 어제 시험공부 때문에 잠을 못 잤지? 밥 먹고 빨리 집에 가서 자.

2. 다음 노래를 듣고 빈칸에 맞게 반말을 완성하십시오.

제목 : 여우야 여우야

아이들 : 여우야, 여우야, 뭐 하니?
여　우 : 잠 잔다.
아이들 : 잠꾸러기!

아이들 : 여우야, 여우야, 뭐 하니?
여　우 : 세수한다.
아이들 : 멋쟁이!

아이들 : 여우야, 여우야, 뭐 하니?
여　우 : 밥 먹는다.
아이들 : 무슨 반찬?
여　우 : 개구리 반찬!
아이들 : 살았니? 죽었니?
여　우 : 살았다.
아이들 : 꺄 ~~ (아이들 뛰어서 도망간다)

3. 다음을 듣고 질문에 대답을 쓰십시오.

다음 주에는 한국어 중간시험이 있다. 말하기, 듣기, 읽기, 쓰기를 보는데 나는 듣기시험하고 읽기시험 때문에 걱정하고 있다. 초급 1반 때부터 듣기하고 읽기가 어려웠기 때문이다. 그래서 나는 두 가지의 시험을 잘 보기 위해서 여러 가지 방법을 사용하고 있다.

먼저 듣기시험을 잘 보기 위해서 대화문을 날마다 세 번씩 듣고 있다. 대화문을 세 번 들으면 다 외울 수 있다. 문장을 다 아니까 더 잘 들을 수 있었고 듣기가 쉬워졌다.

그리고 읽기시험을 잘 보기 위해서 새로 배운 단어를 열심히 외우고 있다. 단어는 날마다 조금씩 외우는 것이 좋다. 단어를 수첩에 써서 지하철에서 하나하나 외우면 더 잘 외울 수 있다.

오늘은 쓰기시험 공부를 하기 위해서 도서관에 갔다. 공부를 열심히 하는 다른 친구를 보면 나도 더 열심히 할 수 있을 거다. 그런데 나는 학생증이 없어서 도서관에 들어갈 수 없었다. 도서관을 이용하려면 학생증이 필요하기 때문에 선생님께 말씀을 드렸다. 그리고 학생증을 만들기 위해서 사무실에 사진도 한 장 냈다.

내일 학생증을 받으면 시험이 끝날 때까지 매일 도서관에서 열심히 공부를 할 거다. 열심히 공부를 하면 시험을 잘 볼 수 있을 거다.

제6과 시험 〈2〉

1. 다음을 듣고 맞는 것에 ☑ 하십시오.

1) 저는 요즘 한국어 수업을 듣고 있어요. 선생님께서 말씀하실 때 모르는 단어가 많아서 사전을 자주 찾아야 돼요. 문법도 너무 복잡하기 때문에 선생님이나 친구들한테 다시 물어볼 때가 많아요.
2) 오늘 중간시험을 봤어요. 일주일 동안 시험공부를 열심히 했기 때문에 시험이 아주 쉬웠어요. 쓰기시험을 볼 때 모르는 문제가 한 개 있었지만 다른 것은 모두 아는 문제였어요.
3) 오늘 시험지를 받고 시험 점수를 확인했어요. 시험 볼 때는 어렵지 않았는데 틀린 것이 많았어요. 다음 학기에 다시 초급 2반에서 공부하지 않으려면 기말시험에서 높은 점수를 받아야 돼요.
4) 오늘은 성적표를 받는 날이었어요. 저는 성적표 때문에 기분이 너무 안 좋았어요. 기말시험을 너무 못 봐서 다시 재시험을 봐야 해요. 제가 결석을 많이 해서 공부를 열심히 하지 못했기 때문이에요. 방학 동안

정말 열심히 공부해야 돼요.

5) 이번 기말시험에서 제가 또 1등을 했어요. 친구들한테 축하를 많이 받았어요. 중간시험도 기말시험처럼 잘 봤으니까 장학금을 받을 수 있을 거예요. 선생님이 그렇게 말씀하셔서 정말 기분이 좋았어요.

2. 다음 대화를 듣고 맞으면 ○, 틀리면 ×표 하십시오.

1) 가 : 제니야, 어디에 가? 어디에 놀러 가는 모양이구나.
나 : 응, 지금 놀이공원에 가는 길이야.
가 : 놀이공원? 누구하고 가는데?
나 : 응, 시험 끝나고 반 친구들하고 서울랜드에 가는 길이야.

2) 가 : 은영아, 어디에서 오는 길이니? 머리가 달라졌구나.
나 : 응. 미용실에서 머리 하고 오는 길이야. 어때?
가 : 정말 예쁘다. 여름이어서 아주 짧게 잘랐구나.
나 : 너무 짧아서 좀 남자 같지 않아?
가 : 아니야. 그런 건 아니야. 걱정 마. 예뻐.

3) 가 : 마이클, 너 언제 시장 갈 거야? 내일 아침 먹을 것도 없는데…….
나 : 알았어. 이따가 사올게.
가 : 이따가 언제? 언제 사올 거야? 말해 봐.
나 : 집에 오는 길에 슈퍼마켓에 들러서 빵하고 라면 사올 거야. 제발 잔소리 좀 그만 해라.

4) 가 : 한솔아, 왜 이렇게 늦었어?
나 : 어, 미안해, 늦게 와서…….
가 : 어휴, 술 냄새……. 어디에서 이렇게 술을 많이 마셨어?
나 : 아니야. 많이 안 마셨어. 딱 한 잔만 마셨어.
가 : 정말? 어디에서 마셨어?
나 : 응, 친구 집에서 오는 길에 맥주집에 들러서 딱 한 잔 마셨어.
가 : 거짓말 하지 마. 한 잔 마셨는데 왜 이렇게 술 냄새가 많이 나?
나 : 거짓말 아니야. 진짜 딱 한 잔 마셨어.

3. 다음 대화를 듣고 질문에 대답을 쓰십시오.

가 : 제니야, 중간시험도 끝났는데 우리 같이 영화 보러 가자.
나 : 미안해. 난 오늘은 안 되겠어.
가 : 기분 나쁜 일이 있었니? 오늘 시험을 못 본 모양이구나.
나 : 응. 문제가 어려워서 너무 많이 틀렸어. 넌 어땠어?
가 : 응, 그냥, 괜찮았어.
나 : 넌 시험을 잘 본 모양이구나!
가 : 그냥 그래. 점수는 아직 잘 모르겠지만 어렵지는 않았어.
나 : 너는 어떻게 공부하니? 어떻게 그렇게 시험을 잘 보는 거야? 장학금도 받고…….
가 : 나, 사실은 한 달 전부터 날마다 도서관에서 밤늦게까지 공부했어.
나 : 그렇구나. 그런데 이번에 이렇게 시험을 못 봐서 어떻게 하지?
가 : 앞으로는 우리 같이 도서관에 가서 공부할까? 요즘 도서관에 자리가 없어서 공부하려면 새벽에 가야 돼.
나 : 그래, 우리 앞으로 새벽 6시에 만나서 공부하자.
가 : 좋아, 그럼 내일부터 만날까?
나 : 아니, 오늘 시험 봐서 너무 힘들었으니까 일주일 동안 쉬어야 돼. 도서관에는 일주일 후부터 가자.

제7과 만남 〈1〉

1. 다음 대화를 듣고 맞는 것에 ☑ 하십시오.

1) 가 : 한솔 씨는 운동을 좋아해요?
나 : 네, 저는 농구, 축구, 배구…… 공으로 하는 운동은 다 좋아해요.
가 : 그럼, 그 중에서 제일 좋아하는 운동은 뭐예요?
나 : 저는 축구를 제일 좋아해요. 고등학교 때 축구선수였어요.

2) 가 : 은영 씨는 취미가 요리하기죠?
나 : 네, 맛있는 음식을 만들어서 친구들하고 같이 먹는 것이 취미예요.
가 : 친구들을 초대할 때 보통 무슨 요리를 많이 해요?
나 : 한식도 많이 하고 일식도 가끔 하지만 제일 잘하는 요리는 양식이에요. 제가 만든 스파게티는 누구든지 다 좋아해요.

3) 가 : 마이클 씨 집에서 제일 뚱뚱한 사람이 누구예요?
나 : 우리 집 남자들은 다 뚱뚱해요. 아버지도, 형도, 남동생도 다 뚱뚱한데요, 그 중에서 제일 뚱뚱한 사람은 우리 형이에요.
가 : 마이클 씨처럼요?
나 : 제가 왜요? 우리 형하고 같이 있으면 저는 진짜 날씬한 사람인데요.

4) 가 : 서울에서 제일 가고 싶은 곳은 어디예요? 음~ 남산? 경복궁?
나 : 남산은 지난 학기에 친구들과 같이 가 본 적이 있고요, 경복궁도 지난 여름에 가 봤는데, 아직 가 보지 못한 곳은 한강공원이에요. 이번 여름에는 한강에 가서 배를 꼭 타고 싶어요.

5) 가 : 제니 씨 가족사진이에요? 다 미인이시군요!
나 : 맞아요. 우리 집 여자들이 다 예쁘고 날씬해요.
가 : 누가 제일 예뻐요?
나 : 언니, 여동생도 예쁘지만 우리 엄마가 최고예요. 우리 엄마는 옛날에 미스 캐나다셨는데 아주 유명했어요. 젊었을 때도 예쁘셨지만 지금도 최고예요.

6) 가 : 세계에서 제일 큰 나라가 어디일까?
나 : 물론 중국이야. 사람도 제일 많이 살아.
다 : 아니야. 사람은 중국이 제일 많지만 나라가 제일 큰 것은 러시아야. 캐나다도 크지만 러시아가 더 커.

2. 다음 대화를 듣고 맞으면 ○, 틀리면 ×표 하십시오.

1) 가 : 제니 씨, 고향에 잘 갔다 왔어요?
나 : 네, 잘 갔다 왔어요. 그런데 고향에서 한국까지 너무

멀기 때문에 비행기를 오래 타서 힘들었어요.
가 : 비행기를 얼마 동안 탔는데요?
나 : 한 시에 출발했는데 인천공항에 아홉 시에 도착했어요.

2) 가 : 은영아, 무슨 영화 볼까?
나 : 난 뭐든지 좋아. 오랫동안 영화관에 안 와서 안 본 영화가 많아.
가 : 그래? 얼마 만에 영화를 보는 거야? 한 달 만이야?
나 : 아니, 여섯 달 전에 영화 보고 오늘 처음 보는 거야.

3) 가 : 한솔아, 오늘은 여자친구 안 만나?
나 : 사실은 어제 여자친구하고 헤어졌어.
가 : 정말? 3년 동안 잘 사귀었는데 갑자기 왜?
나 : 요즘 좀 많이 싸웠어. 그렇지만 아마 오랫동안 잊을 수 없을 거야. 그동안 내가 만난 여자들 중에서 제일 사랑한 여자였어.

4) 가 : 마이클 씨, 그 많은 책들을 벌써 다 읽었어요?
나 : 네, 너무 재미있어서 어제 밥도 안 먹고 계속 읽었어요.
가 : 책이 그렇게 많은데 하루가 걸렸군요. 저도 한 번 읽어 보고 싶은데 빌려 줄 수 있어요?
나 : 그럼요, 천천히 읽고 다음에 만날 때 주세요.

5) 가 : 제니 씨, 고향에 잘 갔다 왔어요?
나 : 네, 한 달 만에 집에 왔는데, 집이 너무 더러워졌어요.
가 : 한 달 동안 청소를 안 했으니까 그렇죠.
나 : 너무 피곤해서 청소하기 싫어요. 좀 도와주세요.
가 : 알았어요. 방이 작으니까 둘이 같이 하면 빨리 끝날 수 있을 거예요. 제니 씨가 청소기로 청소하면 제가 방을 닦아 줄게요.
나 : 와, 정말 십분 만에 끝났어요. 진짜 슈퍼맨처럼 일을 빨리 하는군요. 정말 고마워요.

3. 다음을 듣고 질문에 대답을 쓰십시오.

저는 초등학교, 중학교, 고등학교 중에서 중학교 때가 제일 재미있었어요. 중학교 때 공부를 아주 잘했기 때문에 시험을 보면 우리 반에서 항상 일등이었어요. 그래서 상도 많이 받았고, 선생님들한테 칭찬도 많이 들었어요.

친구들 중에서 제가 운동도 제일 잘했기 때문에 선배나 후배들한테 인기도 많았어요. 그때 여자친구도 사귀고 있었는데 1년 후배였고 우리 학교에서 제일 예쁜 여학생이었어요. 우리는 2년 동안 사귀었는데 제가 중학교를 졸업한 후에 이사를 갔기 때문에 헤어졌어요.

저는 너무 슬퍼서 고등학교 때부터는 공부도 하지 않고 매일 친구들하고 놀러 다녔어요. 그래서 고등학교를 3년 만에 졸업하지 못하고 1년 더 다녔어요.

어느 날 길에서 옛날 여자친구를 만났는데 그 여자친구는 대학교에 다니고 있었어요. 4년 만이었어요. 저는 너무 부끄러워서 그 날부터 대학교에 입학하기 위해 열심히 공부를 했어요. 그래서 지금 우리는 같은 대학에 다니고 있고 중학교 때처럼 다시 잘 사귀고 있어요. 이제 다시는 헤어지지 않을 거예요.

제7과 만남 〈2〉

1. 다음 그림을 보고 들은 것에 ☑ 하십시오.

가 : 조셉 씨는 한국에서 공부도 하고 일도 하고 있죠?
나 : 네, 오전에는 한국어 공부를 하고 오후에는 회사에 가서 일을 해요.
가 : 공부가 더 재미있어요? 일이 더 재미있어요?
나 : 지금 하고 있는 일이 제가 좋아하는 일이기 때문에 일하는 시간도 재미있지만 요즘은 한국어를 공부하는 시간이 일하는 시간보다 더 재미있어요.

2) 가 : 은영 씨는 선배도 많고 후배도 많은데 누구하고 같이 있을 때 더 편하고 좋아요?
나 : 후배하고 같이 있을 때도 편하고 좋지만 저는 선배하고 같이 있을 때가 더 좋아요.
가 : 왜요? 선배들은 은영 씨보다 나이가 많으니까 이야기하기가 더 어렵지 않아요?
나 : 아니요, 선배들은 제 이야기를 잘 들어 주고 저를 위해서 좋은 말도 많이 해 주기 때문에 무슨 이야기든지 편하게 할 수 있어요.

3) 가 : 한솔 씨는 여행을 자주 가세요?
나 : 네, 취미가 여행이기 때문에 여행을 자주 가요.
가 : 저도 여행을 좋아해서 자주 가지만 해외여행은 좀 무서워요.
나 : 왜요? 해외여행을 가면 새로운 경험을 많이 할 수 있어서 좋아요.
가 : 사실은 비행기 타는 것이 무서워서 그래요. 그래서 비행기여행보다 기차여행을 더 많이 해요.
나 : 하지만 비행기여행보다 기차여행이 더 위험해요. 비행기는 사고가 많이 나지 않지만 기차는 사고가 자주 나잖아요.

4) 가 : 아들하고 딸 중에서 누구를 기르기가 더 힘들까?
나 : 내 생각에는 아들 기르는 것이 더 힘들어. 아들은 부모님 말씀도 잘 안 듣고 위험하게 놀기 때문에 부모님들이 걱정을 많이 할 거야.
가 : 하지만 딸을 기를 때도 걱정을 많이 해. 딸은 위험하게 놀지 않지만 집 밖에 위험한 것들이 많이 있기 때문에 딸이 집에 들어올 때까지 부모님들은 계속 걱정을 할 거야.
나 : 그래, 네 말이 맞다. 아들이 위험하게 놀면 말을 하면 되지만 딸은 집에 없을 때마다 항상 걱정을 해야 되니까 기르기가 더 힘들겠다.

2. 다음 대화를 듣고 맞는 이유를 연결하십시오.

가 : 한솔 씨하고 요코하고 요즘 같이 다니지 않는 모양인데, 왜 그래? 두 사람한테 무슨 일이 있어?
나 : 아마 두 사람이 헤어진 모양이야. 나도 다른 친구한테 들었어.
가 : 그래? 나는 처음 듣는 이야긴데……. 정말 둘이 헤어진 거야?
나 : 응, 그래서 둘 다 학교도 잘 나오지 않고 공부도 안 하고 있어.
가 : 그래, 마음이 아파서 그러겠지. 오랫동안 사귀었는

데 왜 안 그러겠어. 듣는 나도 마음이 아프다. 그런데 왜 헤어졌을까?
나 : 나도 잘 모르지만 나라가 다르니까 문제가 많았겠지. 서로 생각이 같아야 하는데 생각이 많이 달라서 그랬을 거야.
가 : 그런데 두 사람은 처음에 어떻게 친해진 거야?
나 : 응, 사진 찍기 동아리에서 만났어. 같이 여행 가서 사진도 찍고, 이야기도 많이 하고……. 아마 취미가 비슷해서 많이 친해졌을 거야.
가 : 두 사람이 3년 동안 만났지? 정말 오래 만났다.
나 : 응, 두 사람은 성격도 비슷했어. 그래서 사귈 때 정말 행복했을 거야. 그러니까 그렇게 오래 사귈 수 있었겠지.
가 : 그랬구나. 정말 마음이 아프다. 우리가 한 번 찾아가 보자.

3. 다음 대화를 듣고 빈칸을 완성하십시오.

1) 가 : 건강과 돈 중에서 무엇이 더 중요할까?
나 : 내 생각에는 돈이 더 중요해. 돈이 있으면 뭐든지 다 가질 수 있으니까.
가 : 아니야. 건강이 돈보다 더 중요해. 건강은 한 번 잃어버리면 돈으로 살 수 없잖아.
나 : 그래, 네 말이 맞다. 돈은 다시 벌 수 있지만 무엇보다 건강이 중요해.

2) 가 : 사람을 사귈 때 제일 중요한 것이 뭘까? 어떻게 생각해?
나 : 내 생각에는 취미가 제일 중요해. 취미가 같으면 언제든지 같이 재미있게 지낼 수 있으니까.
가 : 아니야. 취미보다 성격이 더 중요해. 두 사람이 서로 성격이 다르면 자주 싸워서 행복하지 않을 거야.
나 : 그래, 나도 옛날 남자친구하고 성격이 달라서 자주 싸웠기 때문에 6개월 만에 헤어졌어. 네 말처럼 두 사람이 오래 사귀려면 취미보다 성격이 더 중요하겠다.

3) 가 : 행복하게 살려면 사랑이 중요할까요? 자유가 중요할까요? 어떻게 생각하세요?
나 : 행복하게 살려면 무엇보다 사랑이 중요해요. 사람은 사랑하는 사람하고 같이 있을 때 제일 행복하니까요.
가 : 하지만 자유가 없으면 사랑하는 사람하고 같이 있어도 행복하지 않을 거예요. 마음에 자유가 있을 때 정말 행복할 수 있을 거예요.
나 : 그 말이 맞아요. 행복하게 살기 위해서는 사랑도 중요하지만 자유가 더 중요해요.

4) 가 : 지난 학기는 집 문제도 있고 친구 문제도 있어서 너무 힘들었어.
나 : 두 가지 문제 중에서 무슨 문제가 더 힘들었어?
가 : 친구 문제였어. 집 문제는 몸이 불편한 것이니까 괜찮았지만 친구 문제는 마음이 아픈 것이어서 더 힘들었어.
나 : 맞아. 몸이 힘든 것보다 마음이 힘든 것이 더 큰 문제야.

제8과 우체국 〈1〉

1. 다음 대화를 듣고 빈칸에 들은 것을 쓰십시오.

1) 가 : 친구에게 소포를 부쳐 줘야 하는데, 어떻게 해야 돼요?
나 : 우체국에 가서 부치세요. 근데 빨리 보내 줘야 돼요?
가 : 아니요, 빨리 보낼 필요는 없어요. 천천히 보내도 괜찮아요.
나 : 그러면 특급우편으로 보낼 필요는 없고 보통우편으로 보내세요.

2) 가 : 지금 이 편지를 부치면 언제쯤 도착할까요?
나 : 보통우편으로 보내면 이삼일 걸리고 특급우편으로 보내면 내일까지 들어갈 거예요. 빨리 도착해야 돼요?
가 : 아니요, 빨리 보낼 필요는 없어요. 하지만 다른 사람이 받으면 안 돼요. 아주 중요한 서류예요.
나 : 아, 그러면 등기우편으로 보내세요. 등기우편으로 보내면 그 사람만 받을 수 있으니까 걱정 없어요.

3) 가 : 부산에 있는 대학교에 이 서류를 보내려고 왔는데요.
나 : 네, 저기 큰 봉투에 서류를 넣고 주소와 이름을 써 주세요.
가 : 내일까지 꼭 도착해야 되는데 무슨 우편으로 보내면 좋을까요?
나 : 국내특급우편으로 보내면 내일까지 도착할 거예요.

4) 가 : 미국으로 이 소포를 보내려고 하는데요, 시간이 얼마나 걸릴까요?
나 : 항공우편으로 보내시면 일주일쯤 걸리고 국제특급우편으로 보내시면 삼일 후에 도착할 겁니다.
가 : 아직 시간은 있지만 생신 선물이니까 생신날 전까지는 꼭 도착해야 돼요.
나 : 그러시면 국제특급우편으로 보내는 것이 좋겠는데요. 항공우편은 가끔 늦게 도착하기도 하니까요.

2. 다음 대화를 듣고 맞으면 ○, 틀리면 ×표 하십시오.

1) 가 : 편지봉투에 무엇 무엇을 써야 돼요?
나 : 우편번호하고 받는 사람의 이름과 주소, 그리고 보내는 사람의 이름과 주소를 쓰면 돼요.
가 : 우편번호를 잘 모르는데 꼭 써야 돼요?
나 : 우편번호가 없으면 배달할 때 시간이 많이 걸리니까 우편번호를 쓰는 게 좋아요. 우체국에 가면 우편번호부 책이 있으니까 거기에서 찾으면 돼요. 주소만 있으면 쉽게 찾을 수 있을 거예요.

2) 가 : 다음 달에 고향에 돌아가기로 했어. 그래서 옷하고 책을 고향에 부치려고 하는데 어떻게 해야 돼?
나 : 옷하고 책을 다 소포로 부치면 우편요금이 아주 비쌀 거야. 가지고 가야 할 짐이 아주 많아?
가 : 아니, 그렇게 많은 것은 아니야.
나 : 그러면 고향에 돌아갈 때 큰 가방을 사서 가지고 가지 그래? 큰 가방으로 두 개는 가지고 갈 수 있으니까 그게 더 좋을 거야.

3) 가 : 다음 달부터 한국어를 배우기로 했는데 사전을 살 필요가 있을까?
나 : 사전 없이 어떻게 공부할 수 있겠어? 외국어를 공부하려면 사전은 꼭 필요해.
가 : 그래. 사실 나도 전자사전을 사려고 여기저기 구경해 봤는데 너무 비싸서 아직 못 사고 있어.
나 : 전자사전이 좀 비싸지만 가지고 다니기도 좋고, 빨리 빨리 찾을 수 있어서 아주 편할 거야. 오랫동안 한국어를 공부하려면 전자사전은 꼭 필요해.

4) 가 : 왕정 씨, 아까 수업 시간에 선생님이 하는 말 안 듣고 다른 생각을 하고 있었지요?
나 : 선생님, 요즘 고향에 너무 가고 싶어서 공부가 잘 안 돼요.
가 : 왕정 씨는 한국에서 대학교에 입학하기로 결정했지요? 대학교에서 공부하려면 한국말을 아주 잘해야 돼요. 한국말을 못하면 대학교에서 공부하기 힘들어요.
나 : 네, 선생님. 앞으로는 수업시간에 열심히 공부하겠습니다.

5) 가 : 오늘 저녁에 무엇을 하기로 했어요?
나 : 이따가 일곱 시에 친구들을 만나기로 했어요. 제니 씨도 같이 가시겠어요?
가 : 저는 한국말을 잘 못하니까 그런 모임에 가기가 좀 무서워요.
나 : 우리 모임은 외국인도 많으니까 한국말 걱정은 안 해도 돼요. 영어로 해도 되고 한국말로 해도 돼요.

6) 가 : 두 달 후에 결혼을 하기로 했어요.
나 : 와, 좋으시겠어요. 근데 결혼하면 어디에서 살 생각이에요?
가 : 남자친구가 회사에 다니니까 회사 근처에 있는 아파트에서 살 생각이에요. 좀 큰 아파트를 사려고 하는데 마음에 드는 집이 없어요.
나 : 신혼부부인데 큰 아파트를 살 필요가 있어요?
가 : 네, 한국에서 부모님과 같이 살아야 되니까 큰 집을 사야 돼요.

3. 앞으로 어떻게 하기로 했습니까? 잘 듣고 세 가지 내용을 짧게 쓰십시오.

1) 우리 부모님께서는 내가 혼자 외국에 있기 때문에 걱정이 많으신 모양이다. 그렇지만 나는 필요한 일이 있을 때만 전화를 드린다. 어제도 한 달 만에 전화를 드렸다. 연세가 많으신 부모님께 너무 죄송하다. 앞으로는 꼭 일주일에 한 번씩 전화를 드리기로 약속했다. 앞으로 이 약속을 꼭 지키는 좋은 아들이 되겠다.

2) 나는 요즘 건강이 좀 나빠졌다. 조금만 걸어도 힘들고, 조금만 추워도 감기에 걸린다. 왜 이렇게 건강이 나빠졌을까? 건강해지기 위해서 어떻게 해야 할까? 그러려면 먼저 술과 담배를 끊어야 한다. 그래서 나는 내 건강을 위해서 술과 담배를 끊기로 결심했다. 이 결심을 잘 지킬 수 있을까? 조금 걱정이 되지만 나는 꼭 이 결심을 지킬 것이다.

3) 나는 어학원 생활이 끝난 후에 한국에 있는 대학교에 입학하기로 결정했다. 서울에는 좋은 대학교가 많이 있는데 나는 그 대학교들 중에서 한양대학교에 입학하기로 결정했다. 어학원 생활을 한양대에서 했기 때문에 다른 학교에 다니는 것보다 더 쉽고 편할 것이다. 이제 한양대학교에 가기로 결정했으니까 앞으로 공부를 더 열심히 해야 한다.

제8과 우체국 〈2〉

1. 다음 대화를 듣고 빈칸에 맞게 쓰십시오.

1) 가 : 제니 씨, 어디에서 오는 길이에요?
나 : 우체국에서 고향에 소포를 부치고 오는 길이에요.
가 : 아, 고향에 소포를 부쳤어요? 부모님께서 기뻐하시겠어요.
나 : 아, 아니에요. 사실은 부모님이 아니라 고향에 있는 남자친구에게 보낸 거예요.

2) 가 : 지난번에 이야기한 그 친구가 어제 결혼을 했어요.
나 : 한국말로 쓴 카드를 그 친구에게 줬어요?
가 : 네, 그 감사 카드는 친구에게 잘 주었어요. 친구도 고마워했어요.
나 : 그건 감사 카드가 아니라 축하 카드인데요…….
내용은 맞게 쓰셨어요?

3) 가 : 친구한테서 사진 카드가 왔어.
나 : 사진 카드? 어디 봐. 이건 사진 카드가 아니라 엽서야.
가 : 아, 맞다. 엽서……. 이 엽서를 친구가 파리공항에서 보냈어.
나 : 공항에서 엽서를? 야, 정말 멋있다!

4) 가 : 어제 백화점에서 만난 사람이 누구야? 남자친구야?
나 : 아니에요. 오빠예요.
가 : 거짓말하지 마. 두 사람이 행복해하는 얼굴을 내가 봤는데…….
나 : 진짜예요. 남자친구가 아니라 정말 제 친오빠예요.

5) 가 : 왜 또 술을 마시고 있어? 정말 술을 물처럼 마시는구나.
나 : 이건 술이 아니라 물이야.
가 : 술 아니야? 어!? 정말 물이구나. 미안해.
나 : 날마다 나한테 왜 그래? 정말 기분 나빠.

6) 가 : 왜 친구들이 저렇게 즐거워하고 있어?
나 : 아, 어제 한국어 시험을 봤는데 다 시험을 잘 본 모양이야.
가 : 맞다! 다들 매일 대사관에 가서 잠도 안 자고 열심히 공부했지?
나 : 하하하, 거긴 대사관이 아니라 도서관이야.

2. 다음을 듣고 맞으면 ○, 틀리면 ×표 하십시오.

1) 외국으로 편지나 소포를 부치실 손님께서는 3번 창구에서도 부치실 수가 있으니 3번 창구를 이용해 주시기 바랍니다.

2) 지금 기계 고장으로 서비스가 늦어지고 있습니다. 빨리 고치려고 노력하고 있으니 예금을 하시거나 다른 은행으로 돈을 보내실 분들께서는 조금만 기다려 주시기 바랍니다.

3) 우체국에서도 전화요금이나 수도요금, 전기요금을 내실 수 있습니다. 복잡한 은행보다 더 편하게 이용하실 수

있습니다. 하지만 월말에는 복잡하니까 말일보다는 하루 이틀 전에 이용해 주시면 더 친절하게 모시겠습니다. 많이 이용해 주시기 바랍니다.

4) 우체국에서는 선물 배달 서비스를 해 드리고 있습니다. 한국에서 유명한 상품을 골라서 주문하면 곧 배달해 드립니다. 하지만 설날이나 추석 전에는 아주 바빠서 배달이 늦어지기도 합니다. 늦어도 설날이나 추석 일주일 전까지는 주문해 주시기 바랍니다.

3. **다음 편지 내용을 듣고 질문에 대답을 쓰십시오.**

어머니께

그동안 안녕하셨어요? 할머니, 아버지께서도 잘 계시지요? 동생도 잘 지내고 있지요? 저는 서울에서 건강하게 잘 지내고 공부도 잘하고 있으니까 제 걱정은 하지 마세요.

지난 번에 사진을 보내 주셔서 고맙습니다. 사진을 보고 고향생각이 많이 났어요. 동생이 얼굴도 달라지고 어른 같아져서 놀랐어요. 이제는 키가 커서 동생이 아니라 오빠 같아요.

할머니께서 지난번에 허리가 아프셨는데 지금은 어떠세요? 병원에는 가 보셨어요? 할머니께서 아프시니까 항상 걱정이 돼요.

참, 부탁이 하나 있어요. 전자사전을 잃어버렸는데 아직 사지 못했어요. 용산 전자상가에 가서 사려고 했는데 너무 비싸서 그냥 왔어요. 집에 있는 사전을 보내 주세요. 항상 이렇게 여러 가지 부탁만 드려서 죄송해요.

그럼 어머니, 건강 조심하시고 안녕히 계세요.

2008년 3월 15일
사랑하는 엄마 딸 제니 올림

제9과 건강 〈1〉

1. **다음 대화를 듣고 맞으면 ○, 틀리면 ×표 하십시오.**

1) 가 : 한솔 씨, 왜 어제 학교에 안 왔어요?
나 : 머리가 아파서 하루 종일 집에 있었어요.
가 : 오늘은 괜찮아요?
나 : 네, 오늘은 괜찮아요. 하루 푹 쉬니까 다 나았어요.

2) 가 : 마이클 씨 할아버지와 할머니께서는 지금 어디에 계세요?
나 : 두 분은 모두 돌아가셨어요.
가 : 아, 그러셨군요…….
나 : 할아버지께서는 제가 아주 어렸을 때 돌아가셨고요, 할머니께서는 작년에 암으로 돌아가셨어요.

3) 가 : 제니 씨, 얼굴이 왜 그래요? 기숙사 때문에 그래요?
나 : 아니요, 기숙사는 자리가 많이 있으니까 들어갈 수 있을 거예요.
가 : 그러면 다른 걱정이 있는 모양인데, 왜 그래요?
나 : 다음 학기 대학교 등록금이 너무 비싸서 그것 때문에 걱정이에요. 기숙사는 들어갈 수 있는데 학교 등록금이 없으니까 더 문제죠.

4) 가 : 은영 씨, 요즘 왜 성수 씨하고 안 만나요?
나 : 저…… 요즘 우리 안 만나요. 지난 주에 헤어졌어요.
가 : 왜요? 무슨 일이 있었어요?
나 : 성수 씨가 옛날 여자친구하고 계속 만나고 있잖아요. 저한테는 비밀로 하고요. 제가 나중에 그걸 알고 그 여자 이야기를 하니까 성수 씨는 저한테 화를 많이 냈어요. 앞으로 다시는 안 만날 거예요.
가 : 성수 씨 그렇게 생각 안 했는데, 진짜 나쁜 사람이군요.

5) 가 : 왜 이렇게 차가 빨리 안 가?
나 : 아마 지하철 공사 때문일 거야. 여기는 항상 길이 막혀.
가 : 아니야, 저기 봐. 저기 사거리 신호등 앞에서 교통사고가 난 모양이야. 경찰차도 와 있고 아주 복잡한데…….
나 : 큰일났다. 학교에 지각하면 안 되는데……. 아, 어떻게 하지?

6) 가 : 제니 씨, 왜 아직 등록금을 안 냈어요?
나 : 은행에 갔는데 돈 찾는 기계가 고장이 나서 찾을 수 없었어요.
가 : 아, 현금지급기 말이죠? 다음부터는 그런 일이 있으면 은행 직원한테 말씀하세요. 그러면 돈을 찾을 수 있을 거예요.
나 : 저도 그러려고 했는데요, 일찍 갔으면 좋았는데, 제가 너무 늦게 가서 은행 시간이 끝났어요. 그래서 그냥 왔어요.

2. **다음을 듣고 맞는 그림을 찾아서 번호를 쓰십시오.**

1) 오늘 아침에 일어났을 때 목이 아팠다. 어제 노래 연습을 많이 해서 그런 모양이다. 목이 아플 때는 뜨거운 차를 마시는 것이 좋다. 그래서 녹차를 계속 마셨는데 아침보다 많이 좋아졌다.

2) 나는 땀이 많이 나기 때문에 여름마다 기운이 없고 힘들다. 그래서 우리 어머니께서는 여름에 삼계탕을 자주 끓여 주신다. 기운이 없을 때에는 삼계탕이 최고다.

3) 요즘 스트레스 때문에 건강도 안 좋고 피부도 나빠졌다. 피부가 나쁘기 때문에 밖에 나가기가 싫다. 잠을 많이 자는 것이 피부에 좋은데 스트레스 때문에 잠도 잘 수 없다.

4) 요즘 걱정이 많아서 밤에 잠을 잘 수 없다. 어젯밤에는 자기 전에 따뜻한 우유를 한 잔 마셨는데 잠이 잘 왔다. 잠이 안 올 때에는 따뜻한 우유를 마시는 것이 좋은 모양이다.

5) 나는 어렸을 때부터 겨울에도 여름에도 감기로 고생을 많이 했다. 감기에 걸리지 않기 위해서는 손을 깨끗이 씻는 것이 좋다. 그래서 나는 어디에서든지 항상 비누로 손을 깨끗하게 씻는다.

6) 내 친구는 자주 변비 때문에 고생한다. 아침마다 화장실에 가서 나오지 못하는 친구를 볼 때마다 마음이 아팠다. 변비에는 바나나와 요구르트를 먹는 것이 제일 좋기 때문에 지난 주에 나는 친구에게 바나나와 요구르트를 사 줬다. 이틀 후에 친구는 변비가 다 나았다.

3. **친구가 아파서 병문안을 간 이야기입니다. 듣고 대답을 쓰십시오.**

오늘도 친구 마노가 학교에 오지 않았습니다. 마노는 월요일부터 감기로 이틀 동안 결석했는데, 아직도 감기가 다 낫지 않은 모양입니다. 저는 수업이 끝난 후에 마노의 집에 병문안을 갔습니다.

가 : 마노야, 몸은 어때? 좀 괜찮아?
나 : 응, 열이 나고 목이 아팠는데 약을 먹고 쉬니까 많이 좋아졌어.
가 : 그래, 감기에는 푹 쉬는 것이 좋아.
나 : 왕정아, 이렇게 와 줘서 고마워, 그런데 이게 뭐야?
가 : 오렌지 주스를 사왔어. 주스나 과일은 비타민 C가 많아서 감기에 아주 좋아.
나 : 뭘 이런 걸 다 사왔어? 그냥 와도 되는데…….
가 : 선생님도 많이 걱정하고 계셔.
나 : 그래, 나도 할 일이 많은데 아파서 전혀 못 하고 있어.
가 : 그런데 지금까지 이렇게 많이 아픈 적이 있었니?
나 : 응, 작년 겨울에 위장병으로 한 달 동안 병원에 다닌 적이 있어. 너도 건강 조심해.
가 : 그래, 알았어. 이제 그만 갈게.
나 : 왕정아, 이렇게 와 줘서 고마워.
가 : 그래, 감기가 빨리 낫기를 바란다.
나 : 고마워. 내일 학교에서 보자.

제9과 건강 〈2〉

1. 다음을 듣고 맞는 것에 ☑ 하십시오.

1) 병원에 가기 위해서 엘리베이터를 기다리고 있어요. 엘리베이터가 1층에 내려왔는데 문이 열리지 않아서 탈 수 없어요. 아마 엘리베이터가 고장이 난 모양이에요.
2) 오늘 아침에 학교에 올 때 버스를 탔는데 월요일이기 때문에 길에 차가 많았어요. 길이 막혀서 학교 수업에 늦었어요. 지하철을 탔으면 좋았을 텐데…….
3) 오늘 휴대폰을 새로 샀어요. 옛날 휴대폰은 지하철이나 엘리베이터에서 전화가 잘 걸리지 않았어요. 하지만 새로 산 휴대폰은 어디에서든지 끊기지 않고 잘 걸려서 좋아요. 더 일찍 샀으면 좋았을 텐데…….
4) 오늘은 지각을 했기 때문에 제일 뒤에 앉아서 수업을 들었어요. 눈이 나빠져서 뒤에 앉으니까 칠판 글씨가 잘 보이지 않았어요. 그래서 오후에 안경점에 가서 안경을 써 봤어요. 안경을 쓰니까 뭐든지 더 크고 밝게 잘 보여서 좋았어요. 하지만 눈이 나빠져서 걱정이에요.
5) 집에 갔는데 방안에서 이상한 소리가 들렸어요. 아마 사람들이 있는 모양이었어요. 놀라서 방으로 들어갔는데 사람이 없었어요. 사람들 소리는 텔레비전에서 나오는 소리였어요. 친구가 아침에 텔레비전을 안 끄고 학교에 간 모양이에요.
6) 제 생일에 친구들이 선물해 준 예쁜 그림을 제 방 벽에 걸었어요. 아침에 청소를 하려고 창문을 열었는데 바람이 너무 많이 불었어요. 바람 때문에 그림이 떨어져서 깨졌어요. 기분이 좋지 않아요.
7) 한국에 처음 왔을 때는 한국말을 잘 못했기 때문에 한국 영화를 보거나 노래를 들을 때 한국말이 들리지 않았어요. 하지만 요즘은 조금씩 알아들을 수 있어서 너무 좋아요.
8) 우리 집 근처에 있는 과일가게에는 항상 손님이 많아요. 다른 가게보다 과일이 더 싸고 맛있기 때문이에요. 오늘 집에 오는 길에 사과를 사려고 과일가게에 들렀는데 사과가 다 팔려서 사과를 살 수 없었어요.

2. 다음 대화를 듣고 빈칸에 맞게 쓰십시오.

1) 가 : 은영아, 어제 왜 학교에 안 왔어?
나 : 할머니께서 건강이 안 좋으셔서 병원에 모시고 갔다 왔어.
가 : 병원에? 어디가 아프신데?
나 : 배탈이 나셨는데 연세가 많으셔서 잘 낫지 않으셔. 어제 그 생선회를 안 드셨으면 좋았을 텐데……. 생선회를 드신 후에 더 나빠지셨어.
가 : 그래? 큰일이다. 빨리 나으셔야 되는데…….
나 : 걱정해 줘서 고마워. 며칠 더 병원에 다니시고 약 잘 드시면 금방 나으실 거야.

2) 가 : 한솔아, 우리 노래방 갈 건데 너도 같이 가자.
나 : 미안해. 같이 가고 싶지만 나는 못 가.
가 : 왜? 너 없으면 재미없어. 네가 우리 중에서 노래를 제일 잘 부르잖아.
나 : 요즘 목이 아파서 노래 못 해. 목소리도 잘 안 나와.
가 : 정말? 왜 목이 아픈데? 감기에 걸렸어?
나 : 아니야, 사실은 내가 담배를 너무 많이 피워서 그래. 담배 때문에 목도 아프고 목소리도 많이 나빠졌어. 담배를 조금만 피웠으면 목소리가 나빠지지 않았을 텐데…….
가 : 그럼, 오늘부터 담배를 끊어 보지 그래? 그러면 아마 다시 좋아질 거야. 네가 부르는 노래 다시 듣고 싶으니까 꼭 담배 끊어야 돼. 알았지?

3) 가 : 요즘 마이클 씨한테 무슨 일 있어요? 매일 화가 난 얼굴이에요.
나 : 화난 거 아니에요. 위장병 때문에 위가 아파서 그럴 거예요.
가 : 위장병요? 마이클 씨가 위장병에 걸렸어요?
나 : 네, 지난 주부터 밥도 잘 못 먹어요.
가 : 밥을 못 먹으면 공부도 못 할 텐데…….
나 : 네, 저도 그래서 걱정하고 있어요. 아마 앞으로도 일주일 동안 죽만 먹어야 할 거예요.
가 : 아, 마이클 씨가 빨리 나았으면 좋겠어요.

4) 가 : 제니야, 목소리가 왜 그래?
나 : 감기 때문에 코가 막혀서 그래.
가 : 감기? 여름에 무슨 감기야?
나 : 어제 밤에 너무 더워서 에어컨을 켜고 잤어.
가 : 에어컨을 켜고 자면 어떡해? 에어컨은 건강에 안 좋아.
나 : 맞아. 어제 에어컨을 끄고 잤으면 감기에 안 걸렸을 텐데…….
가 : 감기가 계속 안 나으면 이번 주말에 바다에 못 가겠구나. 어떻게 해?
나 : 괜찮아. 약 먹고 푹 쉬면 나을 거야. 너무 걱정하지 마.

3. **다음을 듣고 맞으면 ○, 틀리면 ×표 하십시오.**

오늘 다른 친구들은 다 학교에 왔는데 마이클과 제니는 보이지 않았다. 그래서 수업이 끝난 후에 나는 두 사람에게 전화를 걸어 보았다. 마이클은 눈병에 걸려서 학교에 오지 못했다. 마이클은 여름방학 동안 계속 수영장에서 살았는데 지난 주에 눈병에 걸린 것이다. 마이클이 수영장에 안 다녔으면 눈병에 걸리지 않았을 텐데……. 눈병에 걸리면 일주일쯤 있어야 낫는다. 마이클은 아마 이번 주까지는 학교에 오지 못할 거다.

제니는 토요일에 우리들하고 늦게까지 술을 마셨다. 제니는 그날 다른 음식은 먹지 않고 계속 술만 마셨다. 그리고 일요일에는 집에서 나오지 못했다. 아마 술을 너무 많이 마셔서 배탈이 난 모양이다. 술을 조금만 마셨으면 배탈이 안 났을 텐데…….

마이클하고 제니가 학교에 없으니까 너무 심심하다. 수업시간도 재미가 없다. "다 같이 공부하면 좋을 텐데……. 마이클하고 제니가 있으면 수업이 재미있을 텐데……." 수업시간 동안 계속 이런 생각을 했다. 건강을 잃어버리면 공부도 힘들어진다. 친구들아, 우리 다 같이 건강 조심하자.

제10과 날씨 〈1〉

1. **일기예보에서 들은 것을 쓰십시오.**

1) 주말을 시작하는 오늘은 아침부터 비가 내리겠습니다. 이 비는 봄이 오는 것을 알려 주는 봄비입니다. 봄비와 함께 즐거운 주말을 시작하시기 바랍니다.
2) 흐린 날씨로 시작하는 아침입니다. 지금 하늘에는 구름이 낮게 끼었는데요, 오늘 하루 대체로 흐리겠습니다. 하지만 비소식은 없으니까 우산은 준비하지 않으셔도 되겠습니다.
3) 오늘은 정말 햇볕이 좋은 가을 날씨입니다. 약하게 부는 가을바람도 시원하게 느껴집니다. 오늘 같은 날은 집 밖으로 소풍을 나가셔도 좋겠습니다. 이렇게 맑은 날씨는 이번 주말까지 계속되겠습니다.
4) 지금 서울은 안개가 많이 끼어서 100미터 앞도 잘 보이지 않고 있습니다. 차들이 거북이 걸음을 하고 있는데요, 모두 운전 조심하셔야겠습니다.
5) 지금 밖에는 많은 눈이 내리고 있습니다. 아침부터 내리는 이 눈으로 서울 시내의 모든 길이 막히고 있고 미끄러운 눈길 때문에 곳곳에서 사고 소식이 들어오고 있습니다. 오늘 같은 날은 자동차보다는 지하철을 이용하시는 것이 더 좋겠습니다.
6) 일본에서 불어오는 태풍 때문에 아침부터 바람이 강하게 불겠습니다. 오후에는 비도 내리고 밤 늦게부터 천둥과 번개도 치겠습니다. 모두 태풍 조심하시기 바랍니다.

2. **다음 일기예보를 듣고 날씨의 변화를 쓰십시오.**

1) 오전에는 맑다가 오후부터 구름이 많이 끼고 흐려지겠습니다.
2) 오전에는 구름이 많이 끼고 흐리다가 오후부터 비가 내리겠습니다. 이 비는 밤까지 계속되겠습니다.
3) 아침에는 바람도 불고 춥다가 오후에는 바람도 없고 따뜻해지겠습니다.
4) 밖에는 지금 눈이 많이 내리고 있는데요, 이 눈은 오늘 밤까지 계속되겠습니다. 하지만 내일 아침에는 맑은 하늘을 보실 수 있겠습니다.
5) 한동안 춥지 않은 날씨가 계속되었는데요, 오늘 밤부터 추워져서 이번 겨울날 중에서 제일 추운 날씨가 되겠습니다.
6) 이틀 동안 비가 계속 내렸는데요, 내일은 맑은 하늘을 보실 수 있겠습니다. 내일 오후부터는 많이 더워지겠는데요, 이렇게 더운 날씨는 이번 주말까지 계속되겠습니다.

3. **친구에게 어떤 일이 있었어요? 듣고 빈칸에 맞게 쓰십시오.**

1) 가 : 와, 오늘 정말 눈 많이 온다. 세상이 다 하얘.
나 : 응, 눈이 와서 경치는 아름다운데 길이 미끄러우니까 너무 위험해.
가 : 맞아. 사실 나도 아침에 학교에 오다가 길에서 미끄러질 뻔했어.
나 : 그래? 큰일날 뻔했다. 우리 할머니도 눈길에서 미끄러지셔서 허리를 많이 다치셨는데. 정말 조심해야 돼.

2) 가 : 여행 잘 갔다 왔어요?
나 : 네, 날씨도 좋고 경치도 너무 아름다워서 재미있게 놀다가 왔어요. 아, 근데 돌아오는 날 큰일날 뻔했어요.
가 : 왜요? 무슨 일 있었어요?
나 : 친구들하고 여기저기 구경하다가 기차 시간에 늦어서 기차를 못 탈 뻔했어요. 기차역에 도착했을 때 기차가 출발하고 있었어요.
가 : 그럼, 열심히 뛰었겠군요.
나 : 네, 그래도 기차를 탔으니까 다행이었어요.

3) 가 : 휴~, 오늘 또 지각할 뻔했다.
나 : 너 또 늦잠 잤구나!
가 : 아니야, 집에서 일찍 나왔는데 학교에 오는 길에 지난 학기 친구를 만나서 같이 이야기하다가 조금 늦었어.
나 : 그래도 늦지 않아서 다행이다.
가 : 응, 맞아. 오늘도 늦었으면 선생님한테 또 혼났을 거야.

4) 가 : 나 어제 정말 죽을 뻔했어.
나 : 왜? 무슨 일 있었어?
가 : 응, 어제 버스 타고 집에 가다가 교통사고가 나서 죽을 뻔했어.
나 : 정말? 어제 비가 많이 와서 그랬구나. 다친 데는 없어?
가 : 응, 안 다쳤어.
나 : 큰일날 뻔했다. 안 다쳐서 정말 다행이야.

5) 가 : 한솔 씨는 고등학교에 다닐 때 공부를 잘했어요?
나 : 별로 잘하지 못했어요. 고등학교 때 공부는 안 하고 매일 친구들하고 놀다가 대학입학시험에 떨어질 뻔했어요.
가 : 근데 어떻게 대학교에 들어왔어요?
나 : 고등학교 3학년 때 선생님께서 저를 많이 걱정해 주시고 공부도 많이 도와주셔서 그때부터 열심히 공부했어요.
가 : 정말 좋은 선생님을 만났군요.

6) 가 : 너 오늘 하루 종일 왜 그래? 무슨 안 좋은 일 있었어?
나 : 사실은 어제 친구하고 좀 싸웠어.
가 : 정말? 그래서 기분이 안 좋았구나. 무슨 일 때문에 싸웠는데?

나 : 우리 둘이 성격이 달라서 싸울 때가 많아. 어제는 친구도 나도 화가 많이 나서 좀 심하게 싸웠는데, 몸싸움을 하다가 팔을 다칠 뻔했어.
가 : 팔을? 안 다쳤어?
나 : 응, 어제는 팔이 조금 아팠는데 지금은 괜찮아.
가 : 큰일날 뻔했다. 앞으로는 그렇게 심하게 싸우지 마.

제10과 날씨 〈2〉

1. 친구에게 어떻게 말했어요? 듣고 맞는 것을 찾아서 ☑ 하십시오.

1) 은영아, 빨리 나와 봐. 지금 눈이 내려.
2) 날씨가 흐려서 기분도 안 좋아.
3) 어제 밤에 천둥하고 번개 쳤는데 너도 봤니? 진짜 무서웠지? 나는 너무 무서워서 잠도 못 잤어.
4) 오늘 바람이 많이 부니까 옷을 따뜻하게 입으세요.
5) 지금 밖에 비가 와? 우산을 가지고 가야 돼?
6) 기온이 많이 떨어져서 추위가 계속된다고 하니까 감기 조심하세요.
7) 이 비는 소나기니까 조금 있으면 멈출 거예요. 지하철역에서 잠깐만 기다립시다.
8) 한솔 씨, 제주도에 여행 간다고 했죠? 지금 제주도에 태풍이 오고 있다고 하는데 위험하니까 가지 마세요.

2. 다음 대화를 듣고 맞으면 ○, 틀리면 ×표 하십시오.

가 : 안녕하세요? 마이클 씨?
나 : 네, 안녕하세요? 은영 씨.
가 : 씽 씨가 어제 제주도에 간다고 했는데 왜 아직 서울에 있어요?
나 : 장마 때문에 못 갔다고 들었어요. 다음 주로 연기했다고 해요.
가 : 잘한 일이에요. 일기예보에서 오늘 밤에 비가 많이 온다고 했어요. 그리고 천둥과 번개도 친다고 했어요.
나 : 날씨가 나쁠 때는 정말 조심해야 돼요. 저도 지난 주에 고속도로에서 운전하다가 교통사고가 날 뻔했어요. 안개가 많이 끼어서 앞이 잘 안 보였어요.
가 : 어제도 비 때문에 여기저기에서 교통사고가 많이 났다고 들었어요. 마이클 씨도 운전 조심하세요.

3. 다음을 듣고 일기예보에서 말한 것을 짧게 쓰십시오.

1) 오늘의 날씨를 말씀드리겠습니다. 오전에는 안개가 많이 끼고 흐리다가 오후부터는 맑아지겠습니다. 지금 서울 곳곳에 안개가 많이 끼었는데요, 운전하시는 분들께서는 조심하시기 바랍니다. 지금까지 오늘의 날씨였습니다.
2) 내일의 날씨를 말씀드리겠습니다. 지난 주부터 시작된 장마로 내일도 많은 비가 내리겠는데요, 외출하실 때 꼭 우산을 가지고 나가시기 바랍니다. 이 비는 모레까지 계속되겠고 주말쯤에는 맑은 하늘을 보실 수 있겠습니다. 지금까지 내일의 일기예보를 말씀드렸습니다.
3) 주말의 날씨를 말씀드리겠습니다. 이번 주말에는 조금 추워지겠고 눈소식도 있겠습니다. 일요일에 전국적으로 첫눈이 내리겠는데요, 첫눈이 내린 후에는 기온이 많이 떨어져서 추위가 시작되겠습니다. 옷을 따뜻하게 입고 나가시기 바랍니다. 지금까지 주말의 날씨를 말씀드렸습니다.

제11과 전화 〈1〉

1. 왜 놀랐습니까? 다음을 듣고 맞는 것에 ☑ 하십시오.

1) 가 : (따르릉) 여보세요? 거기 한양대학교 국제어학원이죠?
나 : 한양대학교요? 아닌데요. 잘못 거셨어요.
가 : 한양대학교가 아니라고요? 거기 2220-1665 아니에요?
나 : 여기는 2210-1665예요.
가 : 아, 네. 죄송합니다.
2) 가 : 올가 씨가 계속 전화를 안 받는데 무슨 일이 있어요?
나 : 여행 가서 아직 돌아오지 않은 모양이에요.
가 : 여행요? 갑자기 여행을 왜 갔어요?
나 : 신혼여행 갔어요. 올가 씨 지난 주에 결혼했는데 몰랐어요?
가 : 올가 씨가 결혼을 했다고요? 전 몰랐어요.
3) 가 : (따르릉) 여보세요? 제니니? 오늘 왜 학교에 안 왔어?
나 : 응, 오늘 배가 너무 아파서 학교에 갈 수 없었어.
가 : 배가 아프다고? 왜 배가 아픈데? 병원에 가 봤어?
나 : 아침에 병원에 갔다 왔는데, 약 먹으면 괜찮을 거라고 했어.
4) 가 : (따르릉) 여보세요? 정한솔입니다.
나 : 한솔아, 나 은영이야.
가 : 어, 은영이구나.
나 : 오늘 모임 때문에 전화했어. 성수가 오늘 회사에 갑자기 급한 일이 생겨서 못 나온다고 했어. 그러니까 오늘 모임은 취소하자.
가 : 오늘 모임을 취소하자고? 야, 갑자기 취소하면 어떡해?
나 : 미안하다. 나도 오늘 아침에 연락 받았어.
5) 가 : (따르릉) 여보세요? 은영이니? 너 왜 안 오니?
나 : 지금 출발하니까 30분만 더 기다려 줘. 미안해.
가 : 지금 집에서 출발한다고? 왜 이렇게 늦게 나왔어?
나 : 아침에 늦게 일어났어. 시계가 고장이 난 모양이야.
가 : 어휴, 알았으니까 빨리 와. 네가 이따가 점심 사.
6) 가 : 죄송한데요, 사장님하고 언제쯤 만날 수 있을까요?
나 : 사장님께서 지금 통화중이시니까 조금만 더 기다리세요.
가 : 더 기다리라고요? 벌써 한 시간 기다렸어요.
나 : 죄송합니다. 아마 통화가 좀 길어지시는 모양이에요.

2. 다음을 듣고 음성 메시지의 내용을 짧게 쓰십시오.

1) 은영아, 나 제니야. 내일 약속 잊어버리지 마. 다섯 시 한양대학교 정문 앞이야. 꼭 와. 그리고 지난 번처럼 늦으면 안 돼. 끊을게.
2) 은영아, 엄마다. 너 지금 어디에 있니? 이 메시지 들으면 빨리 집으로 전화해라. 빨리 해. 알았지?
3) 자기야, 지금 뭐 하고 있어? 내일 만나고 싶어. 이따가

저녁에 꼭 전화해. 전화 올 때까지 기다릴 거야. 사랑해.

4) 김 선생님, 저 마이클이에요. 죄송한데요, 내일 바쁜 일이 있어서 학교에 못 가요. 모레는 꼭 갈게요. 그럼, 안녕히 계세요.

5) 제니 씨, 어학원 사무실입니다. 캐나다에서 소포가 왔으니까 사무실에 와서 찾아가세요. 다섯 시 전까지는 오셔야 돼요. 안녕히 계세요.

6) 은영 씨, 마이클이에요. 어제 생일이었죠? 파티에 못 가서 미안해요. 늦었지만 생일 축하해요. 제가 노래 불러 줄게요. "생일 축하합니다, 생일 축하합니다." 하하, 그만 끊을게요.

3. 다음 대화를 듣고 통화를 못 한 이유를 다음에서 고르십시오.

1) 가 : (따르릉) 여보세요? 김은영 씨 휴대폰이죠?
나 : 네, 맞는데요. 누구세요?
가 : 여보세요? 김은영 씨 휴대폰 아니에요? 여보세요? 저, 잘 안 들리는데요, 좀 크게 말씀해 주세요.
나 : 잘 안 들린다고요? 저는 잘 들리는데요.
가 : 여보세요? 여보세요?
나 : 저기, 전화를 끊어 보세요. 제가 다시 전화할게요.

2) 가 : (따르릉) 여보세요? 거기 한양피아노 학원이죠?
나 : 피아노 학원요? 아닌데요. 잘못 거셨어요.
가 : 한양피아노 학원 아니에요?
나 : 여기는 가정집이에요. 혹시 아까 전화하신 분 아니세요? 벌써 세 번째 전화하셨어요.
가 : 아, 죄송합니다. 이상하다. 이 전화번호가 맞는데…….
나 : 아니에요. 번호를 다시 확인하고 전화해 보세요.

3) 가 : (따르릉) 네, 코리아은행입니다. 무엇을 도와 드릴까요?
나 : 죄송한데요, 김성수 씨 좀 부탁드립니다.
가 : 김성수 씨는 지금 자리에 안 계신데요, 누구시라고 전해 드릴까요?
나 : 저는 제니라고 하는데요, 한 시간 후에 다시 전화하겠다고 전해 주세요.
가 : 네, 그렇게 전해 드리겠습니다.

4) 가 : 은영아, 한솔이하고 통화했어?
나 : 어, 조금 전에 통화는 했는데 통화하다가 전화가 갑자기 끊겨서 말을 다 못 했어.
가 : 그럼, 한솔이한테 아직 여행 이야기 못 한 거야?
나 : 응, 같이 여행 갈 수 있냐고 물어봤는데 전화가 끊겨서 대답을 못 들었어.
가 : 그래? 한솔이한테 무슨 일이 있는 모양이다.
나 : 응, 그런 모양이야. 아마 한솔이가 이따가 다시 전화하겠지. 전화가 안 오면 내가 다시 전화해서 물어볼게.

제11과 전화 〈2〉

1. 무슨 부탁을 했어요? 그 부탁을 들어 주었어요? 듣고 답을 쓰십시오.

1) 가 : 아저씨, 여기 김치 좀 더 주세요.
나 : 네? 뭐라고요, 손님?
가 : 김치요. 김치 좀 더 달라고요.
나 : 아, 네, 알겠습니다. 잠깐만 기다리세요. 금방 갖다 드릴게요.

2) 가 : 어머, 꽃이 정말 예뻐요. 마이클 씨가 산 거예요? 이거 제가 제일 좋아하는 꽃인데 저한테 주세요.
나 : 이 꽃을 달라고요? 미안하지만 안 돼요. 오늘이 은영 씨 생일이어서 은영 씨에게 줘야 돼요. 제니 씨한테는 다음에 드릴게요.

3) 가 : 미안하지만 십만 원만 빌려 줄 수 있어?
나 : 십만 원만 빌려 달라고? 언제까지 필요한데?
가 : 내일 꼭 필요해. 갑자기 돈 쓸 일이 생겨서. 다음 주에 부모님께서 돈을 보내 주신다고 했으니까 그때 꼭 줄게.
나 : 알았어. 근데 나도 돈이 없으니까 다음 주에는 꼭 줘야 돼. 알았지?
가 : 응, 걱정하지 마. 고마워.

4) 가 : 제니야, 숙제했어?
나 : 응, 당연하지. 너는? 너 안 한 모양이구나.
가 : 응, 어제 너무 바빠서 숙제를 못 했어. 미안한데 네 숙제 좀 보여 줘.
나 : 뭐라고? 숙제를 보여 달라고? 그건 안 되지. 선생님께서 숙제는 자기 혼자 하라고 하셨잖아.
가 : 알아. 그렇지만 숙제를 안 내면 선생님한테 혼이 날 거야.
나 : 숙제를 안 해 오는 것보다 다른 사람 숙제를 보고 하는 것이 더 나빠. 그냥 선생님께 말씀 드리고 내일 해 와.
가 : 그래, 알았어.

5) 가 : 은영아, 내일 오후에 시간 있니?
나 : 내일? 응, 시간 있어. 왜?
가 : 내일 우리 반 친구들을 집에 초대했는데 네가 음식 준비하는 것을 좀 도와줬으면 좋겠어.
나 : 음식 준비를 도와 달라고? 하지만 나는 요리를 잘 못하는데…….
가 : 괜찮아. 어려운 요리는 안 할 거야. 그리고 어제 어머니한테 전화해서 요리 방법을 다 물어봤으니까 너는 조금만 도와주면 돼.
나 : 그래? 몇 시까지 가면 되는데?
가 : 친구들이 다섯 시까지 오기로 했으니까 두 시부터 준비하면 될 거야.
나 : 두 시? 그래, 알았어. 그때까지 늦지 않게 갈게.
가 : 정말 고마워. 우리 반 친구들이 너를 많이 보고 싶어했는데 내일 다 만날 수 있겠다. 아마 너도 재미있을 거야.
나 : 그래, 정말 재미있겠다.

6) 가 : 올가 씨, 오전에 한국어 수업 끝나면 오후에는 뭘 해요?
나 : 그냥 친구 만나서 놀거나 집에 가서 숙제해요.
가 : 그래요? 그럼, 오후에 시간이 있겠군요.
나 : 네, 별로 바쁘지 않아요? 왜요?
가 : 사실은 제가 러시아말을 좀 배우고 싶은데 올가 씨가 일주일에 두 번만 가르쳐 주세요.
나 : 러시아말을 가르쳐 달라고요? 러시아말은 한국사람한테 좀 어려울 텐데, 괜찮겠어요?

가 : 조금 어렵겠지만 열심히 배울게요.
나 : 좋아요. 그러면 다음 주부터 시작해요.

2. 다음을 듣고 빈칸에 알맞은 말을 쓰십시오.

나는 지난 달에 한국에 왔기 때문에 아직 휴대폰이 없다. 그래서 한국에 온 후에 전화를 한 통도 해 본 적이 없다. 하지만 한국에서 생활하려면 휴대폰이 꼭 필요하기 때문에 오늘 휴대폰을 사러 명동에 갔다 왔다. 지금까지 명동에는 한 번도 가 본 적이 없었는데 명동은 사람도 많고 차도 많아서 아주 복잡했다. 하지만 이것저것 구경할 것이 많아서 재미있었다. 휴대폰 가게도 아주 많았다. 여기저기 구경하다가 어떤 가게에 들어갔는데 그 가게에는 휴대폰이 아주 많았다. 비싼 것도 있고 싼 것도 있었지만 싼 것 중에는 내 마음에 드는 것이 한 대도 없었다. 그래서 비싼 것을 샀다.

휴대폰을 산 후에는 옷을 사러 다른 가게에 들어갔다. 한국에 올 때 옷을 많이 안 가지고 왔기 때문에 여름옷이 한 벌도 없다. 그래서 여름옷을 몇 벌 샀다. 하루 종일 쇼핑을 해서 배가 많이 고팠지만 휴대폰도 사고 옷도 샀기 때문에 지갑에는 교통카드만 있고 돈이 하나도 없었다. 그래서 밥도 못 먹고 그냥 집으로 왔다. 하지만 휴대폰이 생겨서 너무 기쁘다. 반 친구들한테 전화를 해 보고 싶지만 아직 전화번호를 아는 친구가 한 명도 없다. 내일 학교에 가면 친구들한테 전화번호를 다 물어봐야겠다.

3. 다음 대화를 듣고 질문에 대답을 쓰십시오.

가 : (따르릉) 여보세요. 김성수 씨 좀 부탁합니다.
나 : 김성수 씨는 지금 자리에 안 계신데요.
가 : 언제쯤 돌아오세요?
나 : 일 때문에 잠깐 나가셨는데 조금 있으면 오실 거예요. 누구시라고 전해 드릴까요?
가 : 저는 김은영이라고 하는데요, 대학교 동창이에요.
나 : 네. 뭐라고 전해 드릴까요?
가 : 내일 친구 모임이 있으니까 다섯 시까지 꼭 오라고 전해 주세요.
나 : 다섯 시까지 꼭 오라고요? 또 전할 말씀 없으세요?
가 : 아, 그리고 내일 친구 생일파티도 할 거니까 올 때 포도주를 한 병 사 가지고 와 달라고 전해 주세요.
나 : 포도주를 한 병 사 가지고 와 달라고요? 네, 알겠습니다. 그렇게 전해 드리겠습니다.
가 : 감사합니다. 그럼, 안녕히 계세요.

제12과 한국 생활 〈1〉

1. 다음 대화를 듣고 맞는 것에 ☑ 하십시오.

1) 가 : 아저씨, 우유 하나 주세요.
나 : 무슨 우유로 드릴까요? 바나나 우유도 있고 딸기 우유도 있는데…….
가 : 그냥 흰 우유로 주세요.
2) 가 : 뭘 드시겠어요?
나 : 과일주스 중에서 뭐가 제일 인기가 있어요?
가 : 봄에는 딸기주스가 최고지요. 요즘 학생들이 제일 많이 찾아요.
나 : 저는 신 과일을 안 좋아해요. 그냥 토마토 주스로 주세요.
가 : 알겠습니다. 잠시만 기다리세요.
3) 가 : 무슨 커피 시킬까?
나 : 난 아이스커피로 할게.
가 : 날씨도 추운데 따뜻한 걸로 마시지 그래?
나 : 그럴까? 우유가 든 커피가 카페오레 맞지? 난 카페오레로 해 줘.
4) 가 : 손님, 백만 원 찾으셨죠? 돈을 어떻게 드릴까요? 수표로 드릴까요? 아니면 현금으로 드릴까요?
나 : 현금으로 주세요.
5) 가 : 어서 오세요, 손님. 실례지만 몇 분이시지요?
나 : 세 명요.
가 : 죄송하지만 지금 자리가 흡연석만 있는데 괜찮으시겠어요?
나 : 저는 담배 연기를 싫어하는데 금연석은 얼마나 기다려야 해요?
가 : 금연석은 10분쯤 기다리시면 될 거예요. 여기 앉아서 기다리시면 성함을 불러 드릴게요.
6) 가 : (따르릉) 네, 신라호텔입니다.
나 : 3월 21일에 객실 하나를 예약하려고 하는데요.
가 : 온돌방과 침대방이 있는데 어떤 방으로 예약해 드릴까요?
나 : 부모님을 모시고 가니까 온돌방이 좋겠어요. 온돌방으로 예약해 주세요.
가 : 네, 알겠습니다. 3월 21일에 객실 하나 예약되셨습니다.

2. 다음 대화를 듣고 내용에 맞게 ○, △, ×표 하십시오.

1) 가 : 한국어 타이프를 잘 쳐요?
나 : 아니요, 영어 타이프는 잘 치지만, 한국어 타이프는 못 쳐요.
가 : 그럼, 인터넷으로 채팅해 본 적도 없어요?
나 : 없어요. 해 보고 싶었지만 못 해 봤어요.
가 : 그럼, 제가 한국어 타이프를 가르쳐 드릴까요?
나 : 네, 좋아요. 이제부터 우리 한국말로 채팅합시다.
2) 가 : 한식집에 가면 불편한 것이 딱 두 가지가 있어요.
나 : 그 두 가지가 뭔데요?
가 : 하나는 온돌방에 앉는 것이고요, 하나는 젓가락을 사용하는 거예요.
나 : 젓가락을 하나도 사용할 줄 모르세요?
가 : 아니요, 사용할 줄은 알지만 잘하지 못해요.
나 : 한국 음식은 좋아하세요?
가 : 물론이지요. 한국 음식보다 더 맛있는 음식은 없죠.
나 : 한식을 좋아하시면 젓가락 사용하는 것도 빨리 배우실 거예요.
3) 가 : 한국말을 잘하시는군요. 어디에서 한국어를 배우셨어요?
나 : 고맙습니다. 한양대학교에서 배웠어요.
가 : 저도 한국어를 배우려고 하는데 한양대학교에 가면 좋을까요?
나 : 그렇지요. 저도 처음에 한국에 왔을 때 말하기는 좀

괜찮았지만 읽고 쓸 줄은 몰랐어요. 하지만 한양대학교에서 5개월 동안 배워서 지금은 읽고 쓰기도 잘 해요.

4) 가 : 한국 요리를 언제 이렇게 만드셨어요? 시간도 없으셨을 텐데…….
나 : 아니에요. 사실은 음식점에서 배달시킨 거예요. 한국 음식을 먹을 줄은 알지만 하나도 만들 줄은 몰라요.
가 : 만들 줄 아는 한국 음식이 정말 하나도 없어요?
나 : 아, 딱 하나가 있어요. 컵라면은 요리할 줄 알아요.
가 : 아이고, 컵라면이라고요? 컵라면은 요리가 아니죠.

5) 가 : 컴퓨터를 잘 하세요?
나 : 물론이죠. 제가 대학교에서 컴퓨터를 공부했으니까요.
가 : 와, 잘 됐다. 컴퓨터가 고장 났는데 좀 고쳐 주세요.
나 : 미안해요. 제가 컴퓨터를 할 줄은 알지만 고칠 줄은 몰라요.
가 : 컴퓨터를 잘 하면 고칠 줄도 알 텐데……. 정말 몰라요?
나 : 네, 저는 한 번도 해 본 적이 없어서요. 제 친구가 컴퓨터를 고칠 줄 아니까 친구한테 부탁해 볼게요.

6) 가 : 내가 어제 네 휴대폰으로 문자를 보냈는데, 받았어?
나 : 물론 잘 받았지.
가 : 그런데 왜 답장을 안 보냈어?
나 : 미안해, 나는 문자를 받을 줄은 알지만 보낼 줄은 몰라.
가 : 너 지금 농담하는 거지? 요즘 문자 보낼 줄 모르는 사람이 어디 있어?
나 : 아니야, 농담 아니야. 진짜 문자 보낼 줄 몰라. 네가 좀 가르쳐 줘.

3. 다음 대화를 듣고 맞으면 ○, 틀리면 ×표 하십시오.

가 : 마이클 씨, 술을 마실 줄 알아요?
나 : 물론이죠. 술을 좋아해요.
가 : 처음에 한국에 왔을 때는 술을 못 마신다고 했었지요?
나 : 네, 그 때는 정말 술을 하나도 마실 줄 몰랐어요.
가 : 그럼, 언제부터 술을 마시기 시작했어요?
나 : 편의점에서 아르바이트 하다가요. 그때 좀 기분 나쁜 일이 있었는데 아르바이트 선배가 술을 사 줬어요.
가 : 아이고, 그렇게 나쁜 것을 가르쳤으니까 나쁜 선배인데요.
나 : 하하하, 아니지요. 그 반대지요. 한국 사람들은 같이 술을 마시면 더 친해지니까요. 그 선배하고는 지금도 정말 친해요. 진짜 우리 형처럼 저에게 잘 해 줘요. 술 때문에 그 선배하고 친해졌으니까 저는 술에게 고마워 해야 돼요.
가 : 술이 사람 사귀기에는 좋을 때도 있지만 건강에는 나쁘니까 조금만 드세요.

제12과 한국 생활 〈2〉

1. 다음 대화를 듣고 질문에 대답을 쓰십시오.

1) 가 : 제니 씨는 용돈을 많이 써요?
나 : 저는 용돈을 많이 안 써요. 술, 담배도 안 하고 쇼핑도 잘 안 하니까 별로 돈 쓸 일이 없어요.
가 : 보통 한 달에 얼마나 쓰세요?
나 : 조금 더 쓸 때도 있고 덜 쓸 때도 있지만 보통 35만 원쯤 써요.
가 : 정말요? 35만 원으로는 생활하기 힘들 것 같은데요.

2) 가 : 은영아, 얼굴이 왜 그래? 잠을 못 잔 것 같은데?
나 : 응. 시험공부 때문에 잠을 많이 못 잤어.
가 : 오늘 시험 때문에 그랬구나. 몇 시간이나 잤는데?
나 : 새벽까지 공부하다가 네 시에 잤는데 아침 일곱 시쯤 일어났어.
가 : 야, 정말 피곤하겠다. 오늘 시험 보고 일찍 집에 가서 쉬어라.
나 : 응. 나도 그러려고 해.

3) 가 : 마이클 씨, 아르바이트가 하나 있는데 해 보시겠어요?
나 : 아르바이트요? 무슨 아르바이트인데요?
가 : 회사 일을 도와주는 건데 마이클 씨는 영어를 잘 하니까 별로 어렵지 않을 것 같아요.
나 : 며칠 동안이나 일해야 돼요?
가 : 일주일쯤 하면 된다고 했어요. 큰 회사니까 돈도 많이 줄 것 같아요.
나 : 네, 좋아요. 제가 하겠어요. 제니 씨, 고마워요.

4) 가 : 한솔아, 뭘 그렇게 열심히 보고 있니? 편지구나. 누구한테서 받은 편지야?
나 : 나도 잘 모르겠어. 봉투에 보낸 사람 이름이 없어.
가 : 정말? 널 짝사랑하는 사람인 모양이다. 편지에 뭐라고 썼는데?
나 : 오랫동안 날 좋아했다고, 한 번 만나고 싶다고 썼는데…….
가 : 와! 기분 좋겠다. 그런데 너는 별로 놀라는 것 같지 않은데……, 왜 그래? 이런 연애편지를 많이 받아 본 모양이구나.
나 : 사실은 이런 편지, 너무 많이 받아서 잘 기억이 안 나. 아마 초등학교 때부터 고등학교 때까지 받은 편지가 백 통쯤 될 거야. 이런 일은 뭐, 나한테는 자주 있는 일이니까 그렇게 놀랄 일은 아니지.

5) 가 : 선생님, 한복을 한 벌 사려고 하는데 어디에 가면 좋을까요?
나 : 동대문시장에 가 보세요. 다른 곳보다 조금 싸게 살 수 있을 거예요.
가 : 제가 이번에 한복을 사면 다음 설날 때 한복을 입고 선생님 댁에 인사드리러 갈게요.
나 : 정말요? 제니 씨가 한복을 입으면 정말 예쁠 것 같아요.
가 : 선생님도 한복이 있으시죠?
나 : 물론이죠. 결혼하기 전에 입은 한복하고 결혼할 때 입은 한복이 또 있으니까. 모두 두 벌 있어요. 잘 입지는 않지만요…….

6) 가 : 정식아, 너도 고양이나 강아지를 길러 본 적이 있니?
나 : 내가 아주 어렸을 때여서 잘 기억이 나지 않지만, 강아지는 한두 마리 길러 본 적이 있는 것 같아.
가 : 강아지? 강아지보다 고양이가 더 귀엽지 않아?
나 : 고양이도 귀여운데 우리 누나가 무서워해서 기를 수가 없었어.

가 : 난 고양이를 너무 좋아하는데, 지금은 기를 수 없어서 너무 슬퍼.

2. **다음 대화를 듣고 질문에 답하십시오.**

가 : 제니 씨, 어디에 가는 길이에요?
나 : 그릇 사러 나가는 길이에요. 어디에 가서 사면 좋을까요?
가 : 그릇요? 어떤 그릇을 사려고 하는데요?
나 : 이번 주부터 친구들하고 같이 살기로 해서 부엌에서 쓸 그릇들이 필요해요. 냄비하고 밥그릇, 숟가락, 젓가락 이런 것들요…….
가 : 그릇을 사려면 남대문시장으로 가야지요.
나 : 네, 그런데 밥그릇하고 숟가락, 젓가락을 몇 개나 사야 될까요?
가 : 친구들이 모두 몇 명이나 같이 사는데요?
나 : 저까지 세 명이에요. 그러니까 세 개씩 사면 되겠죠?
가 : 제 생각에는 한두 개 더 사야 할 것 같은데요. 집에 손님이 오면 어떻게 할 거예요?
나 : 아, 맞다. 그러면 한 개씩 더 사는 게 좋겠어요.
가 : 요리를 하려면 냄비도 필요할 텐데 몇 개나 살 생각이에요?
나 : 냄비는 두 개만 사도 괜찮을 것 같아요.
가 : 제 생각에는 두 개만 있으면 좀 부족할 것 같은데요. 작은 냄비 두 개하고 큰 냄비 한 개 사는 게 어때요?
나 : 그렇게 많이 필요할까요?
가 : 물론이죠. 냄비가 많으면 여러 가지 요리를 해 먹을 수 있으니까 편하지요.
나 : 알았어요. 그럼 냄비도 한 개 더 사야겠어요.
가 : 프라이팬도 살 거죠?
나 : 아, 프라이팬 살 생각은 못 했어요. 몇 개나 사야 될까요?
가 : 프라이팬은 꼭 필요하죠. 작은 것 하나하고 큰 것 하나면 될 것 같아요. 반찬 그릇은 사지 마세요. 저한테 많이 있으니까 제가 몇 개 드릴게요.
나 : 여러 가지 도와주셔서 고마워요, 왕정 씨.
가 : 네, 오늘 쇼핑 잘 하세요.

3. **다음을 듣고 질문에 대답을 쓰십시오.**

이번 달에는 생활비를 좀 많이 쓴 것 같다. 먼저 달마다 항상 들어가는 생활비를 생각해 보면, 하숙비와 식비, 교통비, 전화요금이 있다. 이번 달에는 하숙비가 40만 원, 식비가 12만 원, 교통비가 3만 원, 전화요금이 8만 원쯤 나왔다. 달마다 쓰는 생활비로 이번 달은 63만 원이 들었다.

그리고 이번 달에 특별히 쓴 돈이 있다. 그것은 옷값과 약값, 그리고 생일 선물비, 그리고 술값이다. 봄옷을 살 때 4만 4천 원이 들었고 감기에 걸려서 약을 샀을 때 약값이 6천 원이었다. 그리고 친구 생일이어서 생일 선물로 2만 원을 썼고, 지난 주에 고향 친구가 와서 같이 술 마셨을 때 2만 5천 원을 썼다. 특별히 쓴 돈만 계산하면 9만 5천 원이고, 이번 달 생활비를 모두 다 계산하면 725,000원이다.

사실 이번 달에는 고향 친구도 오고 친구 생일도 있어서 다른 달보다 돈을 조금 더 썼다. 그리고 생각보다 전화요금이 많이 나왔다. 생각 없이 친구한테 국제전화를 해서 오래 이야기한 것이 문제였다. 이번 달 생활비를 많이 써서 통장에 있는 돈이 조금 부족하다. 부모님께 전화를 해야 하는데 미안해서 전화를 못 하고 있다. 나도 참 큰일이다.

이번 일로 나는 유학생활을 하는 동안 돈을 잘 써야 한다고 생각했다. 부모님께서 고생해서 보내 주신 돈이니까 꼭 필요한 돈만 써야 한다. 특히 국제전화는 정말 필요할 때에만 쓰기로 결심했다.

제13과 이사 〈1〉

1. **다음을 듣고 맞는 것에 ☑ 하십시오.**

1) 저는 이사를 하려고 합니다. 이사를 할 때, 싸고 좋은 방을 찾지만 더 중요한 것이 있습니다. 집 근처가 시장이나 술집처럼 시끄러운 곳이면 안 됩니다. 지난 번에 제가 산 하숙집은 정말 밤 늦게까지 시끄러웠습니다. 그래서 저는 조용한 곳으로 이사를 가려고 합니다. 이사를 할 때 조금 비싸도 저는 조용한 곳을 선택할 겁니다.
2) 이사를 하려고 할 때 보통 사람들은 부동산 소개소부터 갑니다. 하지만 저는 부동산 소개소가 아니라 인터넷부터 찾아 봅니다. 인터넷에는 지도도 있고, 전화번호와 방의 사진도 있어서 찾기가 편리합니다. 인터넷으로 찾아 본 후에 부동산 소개소에 가면 더 쉽게 집을 결정할 수 있기 때문에 참 좋습니다.
3) 저는 항상 운동을 하고 싶었지만 혼자 운동하는 것이 싫어서 시작을 못 했습니다. 하지만 저도 이제는 운동을 시작할 수 있습니다. 친구가 우리 집 근처로 이사를 오기 때문입니다. 친구가 이사 오면 저는 집들이가 아니라 운동부터 하자고 할 겁니다. 집들이는 이삿짐을 다 정리한 후에 하면 됩니다. 친구하고 아침마다 같이 운동을 할 생각을 하면 정말 기쁩니다.
4) 이삿날이 결정되면, 이삿짐을 싸야 합니다. 하지만 이삿짐을 싸기 전에 버릴 물건부터 버려야 합니다. 그 다음에 짐을 싸면 짐이 적어져서 이사하기가 편합니다. 버릴 물건을 버리지 않고 짐부터 싸면 쓰레기까지 다 싸야 되고 또 거기에서 버려야 되니까 더 힘듭니다.
5) 보통 사람들은 아침에 일어나서 처음에 무엇을 합니까? 저는 신문과 함께 하루를 시작하는 습관이 있습니다. 신문을 보면 어제의 일과 오늘의 일을 잘 알 수 있습니다. 신문을 본 후에 세수를 하고 커피를 마십니다. 아침은 잘 먹지 않습니다. 옷을 입고 화장을 하고 학교에 갑니다.
6) 집에 여러 가지 집안일이 있으면 뭐부터 하냐고 물었을 때 제 친구는 요리부터 한다고 대답했습니다. 배가 고프면 일하고 싶지 않기 때문이라고 했습니다. 하지만 저는 청소부터 합니다. 집안이 깨끗하지 않으면 요리하고 싶지 않기 때문입니다. 요리를 한 후에 또 청소를 하고 그 다음에 요리를 먹습니다. 모든 것이 깨끗하니까 요리도 더 맛있습니다.

2. 무엇을 부탁했어요? 다음을 듣고 맞으면 ○, 틀리면 ×표 하십시오.

1) 가 : (따르릉) 거기 이삿짐센터지요?
나 : 네, 맞습니다. 무슨 일로 전화하셨어요?
가 : 내일 이사를 하는데 이삿짐 트럭을 한 대 보내 주실 수 있을까요?
나 : 죄송합니다, 손님. 너무 늦게 전화하셨어요. 내일은 예약이 끝났습니다.
가 : 내일 꼭 이사해야 하는데, 작은 트럭 한 대만 보내 주시면 안 될까요?
나 : 손님, 보통 일주일 전에는 예약하셔야 돼요.

2) 가 : 죄송한데요. 부탁이 하나 있는데, 좀 들어 주실 수 있으세요?
나 : 뭔데요? 말씀하세요.
가 : 책상이 무거워서 그러는데, 좀 옮겨 주시면 안 될까요?
나 : 미안한데요, 제가 지금 학교 수업에 늦어서요, 학교에 갔다 온 다음에 옮겨 드리면 안 될까요?
가 : 네, 학교에 갔다 온 후에 꼭 좀 해 주세요. 부탁드려요.

3) 가 : 아저씨, 이 짐을 실으려고 하는데요…….
나 : 아, 알겠어요. 트렁크 문을 열어 드릴게요.
가 : 짐이 많아서 그러는데, 좀 같이 실어 주시면 안 될까요?
나 : 알았어요. 제가 실어 드릴게요. 빨리 싣고 갑시다.

4) 가 : 제니야. 혹시 지금 돈이 얼마나 있어?
나 : 왜 그래? 무슨 일이야?
가 : 응, 오늘 내가 방을 계약하려고 하는데, 계약금이 없어서 그래. 돈이 있으면 좀 빌려 주면 안 될까?
나 : 돈이 얼마나 필요해?
가 : 계약금은 5만 원이나 10만 원만 있으면 된다고 했어.
나 : 나도 돈이 많지 않은데 5만 원만 빌려 주면 안 될까?
가 : 그래, 고마워, 내가 너희 집으로 지금 갈게.

5) 가 : 저 은영아, 오늘이나 내일 시간이 있어?
나 : 왜? 무슨 일인데?
가 : 모레 이사를 하는데, 짐이 너무 많아서 오늘부터 짐을 싸야 할 것 같아. 와서 좀 같이 싸 주면 안 될까?
나 : 미안해, 오늘하고 내일은 아르바이트 때문에 힘들 것 같아. 모레는 갈 수 있을 것 같은데……, 모레 가면 안 될까?

6) 가 : 이 방이 마음에 드는데, 혹시 보증금을 내야 해요?
나 : 네, 보증금 200만 원에 월세가 30만 원이에요.
가 : 제가 유학생이어서 그렇게 큰 돈이 없는데 보증금을 좀 깎아 주시면 안 될까요?
나 : 미안하지만, 주인이 보증금을 꼭 받아야 한다고 했어요.
가 : 저는 이 방이 정말 마음에 드는데, 좀 잘 말씀해 주시면 안 될까요?
나 : 알겠어요. 제가 집주인한테 한 번 이야기해 볼게요.

3. 이사하는 날 무엇을 했어요? 다음을 듣고 한 일의 순서를 번호로 쓰십시오.

오늘은 이사하는 날이다. 어제 하루 종일 은영 씨가 와서 이삿짐 싸는 것을 도와주었다. 유학생이니까 짐이 많지 않아서 짐 싸는 시간도 많이 걸리지 않았다. 이틀 만에 이삿짐을 다 쌀 수 있었다.

이사하려면 차가 필요한데 서울에서 사업을 하는 친구가 큰 차를 가지고 와 주었다. 나는 친구가 도착하기 전에 짐을 하나씩 하나씩 옮겼다. 짐을 옮긴 후에 조금 기다리고 있는데 친구가 차를 가지고 도착했다.

친구가 도착한 후에 우리는 같이 짐을 차에 실었다. 차가 커서 이삿짐을 다 실을 수 있었다. 그리고 이사할 집으로 출발했다. 근처에 멀지 않은 곳으로 이사를 했기 때문에 차로 10분 만에 도착했다.

우리는 다시 짐을 집으로 옮겼다. 짐을 2층에 다 올려놓고 친구는 다시 회사에 갔다. 친구가 간 후에 나는 혼자 내 방에서 짐을 풀고 정리했다. 짐을 풀고 정리하는 일은 생각보다 빨리 끝났다.

짐을 다 풀고 정리한 후에 쓰레기가 많이 나와서 쓰레기를 버리고 청소를 했다. 방이 깨끗해졌다. 새 집이 정말 마음에 든다.

제13과 이사 〈2〉

1. 다음을 듣고 맞는 것에 ☑ 하십시오.

1) 친구가 이사하는데, 제가 도와주기로 했어요. 친구가 토요일에 이사한다고 했는데, 이번 주 토요일인지, 다음 주 토요일인지 잘 모르겠어요. 친구에게 다시 전화해서 물어봐야 돼요.

2) 친구 이삿날에 다른 친구들이 많이 왔어요. 제가 모르는 친구들이었어요. 한국말을 잘해서 중국학생인지 몽골학생인지 잘 몰랐어요. 정말 힘도 세고 일을 잘했어요. 어느 나라에서 왔는지 나중에 물어보고 싶어요.

3) 친구 집들이에 초대를 받아서 갔다 왔어요. 방이 생각보다 크지 않았어요. 또 근처가 너무 시끄럽고 차가 많이 다녀서 공기도 나빴어요. 바로 공장 옆이어서 아주 좋지 않았어요. 왜 거기로 이사했는지 모르겠어요. 이 친구는 돈도 많은데 선택을 잘못했다고 생각해요. 집을 더 많이 찾아 보고 이사했으면 좋았을 텐데…….

4) 내일은 이삿날이다. 그래서 오늘 짐을 쌌는데 짐 싸기가 쉽지 않았다. 혼자서 짐을 싸려고 하니까 더 힘들고 기운도 없었다. 사실 오늘 은영 씨가 와서 같이 도와주기로 했는데 은영 씨는 오지 않았다. 은영 씨는 약속을 안 지키는 사람이 아닌데, 무슨 일이 있는지 알 수 없다. 이삿짐을 다 싼 후에 전화해 봐야겠다.

5) 오늘 이사하는 날이어서 오전에 주인 아주머니께 새 집 열쇠를 받았어요. 근데 갑자기 열쇠가 없어졌어요. 조금 전까지는 바지 주머니에 있었는데 아마 아까 이삿짐 트럭에서 떨어진 모양이에요. 열쇠를 빨리 찾아야 하는데 이삿짐 트럭에 없으면 어떻게 하죠? 그러면 큰일인데……. 정말 걱정이에요.

6) 오늘 이사 아르바이트가 있어서 일곱 시까지 그 집에 도착했어요. 우리는 빨리 짐을 싸고 빨리 빨리 옮겼어요. 주인이 바쁘다고 한 시까지 이사를 끝내 달라고 했어요. 이사를 한 시까지 다 끝내 주면 아르바이트비를 더 준다고 했어요. 우리는 열심히 일하고 있지만 한 시까지 끝낼 수 있을지 모르겠어요.

2. 어디에 문제가 있어요? 다음을 듣고 맞으면 ○, 틀리면 × 표 하십시오.

1) 가 : 야, 여기 좀 와 봐.
나 : 왜? 무슨 일이야?
가 : 창문을 닫으려고 하는데 잘 닫히지 않아.
나 : 응, 여기 창문이 잘 안 맞네. 하나는 좀 크고 하나는 작아서 닫히지 않는 거야. 아저씨한테 고장났다고 하고 다시 고쳐 달라고 해. 창문으로 도둑이 들어오면 어떻게 해? 큰일나기 전에 빨리 고쳐라.

2) 가 : 은영아, 여기 좀 도와줘.
나 : 뭐 하고 있어?
가 : 응, 여기 인터넷이 안 되는데 왜 그러지?
나 : 인터넷이 고장이 난 모양인데? 컴퓨터는 어때?
가 : 어, 컴퓨터가 이상해. 불이 켜지지 않아.
나 : 그래, 컴퓨터가 고장난 것 같다.
가 : 아, 큰일났네. 숙제를 내일까지 해야 되는데…….
나 : 그럼 빨리 컴퓨터부터 고쳐야겠다. 그런데 이 시간에 컴퓨터를 고치려면 어디로 가야 할지 모르겠네…….

3) 가 : 지금 살고 있는 집이 마음에 들어요?
나 : 다 좋은데, 밤에 너무 시끄러워요.
가 : 아, 그거 큰 문제네요.
나 : 우리 건물 아래층에 술집하고 음식점들이 많은데 밤늦게까지 사람들이 많아요. 그래서 시끄러워서 잠을 잘 수가 없어요.
가 : 그럼, 어떻게 해요? 집 주인에게 한 번 이야기해 보세요.
나 : 아니에요. 집주인이 무슨 방법이 있겠어요? 그냥 제가 빨리 이사 가는 것이 제일 좋을 것 같아요.
가 : 그래요. 빨리 다른 집을 찾아 보세요.

4) 가 : 아저씨, 여기 좀 봐 주세요.
나 : 왜 그래요?
가 : 화장실 물이 내려가지 않아요. 어제는 부엌에 물이 안 내려갔는데 오늘은 또 화장실이에요.
나 : 여기가 막혔네요. 자, 이렇게 하면 돼요. 보세요, 내려갔죠?
가 : 야, 살았다! 진짜 걱정했어요. 고맙습니다.

3. 다음 대화를 듣고 소개 받은 집의 좋은 점과 나쁜 점을 빈칸에 쓰십시오.

가 : 친구하고 같이 살 방을 찾고 있는데 좋은 방이 있을까요?
나 : 하숙집은 어때요? 좋은 하숙집이 하나 있는데 학교에서도 가깝고 주인도 아주 친절하고 좋아요.
가 : 하숙집은 요리를 할 수 없어서 안 될 것 같아요. 우리는 음식을 해 먹을 수 있는 곳을 찾고 있어요.
나 : 왕십리역 근처에 작은 아파트가 있는데 그건 어때요?
가 : 아파트면 깨끗하고 좋겠네요. 물론 요리도 할 수 있겠죠?
나 : 물론이죠. 새 아파트여서 집이 정말 예뻐요.
가 : 월세가 얼마예요? 보증금은 없어요?
나 : 보증금이 있어요. 보증금 500만 원에 매달 45만 원이에요.
가 : 너무 비싸네요. 우리는 학생이어서 돈이 별로 없는데 조금 더 싼 방을 소개해 주시면 안 될까요?
나 : 대학병원 근처에 방이 하나 있는데 그건 조금 싸요.
가 : 어떤 방인데요?
나 : 반지하방인데 보증금도 없고 월세도 싸서 학생들한테는 좋을 거예요.
가 : 월세가 얼마나 해요?
나 : 25만 원인데 방도 크고 좋아요. 하지만 반지하방이니까 햇빛이 잘 들어오지 않아서 방이 좀 어두울 거예요.
가 : 한 번 보고 싶은데 지금 가 보면 안 될까요?
나 : 그래요. 지금 가 봅시다.

제14과 휴일 〈1〉

1. 대화를 듣고 어디에 가서 어떤 일이 있었는지 쓰십시오.

1) 가 : 어제 날씨가 따뜻하고 좋았는데 봄소풍 안 갔어요?
나 : 봄이 되어서 가족들하고 근처 공원에 갔다 왔어요.
가 : 재미있었겠네요.
나 : 날씨도 따뜻하고 꽃도 정말 예쁘게 피어서 좋았지만 사실은 좀 고생했어요. 사람들이 하도 많아서 꽃을 감상하기도 힘들고 걸어가기도 힘들었어요. 집에서 김밥을 만들어 가지고 갔다가 김밥 먹을 자리가 없어서 못 먹고 그냥 왔어요.
가 : 저런, 배가 무척 고팠겠네요.

2) 가 : 지난 설날에 뭐 했어?
나 : 설날이 되어서 친구들하고 동해바다에 갔다 왔어.
가 : 동해바다? 그럼, 해 뜨는 것도 봤어?
나 : 응, 봤어. 정말 아름다웠어. 근데 집에 돌아오는 길에 지갑을 잃어버려서 좀 고생했어.
가 : 정말? 지갑은 찾았어?
나 : 응, 기차역 화장실에서 잃어버렸다가 친구들이 도와줘서 다시 찾았어.
가 : 아, 다행이네. 좀 조심하지 그랬어?

3) 가 : 어제 뭐 했어? 남자친구하고 데이트했지?
나 : 아니, 여름이 되어서 수영복을 사려고 동대문시장에 갔다 왔어.
가 : 수영복? 바다에 놀러 갈 거야?
나 : 응, 이번 주말에 친구들하고 다 같이 놀러 가기로 했어.
가 : 와! 좋겠다. 근데 어떤 수영복을 샀어?
나 : 처음에는 비키니를 샀다가 남자친구가 하도 싫어해서 다시 바꿨어. 사실 나는 비키니가 입고 싶은데…….

4) 가 : 이번 겨울방학에 뭘 할 거예요? 고향에 갈 거예요?
나 : 아니요, 저는 그냥 한국에 있을 거예요.
가 : 방학인데 왜 고향에 안 가요?
나 : 사실 방학이 돼서 고향에 갔다 오려고 했는데 부모님께서 한국에 오신다고 해서 안 가기로 했어요. 비행기표도 예매했다가 그냥 취소했어요.
가 : 그렇군요. 그래도 부모님께서 한국에 오셔서 좋으시겠어요.

2. 다음 대화를 듣고 빈칸에 맞게 쓰십시오.

1) 가 : 책을 사려고 하는데 어디가 좋아요? 소개해 주세요.
나 : 책을 사려면 교보문고에 가야 하지요. 교보문고는 책도 제일 많이 있고, 음악 CD나 외국 책들도 많아서 유명하지요.

가 : 교보문고는 지하철 5호선을 타면 갈 수 있지요?
나 : 네, 광화문역에서 내려서 3번 출구로 나가면 돼요. 그런데, 지하철을 탈 줄 알아요? 혼자 괜찮겠어요?
가 : 한국말을 할 줄 아니까 혼자 갈 수 있어요.

2) 가 : 이번 주말에 외국 식당에 가려고 하는데 어디가 좋을까요? 소개해 주세요.
나 : 외국 음식을 먹으려면 이태원이 최고지요. 음식도 맛있고, 여러 나라의 음식점들이 많이 있어서 골라서 먹을 수 있어요. 외국 사람들이 많이 오니까 서로 이상하게 보지 않고 편해요.
가 : 이태원은 지하철 5호선을 타면 갈 수 있지요?
나 : 지하철 6호선을 타야 돼요. 이태원역에서 내려서 1번 출구로 나가세요. 혼자 갈 수 있어요? 괜찮겠어요?
가 : 걱정 마세요. 한국말을 할 줄 아니까 혼자 갈 수 있어요.
나 : 그래도 밤 늦게 혼자 다니는 것은 좀 위험하니까 혼자 가지 마세요.

3) 가 : 제 취미는 음악감상인데, 한국에 와서 음악회에 한 번도 못 갔어요. 이번 주말에는 꼭 한 번 가 보고 싶어요. 어디로 가면 음악회를 볼 수 있는지 가르쳐 주세요.
나 : 음악회에 가려면 예술의 전당으로 가세요. 거기에 가면 항상 음악회를 볼 수 있죠.
가 : 어떻게 가는지 모르는데 좀 가르쳐 주세요.
나 : 교통이 조금 불편한데요, 지하철 3호선을 타고 남부터미널역에서 내려서 5번 출구로 나가세요. 거기에서 10분쯤 걸어가야 해요. 혼자 갈 수 있어요? 괜찮겠어요?
가 : 한국말을 할 줄 아니까 제가 찾아가 볼게요.
나 : 어디로 가는지 모르면 사람들한테 꼭 물어보세요.

4) 가 : 주말에 산에 가고 싶은데 아직 한 번도 산에 가 본 적이 없어요. 제 취미가 등산이어서 서울에 있는 산에 한 번 올라가고 싶어요.
나 : 서울에서 제일 유명한 산은 북한산이에요.
가 : 북한산요? 북한에 있는 산 아니에요?
나 : 북한산은 북한에 있는 산이 아니라 서울에 있는 산이에요.
가 : 어떻게 가는지 모르는데 좀 가르쳐 주세요.
나 : 지하철 3호선을 타고 구파발역에서 내리세요. 거기에서 북한산에 가는 704번 버스를 타고 15분쯤 가면 돼요. 이곳은 혼자 가기 힘들어요. 같이 갑시다.
가 : 좋아요. 이번 주말에 시간이 괜찮으면 같이 갑시다.

3. 다음을 듣고 질문에 대답을 쓰십시오.

지난 주에 친구가 전화해서 쉬는 날이 언제냐고 했다. 나는 일요일만 쉴 수 있다고 했다. 친구는 그날 만나서 같이 서울역사박물관에 가자고 했다. 나도 박물관에 가 본 적이 없기 때문에 좋다고 했다.

우리는 열 시에 만나서 역사박물관에 갔다. 역사박물관은 광화문 근처에 있었다. 옛날 서울의 모습을 보여 주는 그림과 사진을 보았다. 또 옛날 왕과 왕비가 입은 한복도 구경했다.

열두 시 반이 되었을 때 박물관 구경이 끝났다. 하도 배가 고파서 점심을 먹으러 가기로 했다. 친구는 경복궁 근처에 있는 유명한 삼계탕 집에 삼계탕을 먹으러 가자고 했다. 안 먹으면 후회할 거라고 했다. 우리는 경복궁역까지 걸어갔다.

삼계탕 집에 도착했을 때 그 식당에는 사람이 너무 많았다. 배도 고팠지만 하도 다리가 아파서 다른 곳으로 갈 수도 없었다. 기다려서 먹은 삼계탕은 정말 맛있었다. 하도 맛있어서 고기와 국물을 다 먹었다. 맛이 다른 곳하고 정말 달랐다. 나중에 또 친구들하고 먹으러 와야겠다.

제14과 휴일 〈2〉

1. 다음 대화를 듣고 맞는 것에 ☑ 하십시오.

1) 가 : 휴일인데 왜 집에만 있어?
나 : 큰일났어. 시험이 이틀밖에 안 남았어.
가 : 그래? 시험공부를 미리 미리 하지 그랬어?

2) 가 : 미안하지만 돈 좀 빌려 주면 안 될까?
나 : 얼마나 필요해?
가 : 10만 원쯤 필요한데, 다음 주에 꼭 줄게.
나 : 미안해, 나도 만원밖에 없어.

3) 가 : 형제가 몇 명이나 있어요?
나 : 다섯 명인데 2남 3녀예요.
가 : 와, 다섯 명이나요? 어머니께서 고생하셨겠네요.

4) 가 : 자기야, 늦게 와서 미안해. 많이 기다렸지?
나 : 아니야, 많이 안 기다렸어. 삼십 분밖에 안 됐는데 뭘…….
가 : 내가 삼십 분이나 늦었어? 시간이 그렇게 됐는지 몰랐어. 정말 미안해. 맛있는 거 사 줄게. 가자.

5) 가 : 월급을 얼마나 받는지 물어봐도 괜찮아?
나 : 많지도 적지도 않은데, 300만 원쯤 받아.
가 : 와, 300만 원이나 받아? 부자구나.

6) 가 : 어제 왜 모임에 안 나오셨어요?
나 : 그저께 하도 술을 많이 마셔서 어제까지도 일어날 수 없었어요.
가 : 술을 얼마나 드셨는데요?
나 : 소주 두 병 마신 후부터 진짜 취해서 하나도 기억할 수 없어요. 옛날 여자친구한테 전화한 것밖에 기억이 안 나요.
가 : 와! 소주를 그렇게나 많이 마셨어요?

2. 다음을 듣고 맞으면 ○, 틀리면 ×표 하십시오.

구름이 하나도 없이 맑은 5월의 셋째 일요일이었다. 나는 친구하고 학교 정문 앞에서 만나기로 약속을 하고 오전 열 시에 만났다. 우리는 날씨가 좋아서 한강 공원에 놀러 갔다. 공원에 도착했을 때 공원은 꽃도 많이 피고 깨끗하게 정리되어서 아주 예뻤지만 날씨가 너무 더워 가지고 고생을 했다. 아직 5월밖에 안 됐는데 여름처럼 더웠다. 햇볕이 너무 뜨거워 가지고 땀이 많이 났다. 우리는 조금 구경하다가 점심을 먹으러 식당에 갔다. 그런데 식당이 멀어 가지고 많이 걸어야 했다. 너무 많이 걸어 가지고 다리가 아팠다. 식당에 갔는데 입맛도 없었다. 그래서 비빔밥을 조금만 먹었다.

밥을 먹고 조금 쉰 후에 우리는 집으로 돌아왔다. 집에 오는 길에 나는 친구 집에 들러 가지고 비디오를 빌렸다. 내가 좋아하는 배우가 나오는 비디오를 골라서 빌려 가지고 왔다. 집에 왔는데 너무 피곤해 가지고 씻지도 않고 침대에 누웠다. 편하게 누워 가지고 비디오를 봤다. 비디오가 너무 재미있어 가지고 많이 웃었다. 비디오를 본 후에 기분이 좋아져 가지고 저녁을 만들어서 맛있게 먹었다.

3. 다음 대화를 듣고 무슨 날에 대한 이야기인지 쓰십시오.

1) 가 : 5월 5일은 무슨 날이야?
나 : 응, 어린이날인데 어린이를 위한 날이지.
가 : 어린이들을 위해서 뭘 해 줘야 돼?
나 : 응, 선물도 사 주고 놀이공원 같은 곳에 놀러 가야 돼. 사실은 어른들은 고생하는 날이지. 돈도 들고…….
가 : 그래도 일 년에 하루밖에 없는 날이니까 재미있게 보내 줘야지.

2) 가 : 안녕, 제니야. 어디에 가는 길이야?
나 : 응, 김 선생님을 만나러 가는 길이야.
가 : 아, 김 선생님? 지난 학기에 가르쳐 주신 선생님이지? 그런데 오늘 왜 선생님을 만나?
나 : 오늘이 스승의 날이니까 만나러 가는 거야.
가 : 스승의 날? 무슨 날인데?
나 : 응, 5월 15일은 선생님의 날이야.
가 : 아, 그래서 꽃을 사 가지고 선생님께 가는 거구나.
나 : 너도 시간이 있으면 선생님께 같이 가자.

3) 가 : 오늘 사람들이 왜 꽃을 많이 달고 있어?
나 : 응, 오늘이 어버이날이어서 그래. 오늘 5월 8일이잖아.
가 : 어버이날? 어버이날이 무슨 날이야?
나 : 어버이날은 부모님께 감사하고 카네이션 꽃을 드리는 날이야.
가 : 그렇구나. 우리는 부모님께 전화밖에 못 하겠네.
나 : 전화만 해도 부모님께서 아주 기뻐하실 거야.

제15과 공항 〈1〉

1. 다음 대화를 듣고 맞는 것에 ☑ 하십시오.

1) 가 : (따르릉) 제니야, 지금 어디야? 아직도 안 나왔어?
나 : 응, 비행기에서 내리기는 했지만 입국수속 하는 사람이 하도 많아서 늦어지고 있어. 벌써 한 시간이나 기다렸어.
가 : 그렇구나. 우리 지금 밖에서 너 기다리고 있으니까 나오면 전화해.
나 : 미안해. 너무 오래 기다려서 어떡하지?
가 : 아니야. 괜찮아. 네가 더 힘들겠다. 가방도 무거울 텐데…….
나 : 응, 한 시간 기다렸을 뿐인데 열 시간은 기다린 것 같아. 너무 힘들어.

2) 가 : (따르릉) 한솔아, 나 지금 입국수속 끝내고 공항에서 나가는 길이야.
나 : 그래? 가방도 찾았어?
가 : 응, 찾기는 찾았는데 시간이 많이 걸렸어.
나 : 왜? 무슨 일 있었어?
가 : 어떤 사람이 실수로 내 가방을 가지고 갔다가 나중에 알고 조금 전에 다시 가지고 왔어.
나 : 정말? 가방을 잃어버릴 뻔했구나. 너 화가 많이 났겠다.
가 : 가방을 찾았으니까 괜찮아. 시간이 늦어져서 기분이 좀 안 좋을 뿐이야.

3) 가 : 마이클, 왜 이렇게 늦었어? 시간이 한 시간밖에 안 남았어. 시간 없으니까 빨리 출국수속부터 해.
나 : 미안해. 야, 근데 나 오늘 비행기 못 탈 뻔했어. 여권을 집에 놓고 와서 다시 집에 갔다 왔어. 집에서 일찍 나오기는 했는데 공항버스 타고 오다가 생각이 나서 다시 갔다 온 거야.
가 : 너 요즘 정말 왜 그래? 계속 실수만 하고……. 무슨 걱정 있어? 문제가 있으면 얘기해 봐.
나 : 아니야. 요즘 하도 바빠서 정신이 좀 없을 뿐이야. 걱정하지 마.

4) 가 : 비행기에서 이렇게 잠만 자면 어떡해? 나 혼자 심심해.
나 : 미안해. 나도 같이 이야기를 하고 싶기는 하지만 지금 머리가 너무 아파서 그래. 한 시간만 자고 일어나서 같이 놀면 안 될까?
가 : 그러니까 아까 왜 그렇게 술을 많이 마셨어?
나 : 많이 안 마셨어. 맥주를 딱 한 잔만 마셨을 뿐인데 자꾸 잠이 오네.
가 : 몰라. 우리 신혼여행인데 이렇게 잠만 자고……. 정말 너무해.

5) 가 : 너 그 사람 요즘에도 만나니?
나 : 그 사람? 그 사람이 누구야?
가 : 저번에 고향에 갔다 올 때 비행기에서 만난 사람 말이야. 옆 자리에 앉아서 같이 이야기하다가 많이 친해졌다고 했잖아.
나 : 아, 그 사람. 그 다음에 한 번 만나기는 했지만 요즘에는 안 만나.
가 : 정말? 난 네가 요즘 너무 예뻐져 가지고 남자친구가 생겼다고 생각했는데……. 그 사람하고 사귀는 거 아니었어?
나 : 아니야. 그냥 딱 한 번 만났을 뿐이야.

2. 이 학생은 어떤 학생이에요? 다음을 넣어서 빈칸에 맞게 쓰십시오.

저는 오전반에서 수업을 듣는 학생인데요, 열심히 공부하는 학생은 아니에요. 이제 일주일만 있으면 이번 학기가 끝나요. 사실 그동안 저는 날마다 학교에 오기는 왔지만 다른 학생들처럼 공부하러 온 것은 아니었어요. 그냥 심심해서 친구를 만나러 왔을 뿐이에요.

수업시간에도 교실에 앉아서 공부하기는 공부하지만 열심히 하지는 않아요. 그냥 선생님 말씀을 듣고 있을 뿐이에요.

선생님은 숙제를 열심히 해 오라고 날마다 말씀하셨어

요. 저도 숙제를 내기는 냈지만 제가 한 것은 아니었어요. 친구한테 숙제를 보여 달라고 해서 그 숙제를 보고 그냥 똑같이 썼을 뿐이에요.

시험 때가 되면 다른 일로 많이 바쁘기 때문에 시험공부도 많이 하지 못해요. 시간이 있으면 도서관에 가기는 하지만 시험공부는 하지 않고 그냥 앉아서 걱정만 하고 있을 뿐이에요.

저는 지금 많이 후회하고 있어요. 공부를 열심히 했으면 중급 1반으로 올라갈 수 있을 텐데……. 여러분도 저처럼 되고 싶지 않으면 공부 열심히 하세요.

3. 다음 대화를 듣고 맞으면 ○, 틀리면 ×표 하십시오.

가 : (따르릉) 안녕하십니까? 서울항공입니다.
나 : 비행기표를 예매하려고 전화드렸는데요.
가 : 네, 어디로 가실 거예요?
나 : 7월 12일에 미국 뉴욕에 가려고 하는데 자리가 있을까요?
가 : 잠깐만 기다리십시오. 자리가 있는지 확인해 드리겠습니다. 손님, 죄송하지만 7월 12일에는 자리가 없습니다. 7월부터 8월까지는 방학기간이어서 여행하시는 분들이 아주 많아요.
나 : 일 때문에 그날 꼭 가야 하는데 다른 방법이 없을까요?
가 : 7월 11일에 자리가 하나 있기는 하지만 일본에 들렀다가 가는 비행기인데 괜찮으시겠어요? 요금도 20만 원쯤 더 싸니까 이것도 좋을 것 같은데요.
나 : 그래요? 날짜가 11일이라고요? 몇 시 비행기죠?
가 : 남은 좌석이 있는 비행기는 오전 아홉 시뿐이에요.
나 : 시간이 너무 빠르기는 하지만 그냥 그걸로 예매해 주세요.
가 : 왕복으로 예매하시겠어요?
나 : 아니요, 돌아오는 날짜를 아직 결정하지 않았으니까 그냥 편도로 해 주세요.

제15과 공항 〈2〉

1. 다음 대화를 듣고 빈칸에 알맞은 답을 쓰십시오.

1) 가 : 은영아, 여행 잘 갔다 왔어?
나 : 응, 정말 즐거운 여행이었어.
가 : 비행기는 몇 시간이나 탔어? 한국에서 먼 곳이니까 오래 탔겠다.
나 : 아홉 시간쯤 탔는데 별로 불편하지 않았어. 사실 태어나서 처음으로 비즈니스석을 타 봤는데 비즈니스석은 자리도 넓을 뿐만 아니라 의자도 정말 편했어.
가 : 와, 좋았겠다. 그런데 비즈니스석은 많이 비싸지 않아?
나 : 비싸기는 하지만 항공사에서 일하는 선배 덕분에 싸게 살 수 있었으니까 괜찮아.

2) 가 : 어제 길에서 만난 네 초등학교 친구는 무슨 일을 해?
나 : 정식이? 정식이는 파일럿이야. 지금 한국항공에서 일하고 있어.
가 : 아, 그래서 그렇게 키도 크고 멋있었구나.
나 : 왜 관심 있어? 소개해 줄까?
가 : 그렇게 멋있는데 아직 여자친구가 없어?
나 : 응, 정식이는 일도 너무 바쁠 뿐만 아니라 대학원도 다니고 있어서 여자를 사귈 시간이 없어. 하지만 얼마 전에 여자친구 사귀고 싶다고 했으니까 내가 한번 물어볼게.
가 : 와, 네 덕분에 그런 멋있는 남자도 소개받고, 정말 고마워.

3) 가 : (따르릉) 여보세요? 은영이니? 나 한솔이야.
나 : 한솔이? 너 아직 출발 안 했어? 비행기 시간이 열한 시였잖아. 지금 벌써 오후 한 시인데…….
가 : 비행기 출발이 늦어지고 있어. 안개도 많이 끼었을 뿐만 아니라 비도 많이 와서 비행기가 출발할 수 없다고 해.
나 : 그렇구나. 사실 나도 안개가 많이 끼어서 걱정하고 있었어. 언제쯤 출발할 수 있는지 알아?
가 : 그것도 잘 몰라. 그냥 기다려야 돼.
나 : 아, 너무 심심하겠다. 어떡하니?
가 : 그래도 네가 빌려 준 책 덕분에 별로 심심하지 않아.

4) 가 : 죄송한데요, 화장실에서 담배를 좀 피워도 될까요?
나 : 손님, 비행기 안에서는 담배를 피우실 수 없습니다.
가 : 화장실에서도 안 돼요? 계속 못 피워서 너무 피우고 싶은데…….
나 : 안 됩니다, 손님. 삼십 분 후에 인천공항에 도착할 예정이니까 그때까지 조금만 참으세요.
가 : 그럼, 휴대폰은 사용할 수 있어요? 지금 꼭 연락할 곳이 있는데…….
나 : 손님, 비행기 안에서는 담배도 피울 수 없을 뿐만 아니라 휴대폰도 사용하실 수 없습니다. 조금 불편하시겠지만 비행기에서 내린 후에 사용해 주시기 바랍니다.

2. 다음 대화를 듣고 맞으면 ○, 틀리면 ×표 하십시오.

가 : 유코야, 빨리 와. 너, 너무 늦었어.
나 : 무슨 소리야? 아직 출발 시간이 한 시간이나 남았는데…….
가 : 비행기 출발 삼십 분 전에는 탑승을 해야 해. 그런데 너는 아직 출국수속도 못 했을 뿐만 아니라 환전도 못 했잖아.
나 : 아, 그래. 잊어버리고 있었네. 남은 한국 돈을 다 일본 돈으로 바꿔 가지고 가야지.
가 : 출국수속은 3층이야. 한국항공사는 D, E, F쪽일 거야.
나 : 그래? 그럼, 저기 오른쪽 에스컬레이터로 올라가자.

나 : 출국수속을 하려고 하는데요.
다 : 네, 여권과 비행기표를 보여 주세요.
나 : 여기 있습니다.
다 : 도쿄행 오전 열 시 비행기 맞으시죠? 좀 늦으셨네요. 좌석은 창가쪽으로 해 드렸고요, 부치실 수하물을 저기 위에 올려 주세요.
나 : 네, 여기 있습니다.

가 : 휴, 이제 다 끝났다. 빨리 끝나서 다행이다.
나 : 은영아, 고마워. 모든 게 다 네 덕분이야. 네 덕분에 여행도 잘하고 갈 때도 편하게 가는구나.
가 : 아니야, 너한테 별로 해 준 것도 없는데 뭐…….
나 : 아니야, 정말 너무 고마웠어. 일본에 가면 꼭 편지 할게.

3. 다음을 듣고 맞게 연결하십시오.

지금 나는 고향에 돌아갈 비행기표를 예매하러 항공사에 가는 길이다. 이번 학기가 끝나고 나는 고향에 아주 돌아간다. 고향에 가서 대학교를 졸업해야 하기 때문이다. 한국에서 사는 6개월 동안 나한테 잘 해 준 고마운 사람들이 너무 많다.

그 중에서 가장 고마운 사람은 한솔 씨이다. 한솔 씨는 내가 처음 한국에 왔을 때부터 지금까지 가장 도움을 많이 준 친구다. 한솔 씨 덕분에 하숙집도 구했을 뿐만 아니라 한국 친구들도 많이 사귀었다.

그리고 이번 학기 한국어 선생님께도 정말 감사하다. 선생님께서 잘 가르쳐 주신 덕분에 발음이 좋아졌다. 선생님께서는 한국어 공부뿐만 아니라 한국 문화도 많이 가르쳐 주셨다. 다음 학기에도 계속 공부하면 더 많이 배울 수 있을 텐데……. 고향에 돌아가도 꼭 한국어를 계속 공부할 생각이다.

또 지난 학기부터 같이 공부한 제니 씨한테도 고맙다고 말하고 싶다. 제니 씨는 내가 좋은 일이 있을 때 같이 기뻐해 주었고, 내가 힘들 때 도와주었다. 정말 가족처럼 따뜻하게 나에게 해 주었다. 나는 한국에 온 후에 성격이 많이 밝아졌을 뿐만 아니라 생각도 깊어졌다. 그것은 다 제니 씨 덕분이다. 한국 생활을 더 즐겁게, 더 행복하게 만들어 준 고마운 사람들을 영원히 잊지 못할 것이다.

듣기 답안

제1과 소개 〈1〉

1. 1) (☑ □)　2) (□ ☑)
   3) (☑ □)　4) (☑ □)
   5) (□ ☑)　6) (☑ □)
2. 1) 마이클: ㉯, ㉰, ㉶, ㉷
   2) 요코: ㉮, ㉱, ㉲, ㉸
3. 1) 네 시간 동안　2) 자기소개를 했어요.
   3) 머리가 길고 키도 크고 얼굴도 예쁜 친구
   4) 까만 모자를 쓰고 자기소개를 잘하는 친구
   5) 안경을 쓰고 친절하고 재미있는 분

제1과 소개 〈2〉

1. 1) (☑ □)　2) (□ ☑)
   3) (□ ☑)　4) (□ ☑)
   5) (□ ☑)　6) (□ ☑)
2. 1) (×)　2) (×)
   3) (×)　4) (○)
3.

	아버지	어머니
1	예순 살	쉰여섯 살
2	고향(일본 도쿄)	고향(일본 도쿄)
3	회사원	주부
4	좋으십니다.	안 좋으십니다.
5	등산	음악
6	7월 15일	6월 9일

제2과 초대 〈1〉

1. 1) (☑ □ ☑ □)　2) (□ ☑ □ ☑)
   3) (☑ □ ☑ □)　4) (□ ☑ ☑ □)
   5) (□ ☑ □ ☑)　6) (☑ ☑ □ □)
2. 1) (×)　2) (×)
   3) (○)　4) (×)
3. 1) 음악 CD　2) 과자
   3) 10분이나 20분 후　4) 콜라나 사이다

제2과 초대 〈2〉

1. 1) (○)　2) (○)　3) (×)
   4) (×)　5) (×)　6) (○)
3. 1) 교통이 불편해서 집 찾기가 힘들었어요.
   2) 코미디언처럼 말씀을 재미있게 하세요.
   3) 키도 크고 날씬하셔서 모델 같아요.
   4) 말이 없고 조용한 사람

제3과 여행 〈1〉

1. 1) (□ ☑)　2) (☑ □)
   3) (☑ □)　4) (□ ☑)
   5) (☑ □)
2. 1) (○)　2) (○)
   3) (×)　4) (○)
3. 1) 나흘 동안 여행을 갔다 왔어요.
   2) 아니요, 친구들하고 같이 갔어요.
   3) 지갑을 잃어버렸는데 다시 찾았어요.
   4) 네, 두 달 전에 지하철역에서 지갑을 잃어버린 일이 있어요.
   5) 다음 겨울 방학에 가려고 해요.

제3과 여행 〈2〉

1. 1) (□ ☑ ☑ □)　2) (□ ☑ ☑ □)
   3) (☑ □ ☑ □)　4) (□ ☑ ☑)
   5) (☑ ☑ □)　6) (□ ☑ ☑)
2. 1) (○)　2) (○)　3) (×)
   4) (×)　5) (○)
3.

1	2	3
호텔	기차역	식당
예약	예매	예약
12일~14일	13일 9시 30분	내일 12시
1개	2장	7~8명
김은영	* * *	정한솔
010-1234-5758	* * *	553-7942

제4과 취미 〈1〉

1. 1) 낚시　2) 독서　3) 우표 모으기
   4) 여행　5) 영화 감상　6) 음악 감상
2. 1) (□ ☑)　2) (□ ☑)
   3) (□ ☑)　4) (☑ □)
   5) (□ ☑)　6) (☑ □)
3. 1) 축구 동아리　2) 일요일마다
   3) 축구 연습을 하고 연습이 끝난 후에 같이 저녁을 먹고 맥주를 마셔요.
   4) 월드컵 축구 경기를 경기장에 가서 본 것
   5) 좋아하는 축구도 많이 할 수 있고 건강도 좋아지고 좋은 친구들도 사귈 수 있어요.

제4과 취미 〈2〉

1. 1) 한솔: ㉮, ㉱　2) 제니: ㉲, ㉷
   3) 은영: ㉰, ㉶　4) 마이클: ㉯, ㉸
2. 1) 마이클　2) 은영
   3) 한솔　4) 제니

3.

	음식 재료	음식 이름
1	소고기, 간장, 설탕, 파, 마늘	불고기
2	생선, 간장, 파, 마늘, 두부, 고춧가루	매운탕
3	밥, 소고기, 야채, 계란, 고추장	비빔밥

제5과 학교 생활 〈1〉

1. 1) (○)　2) (○)
   3) (×)　4) (×)
2. 1) (☑ ☑ □ ☑ ☑)　2) (□ ☑ ☑ □ ☑)
3. 1) ③, ⑥, ⑦　2) ①, ⑤, ⑧
   3) ③, ⑧　4) ①, ④, ⑤, ⑧

제5과 학교 생활 〈2〉

1. 1) (☑ □)　2) (☑ □)
   3) (□ ☑)　4) (☑ □)
   5) (□ ☑)　6) (☑ □)
2. 1) (○)　2) (×)　3) (×)
   4) (○)　5) (×)
3. 1) 한국말을 잘 못했기 때문에
   2) 하숙비가 싸고 주인 아주머니가 친절한 곳
   3) 등록금하고 하숙비를 내려면 돈이 필요하기 때문에
   4) 한국 학생들한테 일주일에 두 번 영어를 가르치고 있어요.
   5) 다른 반 친구들도 많이 만날 수 있고 인터넷도 할 수 있기 때문이에요.

제6과 시험 〈1〉

1. 1) (□ □ ☑ □)　2) (□ ☑ □ □)
   3) (□ □ ☑ □)　4) (□ □ ☑ □)
2. 1) 야, 야, 니, 다　2) 야, 야, 니, 한다
   3) 야, 야, 니, 는다, 니, 니, 다
3. 1) 듣기시험하고 읽기시험 때문에　2) 듣기시험을 잘 보기 위해서
   3) 읽기시험을 잘 보기 위해서　4) 날마다 조금씩 외우는 것
   5) 쓰기시험 공부를 하기 위해서　6) 학생증을 만들기 위해서

제6과 시험 〈2〉

1. 1) (□ ☑)　2) (☑ □)　3) (□ ☑)
   4) (□ ☑)　5) (☑ □)
2. 1) (○)　2) (×)
   3) (×)　4) (×)
3. 1) 문제가 어려웠다.　2) 어렵지 않았다.
   3) 공부도 잘하고 시험도 잘 보고 장학금도 받은 좋은 학생
   4) 한 달 전부터 도서관에서 밤늦게까지 공부했다.
   5) 도서관에 가서 같이 공부할 거다.

제7과 만남 〈1〉

1. 1) (□ ☑ □)　2) (□ ☑ □)
   3) (□ ☑ □)　4) (□ ☑ □)
   5) (☑ □ □)　6) (☑ □ □)
2. 1) (×)　2) (○)　3) (×)
   4) (○)　5) (○)
3. 1) 공부도 잘하고 운동도 잘했기 때문에
   2) 1년 후배, 학교에서 제일 예쁜 여학생, 2년 동안 사귀었다.
   3) 4년 만에, 여자친구하고 헤어진 후에 슬퍼서 공부를 하지 않고 놀았기 때문이다.
   4) 내가 이사를 갔기 때문에 헤어졌다. 4년 만에 길에서 다시 만났다.
   5) 대학교에 입학하려고 열심히 공부했다.

제7과 만남 〈2〉

1. 1) (☑ □)　2) (□ ☑)
   3) (□ ☑)　4) (□ ☑)
2. 1) ㉮　2) ㉱　3) ㉣
   4) ㉯　5) ㉰
3. 1) [>], 건강이 돈보다 더 중요하다. 건강을 잃어버리면 돈으로 살 수 없기 때문에
   2) [<], 성격이 취미보다 더 중요하다. 성격이 다르면 자주 싸워서 행복하지 않기 때문에
   3) [<], 자유가 사랑보다 더 중요하다. 자유가 없으면 사랑하는 사람하고 같이 있어도 행복하지 않기 때문에
   4) [<], 친구 문제가 집 문제보다 더 힘들었다. 친구 문제는 마음이 아픈 것이기 때문에

제8과 우체국 〈1〉

1. 1) 소포, (☑ □)　2) 편지, (☑ □)
   3) 서류, (☑ □)　4) 옷, (□ ☑)
2. 1) (○)　2) (○)　3) (×)
   4) (×)　5) (×)　6) (×)
3. 1) 부모님께 꼭 일주일에 한 번씩 전화를 드리기로 약속했다.
   2) 건강을 위해서 술과 담배를 끊기로 결심했다.
   3) 한양대학교에 입학하기로 결정했다.

제8과 우체국 〈2〉

1.

	×	○
1	부모님	남자친구
2	감사 카드	축하 카드
3	사진 카드	엽서
4	남자친구	친오빠
5	술	물
6	대사관	도서관

2. 1) (○)　2) (×)
   3) (○)　4) (○)
3. 1) 어머니께 보낸 편지
   2) 할머니, 아버지, 어머니, 남동생
   3) 사진을 보내 주셔서 고마워해요.
   4) 할머니께서 허리가 아프셔서 걱정해요.
   5) 사전, 항상 부탁만 드려서 미안해해요.

제9과 건강 〈1〉

1. 1) (×)　2) (×)　3) (○)
   4) (×)　5) (×)　6) (○)
2. 1) ②　2) ③　3) ⑤
   4) ①　5) ⑥　6) ④

3. 1) 감기로 이틀 동안 학교에 결석했다.
   2) 비타민 씨가 많아서 감기에 좋기 때문에
   3) 위장병으로 한 달 동안 병원에 다녔다.
   4) "감기가 빨리 낫기를 바란다."

제9과 건강 〈2〉

1. 1) (☑ □)　2) (☑ □)　3) (☑ □)
   4) (☑ □)　5) (□ □ ☑)　6) (☑ □)
   7) (☑ □)　8) (□ ☑)

2.

1	배탈이 나셨다.	어제 생선회를 안 드셨으면 좋았을 텐데…….
2	목이 아프다.	담배를 조금 피웠으면 목소리가 나빠지지 않았을 텐데…….
3	위장병에 걸렸다.	밥을 못 먹으면 공부도 못 할 텐데…….
4	감기 때문에 코가 막혔다.	어제 에어컨을 끄고 잤으면 감기에 안 걸렸을 텐데…….

3. 1) (×)　2) (○)
   3) (×)　4) (○)

제10과 날씨 〈1〉

1. 1) 봄비가 내린다.
   2) 날씨가 흐리고 구름이 끼었다.
   3) 날씨가 맑고 가을바람이 약하게 분다.
   4) 안개가 많이 끼었다.
   5) 많은 눈이 내리고 있다.
   6) 아침부터 바람이 강하게 불겠다.
      오후에는 비도 내리고 밤 늦게 천둥과 번개도 치겠다

2.

1	맑다	→	흐리다
2	흐리다	→	비가 내린다
3	바람이 불고 춥다	→	바람이 없고 따뜻하다
4	눈이 내린다	→	맑다
5	춥지 않다	→	춥다
6	비가 내린다	→	맑고 덥다

3. 1) 학교에 오다가 길에서 미끄러질 뻔했다.
   2) 구경하다가 기차를 못 탈 뻔했다.
   3) 친구하고 이야기하다가 지각할 뻔했다.
   4) 집에 가다가 교통사고가 나서 죽을 뻔했다.
   5) 고등학교 때 공부는 안 하고 매일 놀다가 대학입학시험에 떨어질 뻔했다.
   6) 몸싸움을 하다가 팔을 다칠 뻔했다.

제10과 날씨 〈2〉

1. 1) (☑ □ □ □)　2) (☑ □ □ □)
   3) (□ □ ☑ □)　4) (☑ □ □ □)
   5) (□ ☑ □ □)　6) (□ □ ☑ □)
   7) (□ □ □ ☑)　8) (□ □ ☑ □)

2. 1) (○)　2) (○)　3) (○)
   4) (×)　5) (×)

3.

1	오전에는 안개가 많이 끼고 흐리다가 오후부터 맑아진다고 했다.	운전 조심하라고 했다.
2	비가 많이 내린다고 했다.	외출할 때 우산을 가지고 가라고 했다.
3	주말에 조금 추워지겠고 일요일에 첫눈이 내린다고 했다. 첫눈이 내린 후에는 기온이 많이 떨어져서 추워진다고 했다.	옷을 따뜻하게 입고 나가라고 했다.

제11과 전화 〈1〉

1. 1) (□ ☑)　2) (☑ □)
   3) (□ ☑)　4) (☑ □)
   5) (□ ☑)　6) (□ ☑)

2. 1) 제니한테서 내일 약속 잊어버리지 말라고 메시지가 왔다.
   2) 엄마한테서 메시지 들으면 빨리 집으로 전화하라고 메시지가 왔다.
   3) 여자친구한테서 내일 만나고 싶다고, 저녁에 꼭 전화하라고, 전화를 기다릴 거라고, 사랑한다고 메시지가 왔다.
   4) 마이클한테서 내일 학교에 못 간다고 메시지가 왔다.
   5) 어학원 사무실에서 소포를 찾아가라고 메시지가 왔다.
   6) 한솔한테서 생일파티에 못 가서 미안하다고, 생일 축하한다고 메시지가 왔다.

3. 1) ㉮　2) ㉯
   3) ㉰　4) ㉱

제11과 전화 〈2〉

1.

1	김치를 더 달라고 했다.	○
2	꽃을 달라고 했다.	×
3	십만 원만 빌려 달라고 했다.	○
4	숙제를 보여 달라고 했다.	×
5	음식 준비를 도와 달라고 했다.	○
6	러시아말을 가르쳐 달라고 했다.	○

2. 1) 한 통도　2) 한 번도　3) 한 대도
   4) 한 벌도　5) 하나도　6) 한 명도

3. 1) 김은영　2) 김성수 씨가 자리에 없어서
   3) ① 내일 친구 모임이 있으니까 다섯 시까지 꼭 오라고 전해 달라고 했다.
      ② 포도주를 한 병 사 가지고 와 달라고 전해 달라고 했다.

제12과 한국 생활 〈1〉

1. 1) (□ □ ☑)　2) (□ □ ☑)
   3) (□ ☑ □)　4) (□ ☑ □)
   5) (☑ □)　6) (□ ☑)

2. 1) × 2) △ 3) ○
4) × 5) × 6) ×
3. 1) (×) 2) (×)
3) (×) 4) (○)

제12과 한국 생활 〈2〉

1. 1) 삼십오만 원쯤 2) 세 시간쯤 3) 일주일쯤
4) 백 통쯤 5) 두 벌 6) 한두 마리
2. 1) 남대문시장에 가라고 했다.
2)

밥그릇, 수저	□ ☑ □ □
냄비	□ □ ☑ □
프라이팬	□ ☑ □ □

3. 1) 하숙비, 식비, 교통비, 전화요금
2) 옷값, 약값, 생일선물비, 술값
3) 725,000원
4) 고향 친구도 오고 친구 생일도 있고 전화요금도 많이 나와서 돈을 많이 썼다.
5) 꼭 필요한 돈만 쓰고 국제전화도 필요할 때만 하기로 결심했다.

제13과 이사 〈1〉

1. 1) (□ ☑) 2) (☑ □) 3) (☑ □)
4) (□ ☑) 5) (☑ □) 6) (☑ □)
2. 1) (×) 2) (×) 3) (×)
4) (○) 5) (×) 6) (○)
3. (1)-(4)-(3)-(4)-(2)-(5)-(7)-(6)

제13과 이사 〈2〉

1. 1) (☑ □) 2) (□ ☑) 3) (□ ☑)
4) (□ ☑) 5) (□ ☑) 6) (☑ □)
2. 1) (○) 2) (×)
3) (×) 4) (○)
3.

	집	좋은 점	나쁜 점
1	하숙집	학교에서 가깝고 주인도 친절하다.	요리를 할 수 없다.
2	아파트	새 아파트여서 예쁘고 요리도 할 수 있다.	보증금이 있고 월세가 비싸다.
3	반지하	보증금이 없고 월세도 싸고 방도 크다.	햇빛이 잘 들어오지 않아서 방이 조금 어둡다.

제14과 휴일 〈1〉

1. 1) 봄이 되어서 가족들하고 공원에 갔는데, 김밥을 만들어 가지고 갔다가 김밥 먹을 자리가 없어서 못 먹고 그냥 왔다.
2) 설날이 되어서 친구들하고 동해바다에 갔는데, 지갑을 잃어버렸다가 친구들이 도와줘서 다시 찾았다.
3) 여름이 되어서 수영복을 사려고 동대문시장에 갔는데, 비키니를 샀다가 남자친구가 하도 싫어해서 다시 바꿨다.
4) 방학이 되어서 고향에 갔다 오려고 했는데, 비행기표를 예매했다가 부모님께서 한국에 오신다고 해서 취소했다.

2.

	유명한 곳	지하철 -호선 -역 -번 출구
1	교보문고	지하철 5호선 광화문역 3번 출구
2	이태원	지하철 6호선 이태원역 1번 출구
3	예술의 전당	지하철 3호선 남부터미널역 5번 출구로 나가서 10분쯤 걸어간다.
4	북한산	지하철 3호선 구파발역에서 내려서 704번 버스를 타고 15분쯤 가야 한다.

3. 1) 일요일만 쉰다. 2) 서울 역사박물관에
3) 옛날 서울의 그림과 사진, 옛날 왕과 왕비가 입은 한복
4) 경복궁 근처에 있는 유명한 삼계탕집
5) 식당에 사람이 하도 많아서
6) 하도 맛있어서 나중에 또 친구들하고 먹으러 와야겠다고 생각했다.

제14과 휴일 〈2〉

1. 1) (□ ☑) 2) (□ ☑)
3) (☑ □) 4) (☑ □)
5) (☑ □) 6) (☑ □)
2. 1) (×) 2) (○) 3) (○)
4) (×) 5) (×) 6) (○)
3.

	무슨 날?	며칠?	무엇을 합니까?
1	어린이날	5월 5일	선물도 사 주고 놀이공원 같은 곳에 놀러 간다.
2	스승의 날	5월 15일	선생님께 꽃을 드린다.
3	어버이날	5월 8일	부모님께 감사하고 카네이션 꽃을 달아 드린다.

제15과 공항 〈1〉

1.

1	☑ □	☑ □
2	☑ □	□ ☑
3	□ ☑	□ ☑
4	☑ □	□ ☑
5	☑ □	□ ☑

2. 1) 공부하러 온 것이 아니라 그냥 심심해서 친구를 만나러 왔을 뿐이다.
2) 열심히 하지는 않고 그냥 선생님 말씀을 듣고 있을 뿐이다.
3) 친구 숙제를 보고 똑같이 썼을 뿐이다.
4) 시험공부는 하지 않고 그냥 앉아서 걱정만 하고 있을 뿐이다.
3. 1) (○) 2) (×) 3) (○)
4) (×) 5) (×)

제15과 공항 〈2〉

1. 1) ① 자리가 넓다. ② 의자가 정말 편하다.
2) ① 일이 너무 바쁘다. ② 대학원에 다닌다.
3) ① 안개가 많이 끼었다. ② 비가 많이 온다.
4) ① 담배를 피울 수 없다. ② 휴대폰을 사용할 수 없다.
2. 1) (×) 2) (○) 3) (○) 4) (○)
3. 1) ③, ⑤ 2) ②, ④ 3) ①, ⑥

문법 색인

어휘 색인

어휘 색인

어휘 색인

ㅇ

ㅈ

어휘 색인

집필

이유미
현 한양대학교 국제어학원 교수
문학박사, 이화여자대학교 대학원 영어영문학과
한양대학교 및 교육대학원 한국어교육 강의
《한양 한국어 1, 2, 5》(공저)

이영숙
현 한양대학교 국제어학원 교수
문학박사, 상명대학교 대학원 국어국문학과
국제한국어교육학회, 한국언어문화교육학회 연구이사
《한양 한국어 1, 2》(공저), 《한국어교육의 이해》(공저)

조자현
현 한양대학교 국제어학원 강사
박사수료, 한양대학교 대학원 국어국문학과
한양대학교 및 상명대학교 한국어교육 강의

한양 한국어 2

한양대학교 국제어학원 편

초판 1쇄 발행 2008년 6월 18일 **초판 6쇄 발행** 2017년 3월 30일
발행인 이영무 **발행처** 한양대학교출판부
주소 서울 성동구 왕십리로 222 **전화** 02.2220.1432-4 **팩스** 02.2220.1435
홈페이지 press.hanyang.ac.kr **이메일** presshy@hanyang.ac.kr
출판등록 제4-7호(1972.2.29) **인쇄** 네오프린텍

값 25,000원 (CD, 별책 문법문형 포함)

ISBN 978.89.7218.340.2 (04710)
ISBN 978.89.7218.339.6 [세트]

차 례

《Grammar & Patterns》

《语法和句型》

《文法と文型》

‹Солонгос хэлний хэл зүй болон дүрэм›